Margret und Henk van Blokland
Rhodos

Es gibt Menschen ..., die Inseln nur schwer widerstehen können. Die bloße Vorstellung, auf einer Insel, in einer kleinen, vom Meer umgebenen Welt zu leben, erfüllt sie mit unbeschreiblicher Trunkenheit. Die geborenen „Islomanen" ... sind die direkten Nachkommen der Atlantier, und immer ist es das verlorene Atlantis, das ihr Unbewußtes auf einer Insel wiederzufinden hofft ...

Lawrence Durrell

651rh Foto: vb

Impressum

Margret und Henk van Blokland
Rhodos
erschienen im
Reise Know-How Verlag Peter Rump GmbH
Osnabrücker Str. 79, 33649 Bielefeld

3., komplett aktualisierte Auflage 2006

Gestaltung
Umschlag: C. Blind, P. Rump (Layout);
A. Hesse (Realisierung)
Inhalt: G. Pawlak (Layout);
Angelika Schneidewind (Realisierung)
Karten: Catherine Raisin
Fotos: die Autoren (vb), Wolfram Schwieder (ws)
Titelfoto: die Autoren
Bildbearbeitung: Thomas Buri

Lektorat: Caroline Tiemann
Lektorat (Aktualisierung): Andrea Hesse

Druck und Bindung: Fuldaer Verlagsanstalt GmbH und Co. KG, Fulda

ISBN-10: 3-8317-1460-6
ISBN-13: 978-3-8317-1460-5
Printed in Germany

Dieses Buch ist erhältlich in jeder Buchhandlung Deutschlands, der Schweiz, Österreichs, Belgiens und der Niederlande. Bitte informieren Sie Ihren Buchhändler über folgende Bezugsadressen:

Deutschland
Prolit GmbH, Postfach 9, D-35461 Fernwald (Annerod)
sowie alle Barsortimente
Schweiz
AVA-buch 2000, Postfach, CH-8910 Affoltern
Österreich
Mohr Morawa Buchvertrieb GmbH, Sulzengasse 2, A-1230 Wien
Niederlande, Belgien
Willems Adventure, Postbus 403, NL-3140 AK Maassluis

Wer im Buchhandel trotzdem kein Glück hat, bekommt unsere Bücher auch über unseren **Büchershop im Internet: www.reise-know-how.de**

Wir freuen uns über Kritik, Kommentare und Verbesserungsvorschläge.

Margret und Henk van Blokland

Rhodos

Reise Know-How im Internet

Aktuelle Reisetipps und Neuigkeiten
Ergänzungen nach Redaktionsschluss
Büchershop und Sonderangebote

www.reise-know-how.de
info@reise-know-how.de

Wir freuen uns über Anregung und Kritik.

INHALT

Die nördliche Ostküste

Die mittlere Ostküste

Der Süden

Wanderungen

Die nördliche Westküste

Die mittlere Westküste

Insel Sými

Insel Chálki

Anhang

KARTENVERZEICHNIS

Vorwort

Rhódos – die Roseninsel. Wer mit diesem Bild anreist, das die Tourismusbranche gern verbreitet, muss lange suchen, denn Rosen wachsen hier zwar auch, aber typisch für Rhódos sind sie nicht. Der Name „Rhódos" kommt vermutlich von *ródi*, dem griechischen Wort für Granatapfel. Und Granatapfelbäume finden sich auf Rhódos zahlreich.

Schon seit etlichen Jahren ist Rhódos das Ziel vieler Urlauber. Für den Tourismus wurde die Insel bereits in den 1920er Jahren gerüstet. Rhódos ist außer bei griechischen Touristen vor allem bei Briten, Italienern und Deutschen sehr beliebt.

Rhódos bietet seinen Gästen auch eine Menge: Ein großer Teil der Landschaft ist üppig grün, zum Teil ist die Insel bewaldet, und schöne Wanderungen sind möglich. Es sind sehr viele Strände zu entdecken, die meisten davon touristisch voll erschlossen. Wer Ruhe sucht, kann diese auch finden, denn Rhódos ist groß, und der organisierte Tourismus spielt sich überwiegend im Inselnorden und an der Ostküste nördlich von Kiótari ab. Darüber hinaus verfügt Rhódos über viele kulturelle Sehenswürdigkeiten: Ruinen antiker Städte und Tempel, interessante Museen, mittelalterliche Burgen, Kirchen und Städte, neoklassizistische Villen sowie Gebäude, die an maurische Architektur erinnern.

Rhódos eignet sich für viele Arten von Urlaub: Bade- und Wanderurlaub ist ebenso gut möglich wie eine Kulturreise. Sportler finden zahlreiche Möglichkeiten für Aktivitäten, und auch Nachtschwärmer kommen nicht zu kurz. Familien mit Kindern bereisen die Insel ebenso wie Senioren.

Die geschäftige Altstadt von Rhódos-Stadt ist bei Touristen sehr beliebt. Wer sich aber auf den Weg zu den Dörfern im Inselinneren macht, erlebt Rhódos ganz anders. Hier trifft man Bauern bei der Feldarbeit, Kinder, die auf der Straße spielen, alte Männer, die den Tag im Cafenion an sich vorbeistreichen lassen, und in der Sonne dösende Katzen. Mittags wird Siesta gehalten, und am Sonntag geht es fein herausgeputzt in die Kirche.

Wir möchten Ihnen mit diesem Buch die Möglichkeit geben, die Insel in ihrer ganzen Vielfalt kennen zu lernen, aus der Perspektive des Erholungssuchenden, des Strandurlaubers wie auch des Kulturinteressierten, des Wanderers wie auch des Müßiggängers, der in der Strandbar sitzt und das Treiben um sich herum beobachtet. Auf Rhódos bieten sich Möglichkeiten für die unterschiedlichsten Wünsche und Interessen.

Kalo taxidi, gute Reise!

Henk und Margret van Blokland

Vorwahlnummern

Telefonnummern in Griechenland sind oft ohne die Vorwahl angegeben. Die Vorwahlnummern der einzelnen Orte auf Rhódos finden sich unter „Praktische Reisetipps A–Z, Telefonieren".

Abkürzungen und häufig verwendete griechische Begriffe

HS	Hauptsaison
NS	Nebensaison
EZ	Einzelzimmer
DZ	Doppelzimmer
AC	Klimaanlage
OG	Obergeschoss
EOT	Fremdenverkehrsbüro
OTE	Griechisches Telefonamt
Moní	Kloster
Ag. (agios/agia)	der/die Heilige (Bezeichnung für Kirchen)
Kástro	Festung
Odós	Straße
Platía	Platz

Internetadressen

Internetadressen, die über zwei Textzeilen verlaufen, haben nur dort einen Trennstrich, wo dieser zur Adresse gehört.

001rh Foto: vb

VOR DER REISE

WAS BIETET RHÓDOS?

Rhódos ist die Hauptinsel der Inselgruppe **Dodekanes,** der „Zwölf Inseln". Der Dodekanes-Archipel besteht aus über 40 Inseln, doch nur 12 davon sind größer. Rhódos ist hügelig bis bergig und recht groß. Den Süden und Südwesten kann man mit öffentlichen Verkehrsmitteln schlecht erkunden. Wer sich mit einem Mietfahrzeug auf den Weg macht, achte auf die Entfernungen. Eine gemütliche Inselumrundung ist an einem Tag nicht möglich.

Auf Rhódos hat man als Besucher kein Problem, sich zu verständigen. Vor allem in den Touristenzentren sprechen die meisten Griechen Deutsch oder Englisch. Die Straßenschilder sind wie Speisekarten und vieles andere in griechischer Schrift und zusätzlich in lateinischen Buchstaben geschrieben.

Rhódos-Stadt

Rhódos-Stadt, die Verwaltungshauptstadt ganz im Norden der Insel, und ihre Umgebung sind dicht besiedelt und werden von Touristen viel besucht. Im Sommer führt ein Stadtbummel durch die Altstadt durch Menschenmassen. Es finden sich aber immer wieder kleine Oasen der Entspannung. Kulturell bietet die Region sehr viel Interessantes. Die Strände in Stadtnähe sind mehr als gut besucht, aber die Insel bietet schönere Bademöglichkeiten außerhalb.

Ostküste

Die Ostküste bei **Faliráki,** etwas südlich von Rhódos-Stadt, hat sich in den letzten Jahren zum Zentrum der Nachtschwärmer entwickelt, die tagsüber am Strand relaxen. Hier wurden zahlreiche Großhotels gebaut.

Vorhergehende Seite: Blick auf Líndos

Die **mittlere Ostküste** ist bei den Urlaubern am beliebtesten. Dort findet man zahlreiche Unterkunftsmöglichkeiten und vielbesuchte Sandstrände. Neben luxuriösen Hotels vor allem in Kolímbia und Vlichá gibt es auch Orte mit einfacheren Herbergen. Bei Individualreisenden beliebt sind u.a. Archángelos, Stegná und Charáki. Neben den Stränden bietet die Region sehenswerte Festungen, Kirchen und Klöster mit alten Fresken.

Das schöne Dorf **Líndos** auf der Halbinsel Marmari liegt in einer trockenen, felsigen Umgebung. Die alten Häuser wurden zu eher einfachen Herbergen umgebaut, die bei englischen Pauschalanbietern fest im Programm sind. Die meisten Besucher lernen das Dorf bei einem Tagesausflug kennen. Zahlreiche Urlauber auf Kreuzfahrtschiffen, die in Rhódos-Stadt vor Anker gehen, besuchen Líndos per Busreise. Das Gedränge in den Gassen ähnelt dem in Rhódos-Stadt.

Süden

Gennádi und der südliche Inselteil gehören zu den ruhigeren Gebieten auf Rhódos. Leider haben Waldbrände im Landesinneren die Landschaft ziemlich entstellt. Dafür findet man hier ruhige, sonnige, sandige Strände. Am Südzipfel der Insel entstand in **Prasonísi** in den letzten Jahren ein Surferparadies.

Westküste

Die Westküste bei **Ialissós,** ganz im Norden, wurde in der Vergangenheit mit Großhotels zugebaut. Dem Gast wird entsprechender Komfort geboten, und das wissen viele Urlauber zu schätzen. Unberührte Fleckchen sucht man hier vergebens. Beliebt ist diese Gegend bei Wassersportlern, der häufig starke Wind fordert sogar Surfprofis heraus. Ein großer Nachteil ist, dass sich hier die Einflugschneise des Flughafens befindet.

Die Westküste zwischen **Theológos** und **Skála Kamirou** gehört zu den ruhigeren Ecken von Rhódos. An den teils baumbestandenen, recht wenig besuchten Kieselstränden weht häufig ein stärkerer Wind. In der Küstenebene wird Gemüse angebaut, im Landesinneren ziehen sich Olivenhaine die Hügel hinauf und gehen schließlich in höheren Lagen in Kiefernwald über. Die meisten Urlauber zieht es zu den kulturellen Höhepunkten Filérimos, Altkámiros und ins Schmetterlingstal Petaloúdes. Die Bewohner der Dörfer leben in diesem Inselteil noch sehr traditionell. Viele arbeiten in den Hotels um Ialissós herum und ziehen sich nach Feierabend in ihr Dorf zurück.

Die **mittlere Westküste** zwischen Kritinía und Monólithos gehört zu den landschaftlich schönsten und auch ruhigsten Teilen der Insel, denn die Kieselstrände sind mehrheitlich nicht nach dem Geschmack der Badefans. Aus den grünen Kiefernwäldern ragen einige alte Festungen hervor. Luxuriöse Unterkünfte existieren ebenso wenig wie öffentliche Verkehrsmittel. Daher besuchen die meisten Urlauber diesen Teil der Insel per Bus im Rahmen eines Tagesausflugs oder per Mietfahrzeug. Für Wanderer ohne allzu hohe Ansprüche an die Unterkunft ist die Gegend ideal.

Landesinneres

Das Landesinnere um die **Berge Profítis Ilías und Atáviros** gehört zu den landschaftlichen Höhepunkten von Rhódos. Auch hier findet man eher einfache Unterkünfte; die kaum besuchte, stille Region bietet sich für Wanderungen an.

Welche Art Urlaub ist wo möglich?

Individualreise

Ein Urlaub auf Rhódos muss nicht pauschal gebucht werden. Es finden sich zahlreiche Pensionen der Mittelklasse auf Rhódos, die nicht übers Reisebüro angeboten werden. Es ist durchaus möglich, den Urlaub individuell zu planen und sich vor Ort eine Bleibe zu suchen. Im Hochsommer kann es allerdings zu Engpässen kommen, wenn man nicht reserviert. Im Juli und August ist eine Reservierung vor Urlaubsbeginn dringend angeraten. Man bekommt dann zwar meist immer noch eine Unterkunft (das Angebot ist recht groß), aber vielleicht nicht in der gewünschten Lage oder mit dem gewünschten Komfort.

Pauschalreise

In fast jedem Reisebüro werden Pauschalreisen nach Rhódos angeboten. Die meisten Hotels sind relativ groß und bieten viel Komfort (z.B. Swimmingpool). Aber auch einfachere Hotels und Pensionen arbeiten in den letzten Jahren mit internationalen Reiseveranstaltern zusammen. Die Mehrheit dieser Unterkünfte sind kleinere Häuser, die nicht zur Luxusklasse gehören.

Auch **Club-Urlaub** ist auf Rhódos möglich, z.B. in Triánda oder in Kiotári.

Last-Minute-Reisen werden in der NS relativ häufig angeboten. Dabei ist es oftmals möglich, nur den Flug ohne Hotel zu buchen. Der Last-Minute-Markt verlagert sich mehr und mehr ins Internet.

Camping

Rhódos ist zum Campen ungeeignet, denn auf der ganzen Insel existiert kein einziger Campingplatz. **Wildcamping** ist nicht erlaubt. Am Kap Foúrni stehen trotzdem immer wieder Zelte.

002rh Foto: vb

Praktische Reisetipps von A bis Z

Anreise

Die schnellste und bequemste Art, nach Rhódos zu gelangen, ist auf dem Luftweg. Es ist auch möglich, mit dem Auto bzw. Motorrad oder mit dem Zug über Italien anzureisen und dann von Athen aus per Fähre weiterzufahren. Dazu benötigt man aber viel Zeit, und preisgünstiger als ein Flug ist es nur, wenn relativ viele Personen in einem Fahrzeug reisen oder man mit dem Motorrad fährt.

Flug

Vom Ausland aus gibt es **keine direkten Linienflüge** nach Rhódos. Per Linienflug ist die Insel nur mit Umstieg in Athen zu erreichen. Daher ist die Flugzeit relativ lang. Wer den ganzen Flug mit einer Fluggesellschaft zurücklegen will, kann die staatliche griechische Gesellschaft **Olympic Airlines** oder die private **Aegean Airlines** wählen. Diese fliegen von vielen Flughäfen in Deutschland, Österreich und der Schweiz über Athen oder Thessaloniki nach Rhódos (Infos unter www.olympic-airlines.de und www.aegeanair.com). Flüge mit diesen Airlines sind zwar nicht ganz billig, aber doch sehr beliebt und daher schnell ausgebucht.

Der Flughafen von Rhódos ist von Mai bis Oktober aber auch per **Charterflug** von vielen deutschen Flughäfen sowie von Österreich und der Schweiz direkt erreichbar. Der Vorteil von Charterflügen ist die kurze Flugdauer; sie sind allerdings nicht mehr viel billiger als Linienflüge.

Flugpreise

Ein Economy-Ticket von Deutschland, Österreich und der Schweiz nach Rhódos und zurück bekommt man je nach Jahreszeit und Aufenthaltsdauer **ab 150 Euro** (einschließlich aller Steuern, Gebühren und Entgelte).

Vorhergehende Seite: Auf dem Markt von Rhódos-Stadt

Für die Tickets der Linienairlines kann man bei folgenden **Reisebüros** meist günstigere Preise als bei vielen anderen finden:

- **Jet-Travel,** Buchholzstr. 35, D-53127 Bonn, Tel. 0228-284 315, Fax 284086, info@jet-travel.de, www.jet-travel.de. Auch für Jugend- und Studententickets. Sonderangebote auf der Website unter „Schnäppchenflüge"
- **Globetrotter Travel Service,** Löwenstrasse 61, CH-8023 Zürich, Tel. 01-2286666, zh-loewenstrasse@globetrotter.ch, www.globetrotter.ch. Weitere Filialen siehe Website

Billigfluglinien

Preiswerter fliegt man bei den Billigairlines nur, wenn man **sehr früh online bucht** (beim Callcenter wird eine Zusatzgebühr fällig, der Anruf selbst kostet 0,12–0,20 € bzw. 0,12 SFr pro Minute). Es empfiehlt sich, die **Newsletter** der in Frage kommenden Airlines zu abonnieren. Beim Preisvergleich sollte man darauf achten, ob die **Flughafengebühren** im angegebenen Preis bereits enthalten sind; diese können rund 60 € betragen.

Es werden keine Tickets ausgestellt, man bekommt nur eine Buchungsnummer per E-Mail. Zur Bezahlung wird in der Regel eine **Kreditkarte** verlangt.

Im Flugzeug gibt es oft **keine festen Sitzplätze;** man wird meist schubweise zum Boarden aufgerufen, um Gedränge zu vermeiden. **Verpflegung** wird extra berechnet.

Alle Billigairlines bzw. Fluggesellschaften, die auch Billigflüge anbieten, werden auf einen Blick vorgestellt unter **www.billig-flieger-vergleich.de.** Für die Region interessant sind:

- **Air Berlin,** www.airberlin.com oder D: Tel. 01805-737 800, A: Tel. 0820-400011. Von vielen deutschen Flughäfen, Salzburg, Linz und Wien nach Rhódos
- **Condor,** www.condor.com oder D: Tel. 01805-767757. Von vielen deutschen Flughäfen nach Rhódos
- **DBA,** www.flydba.com oder D: Tel. 01805-359322. Von vielen deutschen Flughäfen über München nach Athen
- **Easy Jet,** www.easyjet.com oder D: Tel. 01803-65432. Von Berlin-Schönefeld nach Athen
- **Germanwings,** www.germanwings.com oder D: Tel. 01805-955855. Von Köln/Bonn nach Athen und Kreta

- **Hapagfly,** www.hapagfly.com oder D: Tel. 01805-757 510. Von vielen deutschen Flughäfen und Basel/Mühlhausen nach Rhódos
- **Hapag-Lloyd Express,** www.hlx.com oder D: Tel. 0180-5093509
- **SkyEurope Airlines,** www.skyeurope.com oder A: Tel. 01-99855555. Von Wien nach Athen

Last Minute

Wer sich erst im letzten Augenblick für eine Reise nach Rhódos entscheidet oder gern pokert, kann Ausschau nach Last-Minute-Flügen halten, die von einigen Airlines mit deutlicher Ermäßigung **ab etwa 14 Tage vor Abflug** angeboten werden, wenn noch Plätze zu füllen sind. Diese Flüge lassen sich nur bei Spezialisten buchen (bei den Rufnummern werden 0,12–0,20 € bzw. 0,12 SFr pro Minute berechnet):

- **L'Tur,** www.ltur.com, D: Tel. 01805-212121, A: Tel. 0820-600800, CH: Tel. 0848-808088, sowie 140 Niederlassungen europaweit
- **Lastminute.com,** www.de.lastminute.com, D: Tel. 01805-777257
- **5 vor Flug,** www.5vorflug.de, D: Tel. 01805-105105
- **www.restplatzboerse.at:** Quelle von Schnäppchenflügen für Österreicher

003rh Foto: vb

Kleines „Flug-Know-How"

Nicht vergessen: Ohne einen **gültigen Reisepass** oder **Personalausweis** kommt man nicht an Bord!

Bei innereuropäischen Flügen muss man spätestens **eine Stunde vor Abflug** am Schalter der Fluggesellschaft **einchecken.** Viele Airlines neigen zum Überbuchen, d.h. sie buchen mehr Passagiere ein, als Sitze im Flugzeug vorhanden sind, und wer zuletzt kommt, hat möglicherweise das Nachsehen.

In der Economy-Class darf man in der Regel nur **Gepäck bis zu 20 kg pro Person** einchecken (steht auf dem Flugticket) und zusätzlich ein Handgepäckstück von 7 kg in die Kabine mitnehmen, welches eine Größe von 55x40x23 cm nicht überschreiten darf. In der Business Class sind es meist 30 kg pro Person und zwei Handgepäckstücke, die insgesamt nicht mehr als 12 kg wiegen dürfen. Man sollte sich beim Kauf des Tickets über die Bestimmungen der Airline informieren.

Aus Sicherheitsgründen dürfen **Taschenmesser, Nagelfeilen, Scheren** und Ähnliches nicht mehr im Handgepäck untergebracht werden. Diese Gegenstände sollte man unbedingt im aufzugebenden Gepäck verstauen, sonst werden sie bei der Sicherheitskontrolle einfach weggeworfen. Darüber hinaus gilt, dass Feuerwerkskörper, leicht entzündliche Gase und Flüssigkeiten (in Sprühdosen, Campinggasflaschen, Benzinfeuerzeugen etc.) nichts im Passagiergepäck zu suchen haben.

Ankunft auf Rhódos

Der Flughafen von Rhódos liegt 14 Kilometer westlich von Rhódos-Stadt bei Paradísi. Dort gibt es Bankschalter mit Automaten, wo man Geld holen und wechseln kann.

Vom Flughafen fahren regelmäßig **Busse** nach Rhódos-Stadt und etwas seltener zu den Orten der Westküste ab. Die Bushaltestelle befindet sich an der Straße vor dem Fughafengelände. Wenn man nach links das Flughafengelände verlässt, geht man auf die gegenüber liegende Straßenseite. Die Haltestelle liegt gut 200 Meter vom Gebäude entfernt. Je nach Verkehr dauert die Fahrt bis zum Busbahnhof in Rhódos-Stadt 20 bis 40

Wo Rhódos am wildesten ist:
kleine Inseln vor der felsigen Westküste bei Kritinía

Minuten. Außerdem stehen zahlreiche **Taxis** zur Verfügung. Eine Taxifahrt nach Rhódos-Stadt kostet rund 14 €. **Mietfahrzeuge** sind am Flughafen teurer als anderswo, da die Vermieter hier höhere Unkosten haben. Ungefähr 500 Meter vom Flughafen entfernt befindet sich in Paradísi (der Straße nach rechts folgen) ein **Mofavermieter.**

Mit Pkw und Fähre

Neben Benzin- und Fahrzeugkosten werden auf dem Landweg bei der Fahrt **mit dem eigenen Pkw** Mautgebühren und Fährkosten fällig. So beträgt die Autobahnmaut in Italien ca. 5 € pro 100 Kilometer; unter Umständen muss man auch noch eine Autobahnvignette für Österreich (zehn Tage 7,60 €, zwei Monate 21,80 €, ein Jahr 72,60 €) oder die Schweiz (40 SFr, für ein Jahr gültig) erstehen. Die Gesamtkosten für solch eine Tour liegen bei 1500 bis 2000 €, je nach Heimatort. Schon aus diesem Grund ist von einer Anreise mit dem Pkw eher abzuraten.

Die Anfahrt über die Balkanroute ist heute wieder möglich, empfohlen sei jedoch die Anreise über Italien. Man muss dort per Fähre aufs griechische Festland übersetzen (meist erreicht man es in Patras) und dann weiterfahren bis Piräus, um dort eine weitere Fähre zu besteigen. So erreicht man nach rund vier Tagen Rhódos. Für die Überfahrt von Italien nach Griechenland sollte man das Ticket schon mehrere Monate im Voraus reservieren. Während der Saison sind die Fähren voll, und ohne Reservierung kommt man nicht aufs Schiff. Ähnliches gilt, wenn man eine Kabine auf einem Schiff einer innergriechischen Linie nutzen möchte.

Informationen über die Anreise per Pkw kann man beim ADAC erhalten.

Buchtipp

„Bordbuch Südeuropa für Unfall, Panne und Verkehr", erschienen in der Praxis-Reihe des REISE KNOW-HOW Verlags

Fahrzeugpapiere

Wer mit dem eigenen Fahrzeug reist, benötigt den **Führerschein,** die **grüne Versicherungskarte** und das Euro-Kennzeichen am Auto. Beim Zurücklassen eines Fahrzeugs wird in Griechenland eine Steuer fällig. Hat man z.B. einen Totalschaden, sollte man sich dies unbedingt von der Polizei bestätigen lassen, sonst gibt es Ärger beim Zoll.

Viele Automobilclubs bieten ihren Mitgliedern **Schutzbriefe** für Notfälle an. Diese können im Falle einer größeren Panne eine Menge Ärger ersparen. Der Pannenservice ELPA und Abschleppdienst ist für Mitglieder der Automobilclubs mit den entsprechenden Versicherungen in Griechenland kostenlos (siehe auch Kapitel „Notfall").

Verkehrsregeln in Griechenland

Die **zugelassene Höchstgeschwindigkeit** in Griechenland liegt auf der Autobahn bei 120 km/h, auf Schnellstraßen bei 110 km/h, auf Landstraßen bei 100 km/h und in Ortschaften bei 50 km/h für Autos. **Motorräder** dürfen auf Autobahnen 90 km/h schnell fahren. **Handys** sind am Steuer verboten. Die **Alkoholgrenze** liegt bei 0,5 Promille. Das Benzin ist knapp 20 % billiger als in Deutschland. In griechischen Städten werden oft Parkgebühren verlangt. Gelbe Striche am Straßenrand markieren ein **Parkverbot,** an das man sich unbedingt halten sollte. Es werden Krallen verteilt oder die Nummernschilder abmontiert bzw. sogar herausgerissen. Um das Fahrzeug dann wieder flott zu bekommen, sind langwierige Behördengänge nötig.

Fährverbindungen

Die folgenden **italienischen Adria-Häfen** werden von den Fährgesellschaften bedient (Buchung unter www.ferries.gr):

- **Triest:** ANEK-Lines
- **Venedig:** Minoan Lines, Superfast, Bluestar Ferries
- **Ancona:** ANEK Lines, Minoan Lines, Superfast, Bluestar Ferries
- **Bari:** Ventouris Ferries, Superfast, Bluestar Ferries
- **Brindisi:** Ventouris Ferries, Minoan Lines, Superfast, Bluestar Ferries, Med Link Lines, Hellenic Mediterranean Lines, Agoudimos

Die meisten Fähren aus Italien laufen Patras auf der Peloponnes an. Von dort geht es dann auf dem Landweg weiter über die Autobahn bis Athen und zum **Hafen von Piräus,** von wo aus die **Fährschiffe nach Rhodos** übersetzen. Sie fahren täglich, während der Hauptsaison sogar zwei- bis dreimal am Tag. Der aktuelle Fahrplan wird auf Anfrage von den deutschen EOT-Büros zugeschickt. Die Fahrzeit beträgt 15 bis 18 Stunden, je nachdem, welche Inseln vorher noch angelaufen werden. Eine Reservierung für die Schiffe ist notwendig, wenn man ein Auto mitnehmen will.

004rh Foto: vb

Sicherheit der Fähren

Der ADAC testete in den letzten Jahren einige Fähren auf ihre Sicherheit hin. Dabei kamen viele griechische Schiffe nicht besonders gut weg. Zum Teil nahmen Reedereien und Kapitäne die Kritik ernst und beseitigten die Mängel, zum Teil ignorierten sie das Testergebnis. Aufgeschreckt wurde die Öffentlichkeit im September 2000, als die Fähre Express Samina der Minoan Lines vor Paros sank. Dabei starben 82 Menschen. Die Unfallursache war menschliches Versagen. Seither wurden in Griechenland zahlreiche altersschwache Fähren stillgelegt, und das Thema Sicherheit beschäftigt die Reedereien. Als Folge des **Schiffsunglückes** werden die Besatzungen der griechischen Schiffe jetzt meist **besser geschult** als früher.

Mit Zug und Fähre

Alles in allem ist diese Art der Anreise langwierig und relativ teuer, dafür aber umweltschonend. Die schnellste Verbindung führt von Wien mit dem Nachtzug nach Belgrad und dann weiter nach Thessaloniki (ca. 32 Std.). Von den Großstädten im deutschsprachigen Raum gibt es gute Verbindungen nach Wien; man benötigt z.B. von Hamburg 42 Stunden nach Athen. Fährkosten bis Rhódos kommen dann noch hinzu.

Zwischenstopp in Athen

Nützliche Adressen

- **Touristeninformation:** EOT, Odós Amerikis 2, Tel. 210-3223111 oder 322311-2 bis -9, Mo–Fr 9–19 Uhr, Sa 9–14 Uhr. Zur ersten Orientierung in Athen ist ein Besuch der Informationsstelle der EOT (Staatliche Zentrale für Fremdenverkehr) absolut lohnend. Man erhält kostenlos sehr gute Informationen – auch auf Deutsch – über Hotels, Verkehrsmittel, Museen, Veranstaltungen, kulturelle Ereignisse, Schiffsfahrpläne und vieles mehr. Es gibt dort einen guten Stadtplan von Athen gratis, und man ist bemüht, alle

Ankunft am Limenas-Hafen in Rhódos-Stadt

Fragen zu beantworten. Der Eingang des Informationsbüros liegt neben dem Eingang zum Ministerium für Tourismus am zentralen Sindagma-Platz.

• **Internet-Café:** Ein Internet-Café findet man in der Odós Stadiou 5 (nahe Sindagma-Platz), Tel./Fax 210-3248105, sofos1@telehouse.gr, www.sofokleous.com.

• **Bank und Geldwechsel:** Neben Banken findet man in Athen auch Wechselstuben, die abends und am Wochenende geöffnet sind, z.B. in der Nähe vom Sindagma-Platz in der Odós Mitropoleos. Auch am Flughafen können Schweizer außerhalb der Geschäftszeiten zu üblichen Kursen Geld wechseln. Außerdem stehen zahlreiche Bankautomaten zur Verfügung. In vielen Restaurants und in den besseren Hotels werden Kreditkarten akzeptiert.

• **Goetheinstitut:** Odós Omirou, Tel. 210-3608111. Hier werden manchmal kulturelle Veranstaltungen in deutscher Sprache angeboten.

• **Bücher und Zeitschriften:** Wer deutschsprachige Bücher kaufen möchte, findet in der Nähe des Goethe-Instituts zwei deutsche Buchläden: Buchhandlung Notos, Odós Omirou 15, Mo–Sa 9–15 Uhr, Di/Do und Fr auch 17–20.30 Uhr; Die Deutsche Buchhandlung, Odós Omirou 4, Stadiou 10 (in einer Passage gelegen), Mo/Mi/Sa 9–15 Uhr, Di/Do/Fr 9–20 Uhr. In Athen erhält man neben dem üblichen Angebot an internationalen Zeitungen überall die deutschsprachige griechische „Athener Zeitung" mit Nachrichten aus Griechenland.

Wichtige Telefonnummern

• **Notruf:** Tel. 166
• **Krankenhäuser:** Tel. 210-646781119, 210-8219391 und 210-8014411
• **Polizei:** Tel. 210-7705711
• **Touristenpolizei:** Tel. 171
• **Fluginformationen Olympic Airlines:** Tel. 210-9396111
• **Fundbüro:** Tel. 210-7705771
• **Hafenbehörde Piräus:** Tel. 210-4511311
• **ADAC Athen:** Tel. 210-9601266

Öffentliche Verkehrsmittel

Metro und **Busse** sind zwar manchmal sehr voll, aber sie fahren häufig und regelmäßig. Mit der Metro kommt man zudem von Staus unbehelligt durch die Stadt.

Der neue Athener **Flughafen** ist inzwischen verkehrstechnisch gut angebunden. Informationen kann man im Internet unter www.aia.gr erhalten. Es fahren täglich von 4.30 bis 24 Uhr mehrmals stündlich Züge, Metro und Expressbusse. Der Zug benötigt 38 Minuten vom Hauptbahnhof Larissis aus, den Fahrplan findet man unter www. proastiakos.gr. Die Metrolinie 3 fährt von der Station Monastiraki aus zum Flughafen, Informationen unter www.ametro.gr. Das Ticket kostet 8 €.

Um ein **Busticket** am Flughafen zu lösen, benötigt man Kleingeld. Dort bekommt man die Tickets im Bus, ansonsten werden sie an allen Kiosken in der Stadt verkauft.

Unterkunft In Athen sind **Hotels vergleichsweise teuer.** Wer ein Mittelklasse-Zimmer möchte, muss mit rund 70 bis 100 € pro Nacht rechnen. Einfachere Unterkünfte sind für etwa 50 € zu bekommen, aber sie sind oft belegt. Während der Saison empfiehlt sich eine **telefonische Reservierung,** wenn man sich nicht bereits am Vormittag auf Zimmersuche begibt. Bis 14 Uhr findet man in der Regel noch ein freies Plätzchen, gegen Abend sind viele Hotels belegt. Der EOT gibt ein **Unterkunftsverzeichnis** mit Adressen und Telefonnummern aller Athener Hotels heraus. Die Einteilung nach Klassen sagt allerdings nicht viel aus. In Athen dauert die Hauptsaison von Mai bis September, die Nebensaison betrifft die Wintermonate. Die folgenden Unterkünfte liegen alle in der Plaka, der Altstadt.

- **Hotel Akropolis House,** Odós Kodrou & Voulis 6–8, Tel. 210-3222344, Fax 3244143, htlacrhs@otenet.gr, www.athens-atticahotels.com. Zimmer teils mit Blick auf die Akropolis, DZ mit Gemeinschaftsbad/Frühstück 56 €, mit Bad 65 €, mit AC 70–79 €, EZ mit Gemeinschaftsbad/Frühstück 52 €, mit Bad 62,50 €, mit AC 72,50 €
- **Hotel Omiros,** Odós Apollonos 15, Tel. 210-3235486, Fax 3228059, omiroshotel@hotmail.com oder omiros@email.com. Schöne saubere Zimmer mit Bad, Telefon, TV, Balkon und AC. Oben Dachgarten mit Blick auf die Akropolis. Lift vorhanden, auch behindertengerechte Zimmer. DZ/Frühstück 76–115 €, EZ 59–84 €
- **Hotel Attalos,** Odós Athinas 29, Tel. 210-3212801, Fax 3243124, atthot@hol.gr, www.attalos.gr, www.attaloshotel.com. Sehr beliebt und häufig belegt, nette Hotelleitung, saubere gepflegte Zimmer mit Bad und AC, Kühlschrank, Telefon, TV, Safe, die Lage ist allerdings nicht ganz so gut. Auf dem Hotel befindet sich eine Dachterrasse mit Blick auf die Akropolis. DZ/Frühstück 70–96 €, EZ 53–72 €

Shopping-Tipp

Der **Flohmarkt** unweit der Metrostation Monasteraki bietet eine große Fülle an Souvenirs. Allerdings sind das Angebotene überteuert, Handeln ist üblich. Der Markt liegt um die Odos Pandrossou und Odos Adrianou herum. Mo–Sa 8–14.30 Uhr, Di/Do/Fr auch abends

- **Hotel Niki,** Odós Nikis 27, Tel. 210-3220913, Fax 322 1886, info@nikihotel.com. An einer ruhigen Straße mit Bäumen. Sauber, aber dunkel, die Einrichtung ist älter. Zimmer mit Bad und AC. DZ/Frühstück 80–97 €, EZ 70–85 €
- **Hotel Myrtho,** Odós Nikis 40, Tel. 210-3227237, Fax 323 4560, hotelmyrtho@gmail.com. Ältere Einrichtung, aber sauber und relativ ruhig, mit Bad und AC. Terrasse mit Blick auf die Straße mit Bäumen. Am besten ein Zimmer ganz oben nehmen. DZ/Frühstück 70–120 €, EZ 50–70 €
- **Hotel Metropolis,** Odós Mitropoleos 46, Tel./Fax 210-3217871, info@hotelmetropolis.gr, www.hotelmetropolis.gr. Ältere Einrichtung, aber sauber und gut in Schuss. Zimmer mit AC, TV, Balkon, oben teils mit sehr schöner Aussicht auf die Akropolis. DZ mit Gemeinschaftsbad 45 €, mit Bad 60 €, EZ mit Gemeinschaftsbad 40 €, mit Bad 50 €, Dreierzimmer mit Bad 75 €
- **Hotel Kimon,** Odós Apollonos 27, Tel. 210-3314658, Fax 3214203, hotel_kimon@yahoo.gr, www.greek-hotels.com. Das Haus wurde renoviert. Saubere, relativ einfache Zimmer mit Bad, TV, AC, sehr hellhörig, teilweise Balkon, der Blick ist jedoch nicht besonders, Dachterrasse mit Aussicht. DZ 75–80 €, EZ 45–55 €, Frühstück 7 € pro Person
- **Johns Place,** Odós Patroou 5, Tel. 210-3229719, Fax 3229029. Sehr einfach, keine schöne Aussicht, Etagenbad sauber. DZ 35–55, EZ 25–35 € ohne Frühstück

Jugendherberge:

- Die **Jugendherberge von Athen** befindet sich in der Odós Victor Hugo 16, unweit des Hauptbahnhofs, Tel. 210-5232540, aiyh@otenet.gr.
- Informationen zu Jugendherbergen erhält man bei der **Greek Youth Hostels Organisation,** Odós Damareos 75, Tel. 210-7519530, Fax 7510616.

Camping:

- **Camping Athen,** Athinion 198–200, Tel. 210-5814114, Fax 5820353. Der Campingplatz liegt außerhalb des Zentrums im Stadtteil Peristeri, ca. sieben Kilometer westlich an der Straße nach Daphni. Man erreicht ihn vom Stadtzentrum aus mit Bussen der Linien A15 und B15, die von einer Haltestelle in der Odós Deligiorgi abfahren. Dorthin ge-

150s Foto: vb

langt man mit dem Rundfahrtbus Linie 100, der im Zentrum der Stadt einen Kreis fährt und u.a. eine Haltestelle am Sindagma-Platz hat.

Essen und Trinken

- In der Athener Altstadt Plaka hat man eine reiche Auswahl an Lokalen. Am Anfang der Odós Mitropoleos am Monastirakiplatz findet man **O Thanasis.** Hier essen viele Griechen; zu günstigen Preisen gibt es sehr gute Souvláki und Gýros. Die Atmosphäre ist allerdings hektisch.
- Gleich daneben warten die Tavernen **Sigalas** und **Baraktaris** auf Gäste. Sie gehören zusammen und bieten beide gute griechische Küche, sind in Ambiente und Preis aber unterschiedlich.
- Schöner sitzt man in den **Tavernen am Hang der Akropolis,** man wird dort aber meist kräftig zur Kasse gebeten, und die Qualität der Speisen ist nicht immer optimal.
- Abends lebt die Plaka. Viel los ist z.B. in der **Odós Kydathinaion** und um die **Platía Eterias** östlich der Akropolis (südlich vom Sindagma-Platz).

Die Attraktion der Stadt: Akropolis in Athen

BEHINDERTE UNTERWEGS

Rollstuhlfahrern sei gesagt, dass Griechenland ein Land mit vielen **Schwellen und Stufen** ist und dass die Griechen auf Gehbehinderungen sehr schlecht eingestellt sind. Schon einen Kinderwagen schleust man nur mit Mühe durch griechische Städte. Die Gehwege sind schmal, und Stufen können 20 bis 25 Zentimeter hoch sein. Es ist leider üblich, dass Mofas auf dem Gehweg geparkt werden, so dass Rollstuhlfahrern nichts anderes übrig bleibt, als auf die Straße auszuweichen.

Die Insel Rhódos ist auf Rollstuhlfahrer besser eingestellt als viele andere Orte in Griechenland. Zahlreiche **Strände** sind problemlos mit dem Fahrzeug zu erreichen. In der **Altstadt von Rhódos-Stadt** herrscht meist ein ziemliches Gedränge; die Straßen sind teils steil und holperig. Am Hafen ist ein Eingang zur Altstadt, der sich für Rollstuhlfahrer besser eignet. Die Straße ist dort mit flachen Steinplatten gepflastert. Man kann die Altstadt auch vom Tor d'Amboise aus erreichen. Die **Altstadt von Líndos** ist nicht befahrbar, da es dort zahlreiche Stufen und Treppen gibt.

Mehrere **Hotels** sind rollstuhlgerecht eingerichtet. In Faliráki: Hotel Esperides Beach. In Rhódos-Stadt: Hotel Cactus, Hotel Dyonisos, Hotel Electra Palace, Grand Hotel Astir Palace, Hotel Metropolitan Capsis, Hotel Rhódos Bay, Hotel Sunwing oder das Blue Sea Hotel.

Informationen für Behinderte, die eine Griechenlandreise planen, können beim Bundesverband für Körper- und Mehrfachbehinderte angefordert werden.

- **Bundesverband für Körper- und Mehrfachbehinderte e.V.,** Brehmstr. 5–7, 40239 Düsseldorf, Tel. 0211-6400417, Fax 0211-6400420, info@bvkm.de, http://www. bvkm.de
- Auf Rhódos beraten das **Municipal Office of Disabled Persons** und die **Dodecanese Association of People with Special Needs,** Tel. 22410-73109, Reisende mit Behinderungen.

●**Behindertentaxi**: In Rhódos-Stadt fahren zwei Taxis, die auf Menschen mit Gehbehinderungen eingerichtet sind. Sie müssen telefonisch rechtzeitig reserviert werden, denn die Nachfrage ist groß. Tel. 22410-62884 *(Mrs. Sarika)* oder Handy 6974060248 *(Mr. Kypriotis)*

Botschaften und Konsulate

Nur in Notfällen wird man als Tourist in Griechenland die Dienste eines Konsulats oder einer Botschaft in Anspruch nehmen müssen, etwa, wenn man seinen Personalausweis verliert. Die Kontaktadressen sind im Kapitel „Notfälle" aufgeführt.

Die Adressen der griechischen Vertretungen im Heimatland erhält man auf der Website des Auswärtigen Amtes. Man braucht sie z.B. bei längeren Aufenthalten oder als Nicht-EU-Bürger, um ein Visum zu beantragen.

Dokumente und Einreisebestimmungen

Für einen Aufenthalt bis zu sechs Monaten benötigen EU-Bürger einen bei der Einreise mindestens noch drei Monate gültigen **Reisepass oder Personalausweis.** Kinder, die keinen eigenen Ausweis haben, müssen bei einem Elternteil in den Ausweis eingetragen sein. Wer **länger als sechs Monate** bleiben möchte, sollte ungefähr zehn Tage vor Ende der sechs Monate zur Touristenpolizei gehen und eine Aufenthaltsgenehmigung beantragen. Das geht bei EU-Bürgern meist problemlos.

Um in ein Land der EU einzureisen, benötigen **Schweizer** einen Pass oder eine gültige Identitätskarte, die nach 1995 ausgestellt worden ist (sie hat die Form einer Kreditkarte). Auch Kinder können eine solche Karte haben. Kinder bis 15 Jahre können auch bei den Eltern im Pass eingetragen sein.

Einkaufen und Souvenirs

Dinge des täglichen Bedarfs

Billige **Supermarktketten** sind auf Rhódos selten zu finden. An der Ausfallstraße nach Kallithéa Thérme wie auch an der Hauptstraße nach Falliraki befindet sich ein Lidl-Markt. Natürlich kann man alle Güter fürs tägliche Leben kaufen, aber nicht gerade günstig. Dies gilt besonders für Drogerieartikel. Sonnencreme ist zu Hause viel preiswerter.

Griechisches Obst und Gemüse ist in deutschen Supermärkten manchmal billiger als in Griechenland. Günstig kann man bei den **Händlern am Straßenrand** oder auf dem **Wochenmarkt** in Rhódos-Stadt einkaufen. Mancher griechische Bauer nimmt die Vermarktung seiner Artikel selbst in die Hand und zieht mit Lieferwagen, Megaphon und Waage durch die Gegend. Es wird angeboten, was gerade reif ist. Auch Fischer verkaufen auf diese Art ihren Fang.

- Der **Wochenmarkt** findet am Samstagvormittag in Rhódos-Stadt im Ortsteil Zefiros nördlich der Friedhöfe neben der Odós Kallithéas statt. Hier kann man relativ günstig Obst, Gemüse und Fisch einkaufen.

Kunsthandwerk und Souvenirs

Kunst und Antiquitäten

Wer sich für Antiquitäten, Plastiken oder Ikonen interessiert, muss Folgendes beachten: Es ist unter Androhung von Gefängnisstrafen verboten, **Antiquitäten** aus Griechenland auszuführen. Als solche gelten Gegenstände, die älter sind als 100 Jahre. Nähere Auskünfte erteilen die Archäologen auf Rhódos (im Archäologischen Museum fragen).

Problemlos möglich ist dagegen das Ausführen von **Kopien.** In der Nachbarschaft zum Archäologischen Museum von Rhódos-Stadt werden Kopien antiker Statuen angeboten. Auch bei den **Iko-**

nen in den Läden der Altstadt handelt es sich meist um neue Werke, die man mit nach Hause nehmen kann.

Kunsthandwerk

Ebenso einfach ist es, neuere Gemälde – z.T. werden schöne Aquarelle und Kreidezeichnungen angeboten –, Teppiche, Stickereien, Lederwaren, Wein, Küchenkräuter, Schwämme, Honig oder Keramik einzukaufen. Typisch für Rhódos sind **Keramikteller** mit bunten Motiven, wie sie noch heute zur Aussteuer der jungen Frauen gehören. Bei **Handarbeiten** sollte man darauf achten, dass diese auch wirklich handgearbeitet und nicht maschinell gefertigt sind.

Wein

Wer Wein mitnehmen möchte, achte auf den Preis! Der weiße Villaré und der rote Chevalier sind gute Weine, aber nicht gerade billig. Weinproben und Besichtigungen sind bei Cair und Emery in Rhódos-Stadt möglich. Informationen dazu gibt der EOT.

Teppiche

Ein weiteres für Rhódos typisches Souvenir sind Teppiche. In den Dörfern weben die Frauen im Winter heute noch. Ein handgewebter Teppich ist eine sehr arbeitsintensive Sache und kostet daher auch nicht gerade wenig.

Schwämme

Die Schwämme, die auf Rhódos und Sými angeboten werden, kommen von der Insel Kalymnos. Kalymnos ist die einzige griechische Insel, von der aus heute noch **Schwammtaucherei** betrieben wird. Heute fahren die Schwammtaucher mit ihren Booten bis an die afrikanische Küste, um noch fündig zu werden. Häufig werden auch synthetische Schwämme als Souvenir angeboten. Auf Sými werden die Urlauber über die Eigenschaften der Schwämme informiert. Es gibt auch Qualitätsunterschiede: Einige Arten eignen sich zur Körperreinigung, während andere eigentlich nur zum Ansehen gut sind.

Gold-schmuck

Goldschmuck ist ein beliebtes Souvenir. Der Goldpreis ist überall auf der Welt gleich. Dass Schmuck günstiger als zu Hause sein kann, ist nur möglich, weil Steuern und Arbeitslohn niedriger sind.

Das Schmuck-Angebot auf Rhódos ist wenig geeignet für **Schnäppchenjäger.** Diese werden eher in der Türkei fündig, in Marmaris wird Goldschmuck preiswerter angeboten. Aber auch von dort berichten Urlauber, dass sie nach ihrer Rückkehr zu Hause feststellen mussten, doch wohl recht ungünstig eingekauft zu haben.

Wer Goldschmuck einkaufen möchte, sollte sich vor der Reise zu Hause über die Preise informieren. Nur dann ist es möglich zu erkennen, ob in Rhódos oder in Marmaris ein günstiges Angebot gemacht wird oder ob man die Urlauber einfach nur schröpfen will. Maschinell gefertigter Goldschmuck ist meist nicht billiger als daheim.

Elektrizität

In Griechenland gibt es Wechselstrom mit 50 Hertz und **220 Volt.** Also ist eigentlich alles wie zu Hause, doch sollte man mit **Stromausfällen** rechnen. Früher konnte man oft nur flache Stecker in die Steckdosen befördern. Heute ist es fast überall möglich, die bei uns üblichen Stecker zu verwenden.

Ermässigungen

Eintritte sind frei oder reduziert für Jugendliche, Studenten mit Ausweis, Behinderte, teilweise auch für Senioren und für wissenschaftlich arbeitende Personen (z.B. Archäologen oder Kunsthistoriker) sowie für UNESCO-Mitarbeiter.

Nicht gerade weitläufig: „Supermarkt“ auf der Insel Sými

005rh Foto: vb

Essen und Trinken

Essenszeiten

In Griechenland existiert **Frühstück** nicht wie bei uns, aber im Cafenion ist durchaus etwas zu bekommen. In den letzten Jahren hat sich auf Rhódos herumgesprochen, dass viele Urlauber auf ein Frühstück großen Wert legen. Traditionell essen die Bauern gegen 10 Uhr Schafskäse, Tomaten und Oliven mit Brot. Wenn die Fischer am späten Vormittag vom Meer zurückkommen, verspeisen sie Fisch und trinken Ouzo dazu. Obwohl es eigentlich keine Essenszeit ist, werden um die **Mittagszeit** fast überall Speisen angeboten. Die Griechen essen gegen 16 Uhr zu Hause eher eine Kleinigkeit. Sehr spät gehen sie zum **Abendessen** aus, meist nicht vor 22 Uhr. Die ausländischen Urlauber essen in der Regel gegen 20 Uhr, was den Tavernenwirten natürlich gefällt, denn wenn die Ausländer fertig sind, kommen die Einheimischen.

Lokale

Rhódos-Stadt zeichnet sich vor allem durch internationale Küche aus. In der Altstadt sind echt **griechische Tavernen** selten zu finden. In touristischen Orten bekommt man überall Pizza, Spaghetti, Schnitzel, Filet, Toast, Hamburger und was der Urlauber sonst noch zu mögen scheint. Dagegen wird in den abgelegenen Dörfern in der Dorftaverne nur einfache, griechische Kost angeboten, z.B. Souvláki, Bauernsalat und Tsatsíki.

Speisekarten

Auf Rhódos findet man recht häufig Speisekarten auf **Englisch und Deutsch.** Falls nicht, sollte man sich nicht scheuen, die Küche in Augenschein zu nehmen.

Speisen

Vorspeisen und Salate

Als Vorspeisen werden u.a. *tsatsíki* (Joghurtknoblauchsauce), *taramá* (Fischeierpaste), *melizanosalata* (Auberginensalat), *skordaliá* (Kartoffel-Knoblauchpaste), *féta* (Schafskäse), *gigántes* (weiße Bohnen), Peperoni, *eliés* (Oliven), *dolmádes* (gefüllte Weinblätter) und Oktopus-Salat serviert. Es gibt spezielle Vorspeisenteller, *mesé* oder *pikilía* genannt, auf denen man von allem etwas findet.

Choriatikí nennt man den typischen Bauernsalat mit Tomaten, Gurken, Schafskäse, Zwiebeln und Oliven. Außerdem werden Thunfisch-Salat, russischer Salat, gebratene Zucchini und Auberginen, frittierte Zucchini- und Käsebällchen, *marídes* (Sardellen), *garídes* (Garnelen) und *fáva* (Kichererbsenpüree) serviert. *Chórta* ist ein spinatähnliches Gemüse, das gut zu Fisch passt.

Fisch

Wenn man Fisch essen möchte, erkundigt man sich besser vorher nach dem Preis, denn er kann recht teuer sein. Als Hauptgerichte werden folgende Fische angeboten: *xifías* (Schwertfisch), *kalamarákia* (Tintenfisch), *ochtapódi* (Oktopus), *gavrosplakía* (kleine Sardinen), *barboúnia* (Barben), *astakós* (Hummer), *xinadrítha, tsiopoúra, lethrínia* (verschiedene Brassenarten), *garídes* (Garnelen) und manchmal auch Haifisch, z.B. *galéos* (Neunauge) sowie *tóna* (Thunfisch), *mídia* (Muscheln) und Makrelen. *Saláchi* (Rochen) wird oft als Salat angeboten. Preisgünstige Fische sind *chópes* und *melanoúria*.

Fleischgerichte

Folgende Fleischgerichte findet man häufig: *stifádo* (Ragout mit Zwiebeln und Zimt), *souvláki* (gegrillte Spieße), *biftéki* und *kefthédes* (Hackfleischbällchen gegrillt oder gebraten), *souzoukákia* (Hackfleischbällchen gebraten in Sauce), *brisóles* (Koteletts, meist vom Schwein), *arní* oder *arnáki* (Lammfleisch) *lemonáto* oder *kokkinistó* (in Zitronen- oder roter Tomatensauce), *paidákia* (Lammkotelett), *gazíka* (Ziegenfleisch), entweder vom Grill, *lemonáto* oder *kokkinistó,* sowie *kotópoula* (Hühnchen), *gýros* (Schweinefleisch in kleinen Stückchen vom Grill), *kleftikó* (eine Art Ratatouille), *mos chári kokkinistó* (Rindfleisch in rötlicher Sauce aus dem Backofen), *chirinó* (Schweinefleisch). *Kokorétsi* sind Innereien, die in der Regel gegrillt werden.

Aufläufe und anderes

Gemüse-Hackfleischgerichte sind *moussaká* (Auflauf mit Kartoffeln und Auberginen, oben Bechamelsauce), *papoutsákia* und *melitsánes imam* (gefüllte Auberginen), *pastízio* (Nudelauflauf), *kolokithákia jemistá* (gefüllte Zucchini), *jemistés* (gefüllte Paprika oder Tomaten). *Briám* ist ein Gemüseeintopf mit Kartoffeln ohne Fleisch, *fasolákia* sind Bohnen. Ein Auflauf aus dem Ofen mit Rind- oder Lammfleisch und Teigwaren in einer Sauce ist *giuvétsi* (sprich: tschüwétsi). Je nach Dorfmetzger kann auch *loukaniká* (Wurst) sehr lecker sein, sie wird meist gebraten serviert. *Spetsofai* ist ein Wursteintopf mit Tomaten und Paprika.

Desserts und Gebäck

Nachtisch gibt es relativ selten in den Tavernen, manchmal *baklavá* (Blätterteig mit Nusspüree, Honig und Zimt, sehr süß), *froúta* (Früchte) und gelegentlich Eis oder *chalvá* (manchmal Grießpudding, aber meist aus Sesam gemachter Stollen, sehr süß).

In der **Sacharioplastío** (Konditorei) oder beim Bäcker findet man zahlreiche klebrige Süßigkeiten. Lecker ist auch der süße Reispudding, *risógalo* genannt.

Getränke

Kaffee

Kaffee trinken die Griechen viel, meist den *kafé elinikó,* den kleinen Schwarzen in der Mokkatasse mit Satz. *Skéto* bedeutet ohne Zucker, *métrio* mit mäßig viel Zucker und *glikó* mit viel Zucker. Filterkaffee findet man nicht überall, *nescafé sestó* (heiß) dagegen schon. *Frappé* ist kalter Nescafé, mit Eis verquirlt, *me chála* bedeutet „mit Milch".

Tee

Tschai (Tee) trinken die Griechen im Allgemeinen nur, wenn sie krank sind. Beim Bestellen von *tschai tou vounoú* (Bergtee, guter Kräutertee) erntet man gar mitleidige Blicke. Er schmeckt jedoch recht gut.

Wasser und Limonade

Wasser wird meist in **1,5-Liter-Plastikflaschen** verkauft und hat keine Kohlensäure. Die halbvolle Flasche darf man nach dem Tavernenbesuch mitnehmen. Wasser mit Kohlensäure, *sóda* genannt, wird meist in kleinen Flaschen angeboten. Die bei uns üblichen Limonaden wie Cola, Sprite oder Fanta sind fast überall zu bekommen. Auch Orangensaft wird häufig angeboten.

Bier

Biersorten werden je nach Ort mehr oder weniger angeboten. Löwenbräu und die holländischen Marken Amstel und Heineken werden sehr oft serviert. Bei Griechen ist auch das Mythos sehr beliebt.

Wein

Im Restaurant der gehobenen Klasse sind natürlich **Spitzenweine** zu bekommen, während die Taverne um die Ecke überwiegend **einfache Weine** anbietet. Die meisten Tavernenwirte haben sich

Mobiler Gemüsehändler am Tor d'Amboise in Rhódos-Altstadt

dem Geschmack der ausländischen Gäste angepasst und schenken in der Regel trockene Weine aus. Viele griechische Weinsorten sind aber eher fruchtig oder lieblich und nicht trocken.

Mávro krassí oder *kokkinó krassí* ist Rotwein, *áspro krassí* Weißwein. **Retsína** ist Harzwein, der weiß oder rot sein kann, meist ist er weiß (roter wird auch *kokkinéli* genannt). Der Harzgehalt im Wein ist mittlerweile durch eine EU-Richtlinie geregelt, was zur Folge hat, dass heute der Wein oft weniger stark geharzt ist als noch vor ein paar Jahren. Daher schmeckt man jetzt recht gut, ob der verwendete Wein auch von guter Qualität ist. Ursprünglich war das Harz in den Rebensaft gegeben worden, um ihn haltbar zu machen. Heute erledigen dies die handelsüblichen Konservierungsstoffe. Retsína ist recht billig, während die meisten anderen griechischen Weine teurer sind. Der Retsína von CAIR gehört zu den besseren Sorten.

Auf Rhódos wird viel Wein angebaut und teilweise auch offen als **Hauswein** ausgeschenkt, aber häufig wird auch Flaschenwein vom Festland angeboten. Wir haben auf Rhódos sehr unterschiedliche Erfahrungen mit dem Hauswein gemacht. Er wird *chíma* oder *krassí apto varéli* (Wein aus dem Fass) genannt. Auf Rhódos ist fast überall der Villaré von EMERY und der Chevalier oder der Ilios von CAIR zu bekommen.

Feste und Feiertage

Gesetzliche Feiertage

- **1. Januar:** Neujahrsfest, Fest des Ag. Vassílis
- **6. Januar:** Epiphánia (auch Fóta genannt). Es wird die Taufe Christi gefeiert. Ein großes Fest findet in der Evangelismos-Kirche am Mandráki-Hafen in Rhódos-Stadt statt. Ein Priester segnet Hafen und Meer und wirft ein goldenes Kreuz in die Fluten, das Taucher wieder hinauf holen.
- **7. März:** Dodekanes-Feiertag
- **beweglich:** Rosenmontag, Karnevalsfest nach dem orthodoxen Kalender. Sieben Wochen vor Ostermontag, 20.2.2007, 10.3.2008, 2.3.2009
- **25. März:** Griechischer Nationalfeiertag zum Gedenken an den Beginn des Befreiungskrieges gegen die Türkei 1821. Er wird mit einer Militärparade und historischen Kostümen in Rhódos-Stadt gefeiert.
- **beweglich:** Karfreitag nach dem orthodoxen Kalender, 6.4.2007, 25.4.2008, 17.4.2009
- **beweglich:** Osterfest nach dem orthodoxen Kalender, 8.4.2007, 27.4.2008, 19.4.2009
- **1. Mai:** Tag der Arbeit. Maifeiertag mit Blumenfest in Rhódos-Stadt
- **beweglich:** Pfingstfest nach orthodoxem Kalender, 50 Tage nach Ostern, 12.6.2006, 28.5.2007, 16.6.2008, 8.6. 2009, mit Festen in allen Kirchen namens Ag. Triáda.
- **15. August:** Mariä Himmelfahrt. Kirchfest in allen der Panagía (Jungfrau Maria) geweihten Kirchen, große Feste in Embonas, Lárdos, Líndos und Triánda.
- **28. Oktober:** Ochi-Tag, an dem die Griechen das griechische „Nein“ zur Zusammenarbeit mit den faschistischen Achsenmächten feiern.
- **25./26. Dezember:** Weihnachten nach orthodoxem Brauch. Wie bei uns ist der **24.12.** ein halber gesetzlicher Feiertag.
- **31. Dezember:** Silvester, halber gesetzlicher Feiertag

Feste und Veranstaltungen auf Rhodos

Die Kirchenfeste beginnen oft schon am Vortag mit einer Prozession und einem Gottesdienst gegen Abend. Weitere Informationen erteilt der EOT.

- **23. April:** Kirchenfest aller der dem Ag. Geórgios geweihten Kirchen, z.B. in Kritinía

- **5. Mai:** Kirchenfest von Ag. Iríni in Koskinoú und Malóna
- **7. Mai:** Kirchenfest Ag. Ioannis Theologos im Dorf Ag. Isídoros
- **21. Mai:** Klosterfest in Moní Thári
- **Meist letzter Sonntag im Mai:** Blumenfestival am Mandrákihafen, Umzug mit blumengeschmückten Kindern, früher Abend
- **Juni:** Basketballturnier, Infos Tel. 22410-73373
- **Juni:** Marinewoche
- **15. Juni:** Fest im Kloster Ag. Amós bei Faliráki
- **Etwa 20.–30. Juni:** Filmfestival
- **29. Juni:** Fest von Ag. Pávlos bei Líndos und Charáki
- **Juli:** Segelregatta, Infos Tel. 22410-34878, 22222, 37110, www.asiathr.gr, infoasiathr.gr
- **7. Juli:** Fest von Ag. Kyriaki in Kálathos
- **12. Juli:** Fest Moní Kamíri bei Malóna
- **17. Juli:** Kirchenfest Ag. Marína in Koskinoú, Paradísi und Apolakkiá
- **20. Juli:** Fest der Kirche Profítis Ilías auf dem gleichnamigen Berg
- **20.–30. Juli:** Opernfestival
- **26. Juli:** Fest in allen Kirchen namens Ag. Paraskeví, z.B. in Triánda und Kattavía
- **27. Juli:** Kirchenfest in allen Kirchen namens Ag. Panteleímonas, z.B. in Siána und Rhódos-Altstadt
- **29/30. Juli:** großes Klosterfest mit Pferderennen in Moní Soulas (auch Moní Silla genannt) bei Soroní, größtes Kirchenfest der Insel
- **1.–20. August:** Theaterfest mit antiken Dramen
- **6. August:** Christi Verklärung, Klosterfest in Moní Metamórphosis bei Maritsá, Fánes und Kiotári
- **14.–23. August:** sehr großes Fest mit alten Trachten in Kremastí, Kirchenfeste auch in Triánda, Sálakos, Afándou, Embonas, Asklipío und Lárdos
- **27. August:** Fest von Ag. Fanourios, Altstadt Rhódos
- **Ende August:** Sportfest
- **8. September:** Marias Geburtstag, großes Fest in Moní Tsambíka, Moní Skiádi und Psínthos
- **10. September:** Tag der Musik mit Aufführungen klassischer Musik
- **14. September:** Fest von Ag. Stavrós in Apóllona, Malóna und Kalithiés
- **25. September:** Klosterfest von Moní Artamíti
- **27. September:** Tag des Touristen mit kulturellen Veranstaltungen
- **18. Oktober:** Klosterfest Ag. Loukas in Afándou
- **1. November:** Fest von Ag. Anargiri, Neustadt Rhódos
- **8. November:** Kirchenfest in Archángelos und Moní Panormítis auf Sými
- **14. November:** Fest von Ag. Konstantinos mit Prozession in Rhódos-Stadt

FKK

FKK an Griechenlands Stränden ist **grundsätzlich verboten.** Die meisten Griechen mögen es nicht, wenn nackt gebadet wird. Noch vor wenigen Jahren ereigneten sich Szenen, die für Nordeuropäer kaum zu glauben waren, aber sehr zur allgemeinen Belustigung beitrugen: Die nackten Übeltäter wurden von der Polizei abgeführt.

In den letzten Jahren entstanden in touristisch stark frequentierten Gegenden Bereiche, in denen Nacktbaden erlaubt ist. Einheimische verirren sich selten dorthin. Die internationale Fan-Gemeinde des Nudismus in Griechenland wird wieder kleiner. Es scheint sich herumgesprochen zu haben, dass Griechen diesbezüglich weniger großzügig sind, und die meisten Nudisten möchten nicht provozieren. Wer gerne alle Hüllen fallen lässt, der ziehe also an den einzigen **offiziellen FKK-Strand** auf Rhódos, der zwischen Faliráki und der Anthony-Quinn-Bucht in einer recht hübschen Bucht liegt.

An manchen Stränden auf Rhódos hat sich **Topless** durchgesetzt, doch ohne Bikinioberteil sind aufmerksame Männerblicke sicher. In traditionelleren Gegenden kann Oben-Ohne als Provokation verstanden werden. Auf jeden Fall sollten Frauen vermeiden, sich in Blickweite einer Kapelle oder Kirche zu entblößen. Dies gilt als Beleidigung des Heiligen, der dort verehrt wird.

Fotografieren

Die **beste Zeit zum Fotografieren** ist, wenn die Sonne tief steht. Der griechische Opa, in der Sonne sitzend, ist ein beliebtes Motiv. Meist sind ältere Herren auch gerne bereit, sich ablichten zu lassen, aber fragen sollte man schon. Nicht fotografiert werden dürfen militärische Anlagen. Oft weist ein Schild unmissverständlich darauf hin.

Filme Es empfiehlt sich, genügend Filme mitzunehmen, sie sind **in Deutschland preiswerter** als in Griechenland. In Griechenland werden Filme im Sommer oft zu warm gelagert und sind dann bereits vor dem Verfallsdatum unbrauchbar. Möchte man welche nachkaufen, sollte man dies am besten in Läden mit Klimaanlage tun. Filme müssen möglichst kühl und im Schatten gelagert werden. Empfehlenswert ist Material mit **100 Asa,** lichtempfindlichere Filme mit 200 oder 400 Asa liefern im gleißenden Licht der Ägäis oft Bilder mit Gelbstich, oder es kommt zu Überbelichtungen, und die Fotos werden blass.

Geldangelegenheiten

Währung Seit Januar 2002 wird in Griechenland mit **Euro** (ausgesprochen „Efro") bezahlt. Auf den Rückseiten der 1-, 2- und 5-Cent Münzen sind alte und moderne Boote abgebildet, während die 10-, 20-, und 50-Cent-Münzen den Freiheitsdichter *Fereos* bzw. die Staatsmänner *Kapodistrias* und *Venizelos* zeigen. Das Kleingeld wird bei den Griechen übrigens „Lefta" genannt. Die Eule und der Olivenzweig sind auf der 1-Euro-Münze, Europa und Zeus in Stiergestalt auf der 2-Euro-Münze abgebildet.

Zahlungsmittel

Man sollte nicht auf ein Zahlungsmittel allein setzen. Es empfiehlt sich, **Kreditkarte, Maestro-(EC-) Karte** sowie eine kleine Menge **Bargeld** mitzunehmen.

Maestro-(EC-)Karte Mit der Maestro-(EC-)Karte kann an vielen **Bankautomaten** Geld abgehoben werden. In Rhódos-Stadt findet man immer einen funktionierenden Automaten. Auf dem Bildschirm erscheint zunächst ein Computer-Menü mit verschiedenen

Flaggen: „Schwarz-rot-gold" drücken, und der Automat fragt auf Deutsch weiter. Außerhalb der Stadt kann man sich nicht darauf verlassen, dass im Bedarfsfall ein funktionierender Automat am Wegesrand steht. Mit der Maestro-Karte am Automaten Geld abzuheben, ist die einfachste und billigste Methode. Je nach Hausbank wird dafür pro Abhebung eine Gebühr von ca. 1,30–4 € bzw. 4–6 SFr berechnet.

Die **Sperrnummern** für den Fall des Geldkartenverlusts sind im Kapitel „Notfälle" aufgeführt.

Kreditkarten

Kreditkarten werden auf Rhódos nur von großen Hotels, internationalen Autovermietern und einigen Souvenirshops akzeptiert, in vielen Restaurants sind sie unbrauchbar. Auf gar keinen Fall sollte man auf die Kreditkarte als einziges Zahlungsmittel vertrauen! Sie ist in Griechenland eher unüblich. Grundsätzlich sind Karten wie American Express, Visa oder Master am verbreitetsten.

Barabhebungen per Kreditkarte kosten je nach ausstellender Bank bis zu 5,5 % an Gebühr, aber für das bargeldlose Zahlen werden nur ca. 1–2 % für den Auslandseinsatz berechnet. Also am besten viel bargeldlos bezahlen und für Bargeld gleich größere Summen mit der Maestro-Karte abheben.

Geldwechsel und Reiseschecks

Beim Geldwechsel, z.B. von Schweizer Franken, muss häufig der **Pass oder Personalausweis** vorgelegt werden. Es empfiehlt sich, beides mitzuführen, denn mancher Hotelbesitzer möchte ein Dokument zur Sicherheit hinterlegen. **Banken** tauschen Bargeld und Reiseschecks. Auch Kreditkarten werden von den meisten Banken akzeptiert. Öffnungszeiten der Banken siehe „Öffnungszeiten". Auch **Postämter** wechseln Bargeld und Reiseschecks. Vom Postsparbuch kann man in Griechenland kein Geld abheben. **Wechselstuben** findet man häufig in den Touristenzentren, z.B. in Rhódos-Stadt oder Faliráki. Auch Reisebüros und große Hotels bieten diesen Service an.

Wechselkurse
- 1 Schweizer Franken = 0,63 Euro
- 1 Euro = 1,57 Schweizer Franken

Der Vorteil: meist sind sie bis abends gegen 22 Uhr und auch am Wochenende geöffnet. Allerdings werden hier Extra-Gebühren fällig. Die Provision beträgt um die zwei Prozent.

Reisekosten

Griechenland ist **kein Billigreiseland mehr.** Die wöchentlichen Kosten für Übernachtung in Privatzimmern, Mietmofa und einen Tavernenbesuch am Tag kann man folgendermaßen veranschlagen:

- **Nebensaison:** allein reisend **500 €**, als Paar **400 €** p.P.
- **Hauptsaison:** allein reisend **600 €**, als Paar **550 €** p.P.

Wer abends gerne ausgeht, etwas mehr Komfort bei der Unterkunft schätzt, einen Jeep mieten möchte, gerne einkauft und vielleicht Wassersport treibt, muss mit mehr rechnen. Auf Rhódos liegen die **Preise in den Tavernen** mindestens auf dem Niveau von deutschen Gaststätten. Teils sind sie sogar höher. Wer selbst kochen möchte, wird mit der Tatsache konfrontiert, dass die Lebensmittel ebenfalls teuer sind. Wer Geld sparen möchte, mache sich sein **Frühstück** selbst, denn es ist bei griechischen Pensionen oft nicht inklusive.

Grundsätzlich ist noch zu sagen, dass Preise von Mietfahrzeugen, Pensionen und Hotelzimmern verhandelbar sind, vor allem in der Nebensaison.

Gesundheit

Apotheken

Wer im Urlaub **kleinere Beschwerden** wie Durchfall, Magenschmerzen, Brandblasen oder Halsweh hat, kann erst mal in die Apotheke gehen. In Griechenland sind weniger Medikamente rezeptpflichtig als in Deutschland. Man sollte auf jeden Fall versuchen, den Beipackzettel zu lesen. Manche Medikamente kommen aus Deutschland, andere haben englische Beipackzettel, aber es kann auch sein, dass die Beschriftung auf Griechisch ist.

„Apotheke" heißt auf Griechisch **Farmakíon** (ΦΑΡΜΑΚΕΙΟΝ). Apotheken sind einfach zu erkennen: Grüne oder rote Kreuze weisen den Weg. Die meisten Apotheken in größeren Orten sind vormittags und abends, in Rhodos-Stadt durchgängig während der Werktage geöffnet. In Rhódos-Stadt haben einzelne Apotheken Nacht- und Wochenenddienste. Welche Apotheke geöffnet ist, kann man bei der Touristenpolizei oder im Krankenhaus erfragen. Dort ist immer jemand zu erreichen. Die Apotheken in den Dörfern sind meist nur vormittags geöffnet. **Kontaktlinsenträger** sollten genügend Reinigungsmittel von zu Hause mitnehmen, denn das gibt es außerhalb von Rhódos-Stadt nicht überall zu kaufen. **Verhüterlis** werden auf Griechisch *kapota* oder *prophylaktika* genannt.

Medizinische Versorgung

Das neue **Krankenhaus** von Rhódos-Stadt gehört zu den besseren Krankenhäusern in Griechenland. Die technische Ausrüstung ist allerdings einfacher, als dies die meisten Urlauber von zu Hause gewöhnt sind. Aus eigener Erfahrung können wir sagen: Im Notfall wird man kostenlos und gewissenhaft behandelt. Längere Krankenhausaufenthalte in Griechenland haben aber Nachteile, vor allem wenn man alleine ist. Denn sobald die direkte ärztliche Behandlung abgeschlossen ist, bleibt man sich weitgehend selbst überlassen. Abhilfe kann eine „kleine Aufmerksamkeit" für das Pflegepersonal bewirken. Bei schweren Unfällen werden Patienten per Hubschrauber in die besser ausgerüsteten Krankenhäuser nach Athen geflogen.

Außerhalb der Stadt gibt es in den Dörfern **Arztpraxen,** die meist nur vormittags geöffnet sind. Der Arzt ist allerdings oft auch außerhalb der

Sprechstunde telefonisch zu erreichen und kann erste Hilfe im Notfall leisten.

Wer einen **Krankenwagen** *(asthenofóro)* rufen will, wende sich ans neue Krankenhaus in Rhódos-Stadt, Tel. 22410-80000.

Das Touristenbüro EOT kann Adressen von englisch- oder deutschsprachigen Zahn-, Kinder- und Augenärzten nennen (siehe auch „Praktische Tipps" für Rhódos-Stadt). Im Notfall kann man sich auch an die Touristenpolizei, Tel. 22410-27423 oder 23329, wenden.

Krankenversicherung

Die gesetzlichen Krankenkassen von Deutschland und Österreich garantieren eine Behandlung im Krankheitsfall auch in Griechenland (sowie in den Transitländern Österreich, Schweiz, Italien, Slowenien, Tschechien, Ungarn), wenn die medizinische Versorgung nicht bis nach der Rückkehr warten kann. Als Anspruchsnachweis benötigt man seit 2005 die **Europäische Krankenversicherungskarte,** die man von seiner Krankenkasse erhält.

Im Krankheitsfall besteht ein Anspruch auf ambulante oder stationäre Behandlung bei jedem zugelassenen Arzt und in staatlichen Krankenhäusern. Da jedoch die Leistungen nach den gesetzlichen Vorschriften im Ausland abgerechnet werden, kann man auch gebeten werden, zunächst **die Kosten der Behandlung** selbst zu tragen. Obwohl bestimmte Beträge von der Krankenkasse hinterher erstattet werden, kann ein Teil der finanziellen Belastung beim Patienten bleiben und zu Kosten in kaum vorhersagbarem Umfang führen.

Deshalb wird der Abschluss einer **privaten Auslandskrankenversicherung** dringend empfohlen. Diese sollte eine zuverlässige Reiserückholversicherung enthalten, denn der Krankenrücktransport wird von den gesetzlichen Krankenkassen nicht übernommen. Auslandskrankenversicherungen sind in Deutschland mit Preisen ab 5–10 Euro pro Jahr auch sehr günstig (siehe z.B. „FinanzTest" 07/05).

013s Foto: vb

Schweizer sollten bei ihrer Krankenversicherungsgesellschaft nachfragen, ob die Auslandsdeckung auch für Griechenland gilt. Sofern man keine Auslandsdeckung hat, kann man sich kostenlos bei Soliswiss (Gutenbergstr. 6, 3011 Bern, Tel. 031-3810494, info@soliswiss.ch) über mögliche Krankenversicherer informieren.

Bei der Wahl der Auslandskrankenversicherung sollte man typische Leistungsunterschiede prüfen:

- **Reisedauer:** Bei einigen Versicherern wird von einer maximalen Reisedauer von 30 oder auch 62 Tagen ausgegangen. Bei längerem Aufenthalt wird auch die Versicherung teurer. Für Aufenthalte bis zu 90 Tagen kostet es ca. 55–74 €, für solche bis zu einem Jahr kostet es 350–1300 €. Vergleichen lohnt sich!
- **Rücktransport:** Wird in der Regel nur auf ärztliches Anraten übernommen. Im Todesfall werden unterschiedlich hohe Beträge für die Rücküberführung gezahlt.
- **Selbstbeteiligung:** Einige haben z.B. bei Zahnbehandlungen eine Selbstbeteiligung, andere zahlen 100 Prozent.
- **Nachleistungsfrist:** Kann man nicht wie geplant nach Hause reisen, sollte die Versicherung die Rechnungen noch eine Zeit lang weiterzahlen.

- **Altersgrenze:** Die Kosten sind nach Alter gestaffelt. Die Altersgrenzen sind je nach Versicherer unterschiedlich.
- **Chronische Krankheiten:** Wird aufgrund einer Krankheit, die schon vor Urlaubsantritt bestand, eine Behandlung fällig, wird diese nur von wenigen Versicherungen bezahlt.

Zur Erstattung der Kosten benötigt man ausführliche **Quittungen** (mit Datum, Namen, Bericht über Art und Umfang der Behandlung, Kosten der Behandlung und Medikamente).

Der Abschluss einer **Jahresversicherung** ist in der Regel kostengünstiger als mehrere Einzelversicherungen. Günstiger ist auch die **Versicherung als Familie** statt als Einzelpersonen. Hier sollte man die Definition von „Familie" genau prüfen.

Gifttiere

Im Falle eines Schlangenbisses (der im Übrigen nicht häufig vorkommt und meist ungefährlich ist) sollte man sich schnellstmöglich an einen Arzt wenden. Oft war aber die Panik umsonst. Es gibt jedoch in Griechenland **Vipernarten** (auf Rhódos: hellgrüne, kleine Tierchen), die giftig sind und deren Bisse unbehandelt zum Tod führen können. Vipern haben eine eckige Kopfform, im Gegensatz zu den ungiftigen Nattern. Deren Kopf ist rund. Auch nach einem engeren Kontakt mit **Skorpionen** sollte man den Arzt aufsuchen.

Hygiene

„Pu íne tualéta?" heißt es, falls man ein gewisses Örtchen sucht. Männer halten sich in Richtung *andron,* Frauen in Richtung *ginaikon* (sprich: *Jinäkon*). Folgende Gebrauchsanweisung sei für **griechische Toiletten** mit auf den Weg gegeben: Klopapier, das man *chartí ijías* nennt, gehört nicht ins Klo, sondern in den Eimer daneben, denn Kläranlagen finden sich in Griechenland eher selten, und die Abwasserrohre sind meist ziemlich filigran und schnell verstopft.

Wer einfachere Herbergen mit **Gemeinschaftsduschen** aufsucht, dem sei geraten, sich Badeschlappen für die Dusche mitzunehmen. Die Bäder werden zwar fast überall täglich geputzt, aber bei Etagenbädern reicht ein Mitbenutzer, der ordentlich spritzt und planscht, und schon schwimmt das ganze Bad.

Rhódos gehört zwar zu den wasserreichen Inseln Griechenlands, aber auch hier kann es gegen Ende des Sommers zu **Wasserknappheit** kommen. Beim Duschen ist der sparsame Umgang mit Wasser eine Selbstverständlichkeit – was nicht heißen soll, dass man auf die Dusche verzichten muss. Chálki und Sými haben nicht genügend Wasser. Die Inseln werden im Sommer regelmäßig per Tankschiff mit Trinkwasser von Rhódos aus versorgt.

Informationen

Griechische Zentrale für Fremdenverkehr EOT

Deutschland

- Neue Mainzer Str. 22, 60311 Frankfurt, Tel. 069-2578270, Fax 069-25782729, info@gzf-eot.de
- Pacellistr. 5, 80333 München, Tel. 089-222035/6, Fax 089-297058, info-muenchen@gzf-eot.de
- Neuer Wall 18, 20354 Hamburg, Tel. 040-454498, Fax 040-454404, info-hamburg@gzf-eot.de
- Wittenbergplatz 3a, 10789 Berlin, Tel. 030-2176262/3, Fax 030-2177965, info-berlin@gzf-eot.de

Österreich

- Opernring 8, 1010 Wien, Tel. 01-5125317/8 oder 5133221, Fax 01-5139189, grect@vienna.at

Schweiz

- Loewenstr. 25, 8001 Zürich, Tel. 01-2210105, Fax 01-2120516, eot@bluewin.ch

Informationsstellen auf Rhódos

In der **Touristen-Information** in Rhódos-Stadt spricht man Deutsch, und es gibt kostenlos gutes Infomaterial wie Stadtplan, Bus- und Schiffsfahrpläne sowie Unterkunftsverzeichnis. Man informiert über aktuelle Taxipreise, Öffnungszeiten und Preise von Museen. Auch die Zeitschrift „Rhódos-Kurier" und Informationsmaterial über Sými liegen hier aus.

Im gleichen Gebäude befindet sich die **Touristenpolizei.** Der Eingang befindet sich auf der Rückseite und ist ausgeschildert als „Tourist Police". Dort ist 24 Stunden am Tag jemand erreichbar, der Englisch spricht. Einige Mitarbeiter sprechen auch Deutsch. Die Touristenpolizei ist vor allem Anlaufstation für Notfälle, hilft aber auch bei kleineren Problemen weiter, wenn sie kann.

Außerdem informiert das **Städtische Informationsbüro** am Rimini-Platz. Auch hier spricht man Deutsch, und es gibt viel Material kostenlos.

- **EOT Rhódos,** Ecke Odós Makariou/Odós Papagou unweit des Busbahnhofs, 85100 Rhódos, Tel. 22410-44335 oder 44336, Fax 26955, eotrodos@otenet.gr, www.ando.gr/eot. Geöffnet Mo–Fr 8–14 Uhr
- **Städtisches Informationsbüro,** Zweigstelle des EOT-Büros, Tel. 22410-35945. Geöffnet von Juni bis September täglich 8–21 Uhr
- **Städtisches Informationsbüro in Lindos** an der Bushaltestelle am Brunnen, Tel. 22440-31900, 31227

Internet

Internetadressen mit Informationen zu Rhódos:

- www.rhodos-info.de
- www.griechenland-infos.de
- www.ando.gr/eot
- www.gnto.gr

Internet-Cafés

- Auf Rhódos findet man inzwischen zahlreiche Internet-Cafés. Die Adressen werden in der jeweiligen Ortsbeschreibung angegeben.

Karten

Der EOT verteilt kostenlos Inselkarten, die jedoch nur bedingt zu gebrauchen sind. Auf der Rückseite befindet sich aber ein guter und hilfreicher Plan von Rhódos-Stadt.

Auf Rhódos werden verschiedene Inselkarten für ungefähr 1,50 € verkauft, meist im Maßstab 1:100.000. Sie stecken jedoch voller Fehler, nicht einmal das Straßennetz ist korrekt eingezeichnet, von Höhenangaben und Pisten einmal ganz zu schweigen.

Bei Reise Know-How ist die empfehlenswerte Rhódoskarte des *world mapping project* im Maßstab 1:80.000 erschienen. Sie bietet moderne Kartengrafik mit Höhenlinien und farbigen Höhenschichten, ein einheitlich klassifiziertes Straßennetz mit Entfernungsangaben und einen ausführlichen Ortsindex. Durch eingezeichnete Längen- und Breitengrade ist die Karte auch GPS-tauglich. Wichtige Sehenswürdigkeiten, herausragende Orientierungspunkte und Badestrände sind durch einprägsame Symbole dargestellt.

Kinder

Man kann mit Kindern in Griechenland gut reisen, Griechen mögen Kinder sehr gern. **Kinderwagen** sind aber vielerorts mit Hindernissen konfrontiert. Die Gehwege sind meist zugeparkt, und man muss oft auf die Straße ausweichen.

Einige Hotels und Pensionen auf Rhódos bieten zeitweise **Kinderbetreuung** an. Spaghetti, Moussaká, Pastízio, Pommes Frites und Süßes – auch beim Essen kommt der Nachwuchs nicht zu kurz.

Am Denkmal für die Toten des Zweiten Weltkriegs in Rhódos-Neustadt

Viele Strände auf Rhódos sind gut für Kinder geeignet, sie sind sandig und fallen seicht ab.

Eine Attraktion für Kinder ist z.B. ein Besuch im **Aquarium** von Rhódos-Stadt oder ein Ausflug ins **Rodini-Tal.** Auch Gokartfahren ist sehr beliebt. Einen **Eselsritt** zur Akropolis von Líndos finden Kinder meist viel interessanter als die Akropolis selbst. Ein Abstecher zur **Rhodischen Villa** führt durch einen Park mit Schaukeln und Wippen. Ein Ausflug, der Kindern meist viel Spaß macht, ist der zur **Vogelstraußenfarm** bei Petaloúdes. Auch ein Ponyritt (s. Sport und Aktivitäten) kommt meist gut an. Der **Wasserpark** von Faliráki findet geteiltes Echo: Oft sind Kinder begeistert, die Eltern eher genervt.

009rh Foto: vb

KLIMA UND REISEZEIT

Auf Rhódos herrscht mediterranes Klima, d.h. die Sommermonate sind trocken und heiß, während es im Winter kühl und regnerisch ist. Die Vorsaison beginnt im März.

Wer es einrichten kann, sollte versuchen, Rhódos außerhalb der Monate Juli und August zu besuchen, denn dann beherbergt die Insel rund 100.000 Urlauber. Hauptsaison ist während der Schulferien, davor oder danach bestimmen Angebot und Nachfrage die Preise.

Vorfrühling

Im **Februar** fängt es auf Rhódos an zu blühen, allerdings regnet es an rund einem Drittel aller Tage. Die meisten Hotels und Tavernen halten noch „Winterschlaf". Den Urlauber erwarten tagsüber 9 bis 15° C.

Ähnliches gilt für den **März.** Es regnet durchschnittlich nur noch sieben Tage, und es wird bis 17 °C warm.

Frühling

Im **April** regnet es schon merklich weniger, es ist aber immer noch recht kühl. Da die meisten Touristenunterkünfte nicht beheizbar sind, kann es dort abends recht frisch werden. Es blüht schon herrlich, aber Baden im Meer ist nur an einzelnen Tagen möglich, wenn die Lufttemperatur auf 25 °C steigt, denn das Wasser ist nur 18 °C warm. Die Griechen bereiten sich auf die Saison vor.

Der **Mai** ist der ideale Monat für einen Wanderurlaub. Die Tagestemperaturen liegen bei 16 bis 25 °C, das Meer hat 20 °C. Regenschirm und wärmere Kleidung kann man Anfang des Monats durchaus noch gebrauchen. Das Frühjahr ist relativ windstill. Gegen Ende Mai setzt dann der Meltemi ein, der Wind, der in den Sommermonaten meist aus nördlicher Richtung über die Ägäis fegt.

Im **Juni** füllt sich die Insel mit Touristen. Die Tagestemperaturen betragen 20 bis 30 °C, Baden ist im 23 °C warmen Meer gut möglich.

010rh Foto: vb

Sommer

Im **Juli und August** steigt das Thermometer auf 23 bis 33 °C, an einzelnen Tagen klettert es über 35 °C. Die Wassertemperatur beträgt 24 bis 26 °C. Mit Regen ist nun nicht mehr zu rechnen, aber der Meltemi bläst in dieser Zeit am stärksten. Zum Wandern oder Radfahren ist es zu heiß, und fast alle Urlauber zieht es an die Strände. Die Preise liegen deutlich höher als in anderen Monaten.

Die Festung von Monólithos an der Westküste

Winde auf Rhodos

Meltemi, so nennen die Griechen den Wind, der in den Sommermonaten meist aus nördlicher Richtung über die Ägäis fegt. Er entsteht dadurch, dass sich die Luft über dem heißen Land stärker erwärmt als die Luft über dem kühleren Meer. Die heiße Luft bildet ein Hochdruckgebiet, von dem aus dann ein warmer Wind über das kühle Wasser streicht und es erwärmt. Je größer die Temperaturunterschiede sind, umso heftiger weht der Wind. Segler und Surfer kommen dann voll auf ihre Kosten. Manchmal ist der Wind allerdings so stark, dass Surfen nur noch für absolute Könner möglich ist. Auch die Schiffsfahrpläne können dann leicht durcheinander geraten.

Der stürmische Winterwind wird **Vorias,** Nordwind, genannt.

Im **September** nehmen die Urlauberzahlen wieder ab, aber auch dann ist Rhódos immer noch recht gut besucht. Das Meerwasser ist 24 °C warm, die Lufttemperatur beträgt tagsüber 22 bis 30 °C.

Herbst

Rhódos hat einen langen Herbst, man kann Baden und Wandern sehr gut kombinieren. Mit ganzen fünf Regentagen und Temperaturen von 18 bis 26 °C gehört die Insel zu den wenigen Gebieten Griechenlands, die im **Oktober** überwiegend schönes Wetter haben. Es kann aber auch vorkommen, dass sintflutartige Regenfälle auf die Insel niedergehen. Charterflüge werden bis um den 25. Oktober angeboten.

Im **November** wird es kühler, und man muss mit etwas mehr Regentagen rechnen. Meist ist der Monat aber noch überwiegend freundlich. Das Wasser ist mit 20 °C noch relativ warm, die Tagestemperaturen liegen bei 13 bis 22 °C.

Winter

Von **Mitte Dezember bis Mitte Februar** ist es eher ungemütlich. Es regnet viel und stürmt häufig, die Urlaubssaison ist vorbei. Trotzdem verzeichnet die Insel rund 500 Gäste in den ersten beiden Dezemberwochen.

Kulturelle Veranstaltungen

Kino

In Griechenland ist **Open-Air-Kino** ein sehr beliebtes Sommervergnügen. Die Filme laufen meist in englischer Sprache mit griechischen Untertiteln. In Rhódos-Stadt erfreut sich im Sommer das Kino Rodon großer Beliebtheit. In der kühleren Jahreszeit zieht es die Zuschauer eher ins Metropol unweit des Stadions. Informationen zu den Kinos erteilt u.a. der EOT.

Konzerte

Im Sommer gibt es immer wieder Musikveranstaltungen. Der Schwerpunkt liegt auf **griechischer Folklore** und **Popmusik.** Wer Jazz oder klassische Musik liebt, wird meist enttäuscht.

Auf Rhódos' kleiner Nachbarinsel Sými hat sich in den letzten Jahren ein **Klassikfestival** etabliert. Dort wird neben Volksmusik auch klassische Musik geboten, z.B. von *Míkis Theodorákis.* Informationen darüber, was wann wo angeboten wird, erteilt der EOT.

Mietfahrzeuge

Per Mietfahrzeug kann man viele Ziele auf der Insel erreichen, die von öffentlichen Verkehrsmitteln nicht angesteuert werden. Wer sich auf diese Weise auf den Weg macht, achte aber auf die Entfernungen! Eine gemütliche Inselumrundung ist an einem Tag nicht möglich.

Eine **Kilometerbegrenzung** ist auf Rhódos nicht üblich, kommt aber doch bei manchen Vermietern vor. Eine **Haftpflichtversicherung** muss im Mietpreis enthalten sein. Allerdings übernimmt die in Griechenland übliche Haftpflicht nur Sachschäden bis zu rund 96.000 € und Personenschäden bis zu rund 480.000 €. Größere Schäden müssen aus eigener Tasche beglichen werden, bzw. über eine so genannte „Mallorca-Police" getrennt versichert werden (siehe auch Kapitel „Versicherungen").

Pkw

Bei den meisten internationalen Autovermietern muss der Mieter für Kleinwagen mindestens 21 Jahre und für größere Fahrzeuge mindestens 25 Jahre alt sein, und mindestens ein Jahr den Führerschein besitzen. Bei den lokalen Anbietern ist oft nur ein gültiger Führerschein notwendig, ohne Einschränkungen. Als **Kaution** wird von den internationalen Anbietern am liebsten die Kreditkarte genommen. Die Höhe der Kaution richtet sich nach der Versicherung und ist von Anbieter zu Anbieter verschieden.

Ein Preisvergleich zwischen den unterschiedlichen Anbietern lohnt sich. Man achte auch darauf, was das Angebot beinhaltet. Ein Trick mancher teurer Vermieter ist es, die Preise ohne Kaskoversicherung („All-Risk-Insurance") oder ohne Steuer anzugeben. Bei der Kaskoversicherung kann eine Eigenbeteiligung anfallen. Wegen des starken Verkehrs, der saisonbedingt auf Rhódos herrscht, ist eine Vollkaskoversicherung empfehlenswert. Auf der Insel passiert relativ viel. Im Vertrag sollte der Bruttopreis eingetragen sein, damit der Vermieter hinterher nicht noch die Mehrwertsteuer draufschlägt.

Internationale Autovermieter

Die Preise der Internationalen Autovermieter am Flughafen von Rhódos liegen deutlich höher als die Angebote bei **Telefonbuchung in Deutschland.** Bei fast allen Anbietern ist eine Kreditkarte notwendig.

Angaben über Preise sind schwierig zu machen, da die Angebote häufig wechseln. Die Angebote bei Buchung eines Kleinwagens in Deutschland und Bezahlung per Kreditkarte im Voraus bei einer Mietdauer von einer Woche, freien Kilometern, mit Steuer, Haftpflicht und Vollkasko mit unterschiedlich hoher Eigenbeteiligung (zwischen 0 und 400 €), liegen bei 150–400 €, in der Regel werden 200–250 € für ein vollkaskoversichertes Fahrzeug ohne Selbstbehalt verlangt.

Im Internet sind zahlreiche **Billigangebote** zu finden, wenn man bei www.google.de als Schlagworte „Mietauto Rhodos billig" eingibt. Wir haben aber mit einer dieser Firmen, die Erfahrung gemacht, dass die Vollkaskoversicherung einen Schaden, der beim Durchfahren einer Baustelle entstand und von uns erst später bemerkt wurde, nicht übernahm. Es wurde von uns ein Polizeibericht verlangt, den wir zu diesem Zeitpunkt natürlich nicht mehr beschaffen konnten. Mit den gängigen internationalen Vermietern haben wir andere Erfahrungen gemacht, dort wurden Schäden immer ohne großes Zögern übernommen.

- **Hertz,** am Flughafen von Rhódos, Tel. 0180-333535 (Buchung), 22410-82902 oder 82002, außerdem Niederlassungen in mehreren Hotels der Insel. Infos übers Internet: www.hertz.de
- **Avis,** Rhódos, am Flughafen, Tel. 0180-55577 (Buchung), 22410-91700 oder 82896, außerdem Niederlassungen in mehreren Hotels der Insel. Infos übers Internet: www.avis.de
- **Europcar InterRent,** am Flughafen, Tel. 0180-58000 (Buchung), 22410-83105, und in Rhódos-Stadt, Odós Alexandrou Diakou 50, Tel. 22410-21958. Infos übers Internet: www.europ car.de
- **Sixt,** Hotline: 01805-5252525, am Flughafen, Tel. 22410-81995, in Faliráki im Sun Palace Hotel, Tel. 22410-85650, und in Kolímbia, Tel. 22410-56476. Infos übers Internet: www.sixt.de
- **Budget Car,** Rhódos, am Flughafen, Tel. 0180-5244388, 22410-76295, oder in Rhódos Stadt, Leoforos Lalissou 32, Tel. 2241-95103. Infos übers Internet: www.budget.de

Wichtige Tipps

Jeeps und offene Autos sind zwar schick, aber technisch oft in schlechtem Zustand. Ratsam ist ein ganz normaler Kleinwagen. Grundsätzlich sollte man vor Unterzeichnen des Mietvertrags erst eine **kostenlose Probefahrt** unternehmen. Da man meist unterschreibt, das Fahrzeug in einem einwandfreien Zustand übernommen zu haben, empfiehlt sich vorher eine **genaue Prüfung:** Reifen (Luftdruck und Profiltiefe), Ölstand, Licht, Bremsen, Blinker, Rückwärtsgang und Ersatzrad, bei Zweirädern zusätzlich die Kette.

Bei gravierenden technischen Mängeln ist es sinnvoll, das Ganze bleiben zu lassen. Zerbrochene Spiegel, abgerissene Schutzbleche etc. sollten in den Vertrag eingetragen werden.

Seriöse Vermieter bieten an, den Kunden im Fall einer **Panne** abzuholen. Bei kleineren Schäden wie plattem Reifen ist zu überlegen, ob sich der Service überhaupt lohnt: Meist wartet man zwei bis drei Stunden, und für ungefähr 10 € ist der Reifen in einer Viertelstunde von einem Vulkaniseur geflickt.

Krafträder

Wer ein **Motorrad** mieten möchte, braucht einen Führerschein Klasse 1 (A). Wer den Führerschein Klasse 3, 4 oder 5 hat (neue Bezeichnung: B, BE, C1, C1E, M, L), kann problemlos **Mofas (50 ccm)** mieten, für die Klasse 4 (M) notwendig ist. Manchmal werden einem mit einem solchen Führerschein **Leichtkrafträder mit 80 ccm** überlassen, für die in Deutschland der Führerschein Klasse 1b (A1) notwendig ist. Diese Maschinen haben vor allem an steilen Hängen den Vorteil, dass sie auch mit zwei Personen den Geist nicht aufgeben. Bei einem Unfall kann sich die Versicherung aber weigern zu zahlen, wenn kein Führerschein Klasse 1b oder A1 vorliegt. Wer nicht sicher ist, ob es mit seinem Fühererschein erlaubt ist, Leichtkrafträder zu fahren, sollte sich vor Beginn der Reise bei seinem Automobilclub oder bei einer Fahrschule informieren.

In der NS kosten Mofas (50 ccm) je nach Mietdauer 10–12 €, in der HS 12–17 € pro Tag. Für Maschinen mit 125 ccm werden 15–20 € verlangt.

Tipp Man sollte unbedingt darauf bestehen, dass man einen **Helm** bekommt, auch wenn es nicht so toll aussieht und manchmal sehr warm darunter ist! Mietmofas sind leider in Griechenland recht häufig in Unfälle verwickelt, da viele Mieter keine geübten Zweiradfahrer sind und manche Wege wirklich gute Fahrkenntnisse erfordern.

Ausflüge per Mietfahrzeug

Man sollte die Entfernungen auf der Insel nicht unterschätzen. Es ist beispielsweise von der nördlichen Westküste aus möglich, an einem Tag mit dem Auto bis in den Inselsüden zu fahren, die Tour ist aber recht stressig. Wer zwischen Archángelos und Gennádi an der südlichen Ostküste wohnt, hat das gleiche Problem mit Rhódos-Stadt und dem Inselnorden. In den Ortsbeschreibungen werden einige Routen für Ausflüge mit Mietfahrzeugen vorgeschlagen.

Nachtleben

Nachtschwärmer sind in zahlreichen Küstenorten auf Rhódos gut aufgehoben. In **Rhódos-Stadt** ist vor allem in der Neustadt viel los, Zentrum ist die Odós Orfanidi. Dort warten zahlreiche Bars und Clubs auf Besucherinnen und Besucher. Auch der EOT informiert darüber, was Nachtschwärmer so interessieren könnte.

Mehr noch als in Rhódos-Stadt fühlen sich nachtaktive Menschen in **Faliráki** zu Hause. In den letzten Jahren zieht dieser Ort immer mehr Urlauber an, die an nächtlicher Unterhaltung interessiert sind. Hier findet sich touristisches Massenunterhaltungsprogramm in all seinen Facetten.

In **Líndos** wird dem gesetzteren Publikum einiges geboten. Von den Dachterrassen aus hat man einen schönen Blick auf die beleuchtete Akropolis, und man vergnügt sich in zahlreichen Bars.

Die Griechen selbst ziehen eine andere Art Nachtleben vor, das man z.B. in **Archángelos** findet. Dort beherrscht die *volta* die Hauptstraßen, das abendliche Flanieren, das in der Praxis aber mehr ein Gedränge mit heulenden Motorgeräuschen zur Untermalung ist.

Rhódos hat sich in den letzten Jahren einen etwas **zwielichtigen Ruf** zugezogen. Was Thailand Männern bietet, offeriert Rhódos für Frauen: Gewerbliche Herren bemühen sich um das Wohl ihrer Kundinnen. Und so bekommt frau auf der Straße schon einmal eine Einladung zum Männerstrip in die Hand gedrückt.

NOTFÄLLE

Notrufnummern

- **Erste Hilfe:** 22410-80000
- **Neues Krankenhaus:** 22410-80000
- **Krankenhäuser in Athen:** Tel. 210-646781119, 210-8219391 und 210-8014411
- **Feuerwehr:** Tel. 199, **Waldbrände:** 191
- **Polizei:** Tel. 100, **in Athen:** Tel. 210-7705711
- **Notruf:** Tel. 166 (von Kartentelefonen, auch ohne Karte)
- **Fundbüro Rhódos-Stadt:** Tel. 22410-23294
- **Fundbüro Athen:** Tel. 210-7705771
- **Verkehrspolizei Rhódos:** Tel. 22410-22346
- **Hafenbehörde Piräus:** Tel. 210-4511311

Hilfe in Notlagen

Wird der Reisepass oder Personalausweis im Ausland gestohlen, muss man dies der örtlichen Polizei melden. Darüber hinaus sollte man sich an die nächste **diplomatische Auslandsvertretung** seines Landes wenden, damit einem ein Ersatz-Reiseausweis zur Rückkehr ausgestellt wird (ohne ihn kommt man nicht an Bord eines Flugzeuges!).

Auch in **dringenden Notfällen,** z.B. medizinischer oder rechtlicher Art, sind die Auslandsvertretungen bemüht, vermittelnd zu helfen.

Deutschland:

- **Deutsche Botschaft Athen-Kolonaki,** Odós Karaoli kai Dimitriou 3, Tel. 210-7285111, in dringenden Fällen außerhalb der Dienstzeiten 6932338153 oder 6932338152

- **Deutsches Konsulat Rhódos,** Artemidos 12, Tel. 22410-63730
- **Deutsches Konsulat Patras,** Odós Mesonos 98, Tel. 22610-221943

Österreich:

- **Österreichische Botschaft Athen,** 4, Vass. Sofias, Tel. 210-7257270
- **Österreichisches Konsulat Patras,** Institut für Massivbau, 50, Odós Pantanassi, Tel. 22610-271447

Schweiz:

- **Schweizer Botschaft Athen,** Odós Iassiou 2, Tel. 210-7230364/65/66 oder 7299471/72/74
- **Schweizer Konsulat Patras,** Ermou 15, Tel. 22610-277688
- **Schweizer Konsulat Rhódos,** Hellenic Island Services, 31, Odós Papalouka, Tel. 22410-73690

Verlust von Geldkarten und Reiseschecks

Bei Verlust oder Diebstahl der Geldkarte oder Reiseschecks sollte man diese umgehend sperren lassen. In Deutschland gibt es dafür die einheitliche **Sperrnummer 0049-116116** (u.a. Maestro-(EC-) Karten, Kredit-, Krankenkassen- und Handykarten). In Österreich und der Schweiz gelten hingegen:

- **Maestro-Karte,** A: Tel. 0043-1-2048800; CH: Tel. 0041-1-2712230; UBS: 0041-8488-88601; Credit Suisse: 0041-8008-00488
- **MasterCard und VISA,** A: Tel. 0043-1-717014500 (MasterCard) bzw. Tel. 0043-1-71111770 (VISA); CH: Tel. 0041-44-2008383 für alle Banken außer Credit Suisse, Corner Bank Lugano und UBS
- **American Express,** A: Tel. 0049-69-97971000; CH: Tel. 0041-1-6596666
- **Diners Club,** A: Tel. 0043-1-501350; CH: Tel. 0041-1-8354545

Nur wenn man den Kaufbeleg mit den Seriennummern der **Reiseschecks** sowie den Polizeibericht vorlegen kann, wird der Geldbetrag binnen 24 Stunden zurückerstattet. Also muss der Verlust oder Diebstahl umgehend bei der örtlichen Polizei und auch bei American Express bzw. Travelex/Thomas Cook gemeldet werden:

- **American Express Reiseschecks,** D: Tel. 0049-69-9797 1850; A: Tel. 0043-1-5450120; CH: Tel. 0041-17454020
- **Travelex/Thomas Cook Reiseschecks,** mehrsprachiger Computer für alle Länder Tel. 0044-1733318949

Geldüberweisung

Eine telegrafische Geldüberweisung von zu Hause kann im Notfall hilfreich sein. Sie funktioniert folgendermaßen: Man geht mit dem Pass oder Personalausweis auf ein größeres Postamt und übermittelt die Urlaubsadresse nach Hause. Zwei bis drei Tage später trifft das Geld ein. Es wird von der Post ausschließlich in Euro ausbezahlt.

Touristenpolizei

Erste Anlaufstation kann auch die griechische Touristenpolizei sein. Dort ist immer jemand erreichbar, der Englisch spricht; einige Mitarbeiter sprechen auch Deutsch. Die Dienststelle in Rhódos-Stadt liegt gleich neben dem EOT-Touristenbüro, der Eingang befindet sich auf der Rückseite des Gebäudes. Das Polizeibüro ist 24 Stunden am Tag geöffnet.

- **Touristenpolizei,** Odós Makariou/Ecke Odós Papagou, Rhódos-Stadt, Tel. 22410-27423 oder 23329
- **Touristenpolizei Athen:** Tel. 171

Autopanne oder Unfall

Pannenhilfe wird vom ELPA auf den meisten Hauptstraßen in Griechenland geleistet, sie kann über die **Kurzrufnummer 10400** angefordert wer-

011rh Foto: vb

den. Hilfe ist z.B. für ADACPlus- oder ÖAMTC-Mitglieder teilweise kostenlos. Der erste Ansprechpartner sollte stets der eigene Automobilclub sein. Hier die drei größten für Deutschland, Österreich und die Schweiz:

- **ADAC,** deutschsprachige Notrufstation in Athen Tel. 210-9601266 oder in Deutschland Tel. 0049-89222222, unter Tel. 0049-89767676 erfährt man, wo sich in der Nähe des Urlaubsortes ein Deutsch sprechender Arzt befindet; die Liste kann man auch vorab anfordern.
- **ÖAMTC,** deutschsprachige Notrufstation in Athen Tel. 0210-9640715 oder in Deutschland Tel. 0043-1-2512000 bzw. -2512020 für medizinische Notfälle
- **TCS,** in der Schweiz Tel. 0041-22-4172220

Öffentliche Verkehrsmittel

Rhódos ist eine große Insel. Im Süden und Südwesten kann man sich mit öffentlichen Verkehrsmitteln schlecht bewegen.

Busse

Das wichtigste öffentliche Verkehrsmittel in Griechenland ist der Bus. Mit den Bussen von KTEL sind die meisten Orte der Insel zu erreichen. Gut sind die Verbindungen entlang der Ostküste bis Líndos und entlang der Westküste bis Altkámiros und Sálakos, schlecht dagegen diejenigen zu den Bergdörfern und im Inselsüden aus.

Ein Problem der Busse auf Rhódos ist, dass es einfach zu wenige Verbindungen für die große Nachfrage während der Urlaubssaison gibt. Recht häufig sind die Fahrzeuge, insbesondere entlang der Ostküste, dann überfüllt. Oftmals werden Fahrgäste an den Bushaltestellen stehengelassen. In Líndos ereignen sich an der Haltestelle manchmal regelrechte Raufereien um einen Platz im Bus.

Auch damit kommt man schlecht durchs Inselinnere

Tickets werden meist im Bus verkauft. Da der Kontrolleur mehrmals vorbeikommt, sollte man das Ticket bis zum Aussteigen aufbewahren.

Einen **Busfahrplan** bekommt man kostenlos beim EOT-Büro in Rhódos-Stadt. Man sollte sich aber am dortigen Busbahnhof erkundigen, ob er auch auf dem neuesten Stand ist. Dort hängt auch der aktuelle Fahrplan aus. Die Stadtbusse der Linien 1 bis 6 fahren am Mandráki-Hafen ab. Dort hängt der Fahrplan auch aus. Wochentags sind diese Busverbindungen gut, am Wochenende verkehren die Stadtbusse eher selten.

Taxis

Der EOT gibt jedes Jahr ein Faltblatt mit den aktuellen Taxipreisen heraus. Zahlreiche Taxis finden sich am Flughafen und in Rhódos-Stadt an der Platía Rimini neben der Néa Agora. Weitere Taxistandplätze sind in den Ortsbeschreibungen aufgeführt.

Schiffe

Von Insel zu Insel fahren Fähren und Tragflügelboote, auch Flying Dolphins genannt. Sie fahren im Limenas-Hafen von Rhódos-Stadt ab.

Tragflügelboote sind viel schneller, aber auch mehr als doppelt so teuer wie einfache Fähren. Außerdem verträgt nicht jeder diese Reiseart gut. An Bord ist es nämlich nur möglich, im Inneren zu sitzen. Frische Seeluft hat man nur auf den Fähren. Die Fahrpläne werden meist eingehalten, Verspätungen von mehr als einer Stunde sind selten. Bei starkem Wind und hohen Wellen können diese Boote nicht auslaufen. **Katamarane,** als Ausflugsboote nach Sými eingesetzt, sind relativ schnell, und man kann draußen sitzen.

Fähren verbinden Rhódos fast täglich mit zahlreichen Nachbarinseln und mit Piräus (Athen). Für Tagesausflüge kommen Fähren kaum in Betracht, denn sie sind einfach zu langsam. Den Fahrplan erhält man beim EOT. Er wird auf Wunsch auch vor dem Urlaub zugeschickt. Es kann zu mehrstündigen Verspätungen kommen, aber im Großen und Ganzen wird der Fahrplan eingehalten.

Ausflugsboote, z.B. nach Sými, liegen im Mandráki-Hafen von Rhódos-Stadt. Sie laufen täglich aus, wenn sich genug Passagiere finden, was zwischen Mai und Oktober fast immer der Fall ist.

Tickets für die Boote werden in zahlreichen Reisebüros der Stadt verkauft.

Öffnungszeiten

Banken sind montags bis donnerstags von 8 bis 14 Uhr und freitags von 8 bis 13.30 Uhr geöffnet, **Postämter** montags bis freitags von 8 bis 14 Uhr und samstags von 8 bis 12 Uhr.

Büros der **Telefongesellschaft OTE** sind in der Regel von 8 bis 13 Uhr geöffnet. Die Öffnungszeiten werden aber teilweise flexibel gehandhabt.

Die meisten **Läden** sind Montag bis Samstag von 9 bis 13 Uhr und Dienstag, Donnerstag und Freitag von 17 bis 20 Uhr geöffnet. In Rhódos-Stadt und in den Touristenzentren sind sehr viele Geschäfte während der Saison den ganzen Tag bis in den späten Abend hinein offen, teilweise auch am Wochenende durchgehend. Ähnliches gilt für **Apotheken.** Wer wissen möchte, welche Apotheke Wochenend- oder Nachtdienst hat, wende sich an die Touristenpolizei oder das Krankenhaus (siehe „Notfälle").

Die meisten **Tankstellen** auf Rhódos sind während der Urlaubssaison durchgehend geöffnet, einige sind aber zwischen 13 und 18 Uhr unbesetzt.

Museen und Sehenswürdigkeiten haben unterschiedliche Öffnungszeiten und sind häufig montags geschlossen.

Organisierte Ausflüge

Reisebüros bieten organisierte **Boots- und Busausflüge** an. Per Bus werden dabei die Hauptattraktionen der Insel angelaufen, wie z.B. Filérimos,

Altkámiros, Monólithos, Líndos, Archángelos oder Eptá Pigés. Die Preisunterschiede von Reisebüro zu Reisebüro schwanken erheblich, ein Preisvergleich lohnt sich. Häufig werden Bus- und Bootsausflüge auch im Hotel angeboten. Viele Hotels verkaufen die Ausflüge aber deutlich teurer als die Reisebüros, und wenn der Gast dies im Nachhinein herausfindet, herrscht meist dicke Luft. Nähere Beschreibung dieser Touren siehe unter „Rhódos-Stadt".

Post

Karten und Briefe werden im Schneckentempo befördert. Wenn man wieder zu Hause ist, kommt meist nach wenigen Tagen die Urlaubspost an. Die Preise für das Porto ändern sich häufig. Zurzeit liegt es für Karten und Briefe bei 0,60 €. **Briefmarken** *(grammatósima)* werden im Postamt verkauft und auch mit Postkarten zusammen am Kiosk oder im Souvenirgeschäft. Dort verlangt man aber häufig einen Aufpreis.

Auf dem Postamt *(tachidromío)* ist es auch möglich, **Bargeld** oder **Reiseschecks** zu tauschen. Geldautomaten sucht man meist vergebens.

Griechische Postämter sind keine High-Tech-Dienstleister. Wer telefonieren, faxen oder ins Internet möchte, ist hier an der falschen Adresse. Post und Telefongesellschaft OTE sind zwei verschiedene Unternehmen, die auch räumlich getrennt sind (siehe „Telefonieren").

Postlagernde Sendungen

Man kann sich per **„Poste Restante"** eine postlagernde Sendung schicken lassen (deutlich angeben, welches Postamt; bei größeren Orten an das „main office", Hauptpostamt, adressieren). Mit einer Woche muss man allerdings rechnen, bis die Sendung ankommt. Griechische Postbeamte haben oft Probleme, Vor- und Nachnamen der Urlauber auseinanderzuhalten, und unser Alphabet ist manchen auch nicht ganz geläufig (das griechische Alphabet geht von Alpha bis Omega). Die Suche nach der Post ist deutlich einfacher, wenn der **Nachname in großen Druckbuchstaben** – gut lesbar hervorgehoben – auf dem Brief steht.

Sicherheit

Griechenland ist eines der sichersten Reiseländer Europas. Nach wie vor wird hier wenig gestohlen. Auf Rhódos oder in Athen ist die Gefahr, bestohlen zu werden, deutlich geringer als in Berlin, Frankfurt oder Zürich. Trotzdem kann Vorsicht nie schaden, vor allem in Rhódos-Stadt. Beliebte Objekte sind Handtaschen sowie Foto- oder Videokameras. In vielen Hotels und Pensionen ist es möglich, Wertgegenstände gegen Quittung abzugeben.

In Griechenlands Großstädten hat die organisierte Kriminalität in den letzten Jahren zugenommen. Es gibt jetzt auch Berichte darüber, dass Motorräder in Großstädten von Kriminellen per Lkw „abtransportiert“ werden.

Sport und Aktivitäten

Baden

Auf Rhódos ist Baden im Meer zwischen Mai und November möglich. Die Wassertemperaturen liegen dann über 20 °C. Zahlreiche Hotels haben Swimmingpools. Viele Badestrände sind im Mai noch nicht gesäubert.

Basketball

Was für die Deutschen der Fußball ist, ist für die Griechen der Basketball. Die **griechische Nationalmannschaft** ist international recht erfolgreich. Klar, dass bei wichtigen Spielen im Cafenion der Fernseher läuft.

Sechstägige Mountainbike-Tour

- **1. Tag:** Faliráki - Fánes, Übernachtung in **Fánes**
- **2. Tag:** Fánes - Sálakos, Übernachtung in **Sálakos**
- **3. Tag:** von Sálakos auf den Profítis Ilías und zurück, Tour ohne Gepäck, Übernachtung in **Sálakos**
- **4. Tag:** Sálakos - Kritinía - Embonas, Übernachtung in **Embonas**
- **5. Tag:** Embonas - Monólithos - Embonas, Tour ohne Gepäck, Übernachtung in **Embonas**
- **6. Tag:** Embonas - **Faliráki**

Diese sechstägige Tour durch Rhódos erfordert etwas Kondition. Die Tour beginnt an der nördlichen Ostküste in Faliráki und führt dann hinüber zur Westküste nach Fánes. Von dort geht es über Sálakos auf den Profítis Ilías (798 m), vorzugsweise ohne Gepäck, es gibt dort keine Herberge. Weiter geht es über Embonas nach Monólitos zum westlichsten Zipfel der Insel und schließlich quer durchs Inselinnere zurück nach Faliráki. Die Unterkünfte sollte man telefonisch reservieren. Das Hotel Nymphi in Sálakos hat z.B. nur vier Zimmer, und eine zweite Unterkunft gibt es nicht.

1. Tag

Streckenlänge ca. 35 km, davon 11 km steigend, 11 km relativ eben und 13 km fallend, Höhenunterschied ca. 300 m.

Von **Faliráki** fährt man zunächst auf der kleinen Straße in Richtung Ladikó, aber dann nach Süden auf die Hauptstraße. Nun geht es 3 km die Hauptstraße entlang. Dann zweigt rechts eine kleinere Straße nach **Afándou** ab, die einige Kilometer weiter wieder auf die Hauptstraße zurückführt. Nun folgt man weiter der Hauptstraße, bis in **Kolímbia** eine kleine Straße rechts abbiegt. Sie führt an den Quellen **Eptá Pigés** und an **Archípoli** vorbei durch ein grünes Tal hinauf nach **Eleoúsa.** Nun ist der höchste Punkt an diesem Tag erreicht. Hinter Eleoúsa fällt die Straße ab, und es geht an **Dimiliá** und am **Moní Soulas** vorbei nach **Soroní.** Dort trifft man auf die Westküstenstraße. Folgt man ihr nach links, erreicht man nach wenigen Kilometern **Fánes.** Am Strand liegen die beiden Pensionen des Ortes.

2. Tag

Streckenlänge 20 km, davon 2 km steiler ansteigend, ansonsten leichtere Steigungen und Gefälle, Höhenunterschied ca. 200 m.

Man fährt von **Fánes** auf der Hauptstraße nach **Kalavárda.** Von dort lässt sich ein Abstecher zum **Kap Minás** und zu den Ausgrabungen von **Altkámiros** machen. Man hält sich in Kalavárda rechts und fährt an der Küste entlang bis zum Kap. Links zweigt ein Sträßchen zu den Ausgrabungen ab. Dann geht es wieder zurück nach Kalavárda.

Man folgt nun der Straße nach **Sálakos.** Sie führt zunächst relativ eben durch ein Tal und steigt erst gegen Ende steiler an.

3. Tag

Streckenlänge 40 km, davon 28 km eben oder leicht steigend, 4 km stark steigend und 8 km fallend, Höhenunterschied 600 m.

Bei dieser Tour auf den **Profítis Ilías** kehrt man zum Ausgangspunkt zurück und fährt somit ohne Gepäck. Von **Sálakos** fährt man ein Stück in Richtung Embonas. Nach rund 6 km gabelt sich die Straße. Hier fährt man links steil hoch, nach etwa 4 km ist die Steigung geschafft. Beim **Hotel Elafos kai Elafina** kann man noch einen Abstecher zu Fuß weiter nach oben unternehmen. Die schmalen Fußwege sollten auch erfahrene Radler nicht befahren, denn der Berg ist Naturschutzgebiet. Es wachsen hier einige seltene Pflanzenarten, die nur auf Rhódos vorkommen. Danach folgt man der Straße an der sehenswerten Kirche **Ag. Nikólaos Fountouklí** vorbei nach **Eleoúsa,** und von hier geht es weiter nach **Apóllona.** 7 km hinter Apóllona gabelt sich die Straße. Hier hält man sich rechts. Nach 1 km folgt wieder eine Gabelung. Nun geht es links weiter. Nach 6 km erreicht man wieder Sálakos.

4. Tag

Streckenlänge 38 km, davon 11 km fallend, 21 km eben oder leicht steigend und ca. 6 km steiler steigend, Höhenunterschied gut 600 m. Anstrengend!

Man fährt von **Sálakos** nach **Embonas.** Am Dorfrand findet man hier eine Pension, an der das Gepäck zurückgelassen werden kann. Nun fährt man ohne Gepäck weiter auf der Straße in Richtung **Siána.** Bei der ersten Gabelung hält man sich links. Nach wenigen Kilometern erreicht man dann die Hauptstraße. Dieser folgt man rund 500 m nach rechts. Dort zweigen nach links von der Straße zwei Pisten ab. Man folgt der linken Piste durch den Wald den Hang hinunter. Bald zweigt rechts eine schmalere Piste ab, der man nun folgt. Es zweigen danach zwei Wege nach links und einer nach rechts ab. Dann kreuzt ein Weg die Piste, die nun in Kurven den Hang hinunter führt. Ein Weg zweigt links ab, dann einer rechts und danach wieder einer links. Schließlich weist ein Schild nach rechts zum Kloster **Moní Amartos.** Ein weiterer Weg zweigt links ab. Dann erreicht man das Klösterchen.

Nun führt die Piste zunächst den Hang wieder hoch. Ein Weg zweigt von der Piste rechts ab, danach gehen zwei Wege links ab. Wieder zweigen dann ein Weg rechts und zwei links ab. Ein weiterer Weg zweigt rechts ab und dann drei Wege links, wieder einer rechts und danach einer links. Nochmals zweigt ein Weg rechts und kurz darauf einer links ab. Die Piste trifft nun unweit der **Taverne O Kalamaris** auf eine Teerstraße. Man folgt dieser nach links, bis man das

Dorf **Kritinía** erreicht. Hier hat man eine herrliche Aussicht auf das unten an der Küste liegende Kastell. Man fährt am unteren Dorfende auf die Hauptstraße und folgt dieser nach rechts den Berg hoch. Die nächsten 4 km steigt die Straße steil an. Dann zweigt links eine kleine Straße ab, der man folgt. Sie führt zunächst bergab, dann wieder bergauf und trifft schließlich auf eine andere Straße, der man nach links folgt und über die man bald wieder **Embonas** erreicht.

5. Tag

Streckenlänge 55 km, davon 8 km fallend, 30 km relativ eben und 17 km leicht steigend, Höhenunterschied 400 m.

Bei dieser Tour fährt man wiederum ohne Gepäck und kehrt abends nach Embonas zurück. Von **Embonas** fährt man zunächst in Richtung Sálakos. Nach 2 km zweigt die Straße nach Ag. Isídoros ab. Sie führt am Kloster **Moní Artamíti** vorbei am Südhang des **Atáviros** entlang. 6 km hinter **Ag. Isídoros** erreicht man die Hauptstraße wieder. Hier fährt man nach links und dann erreicht nach 3 km Siána. 4 km weiter zweigt in **Monólithos** eine kleine Straße von der Hauptstraße rechts ab, die zum **Kastell von Monólithos** führt. Das Kastell lohnt einen Besuch. Dann fährt man auf derselben Strecke wieder zurück und an Siána vorbei. 3 km hinter dem Ort erreicht man wieder die Gabelung. Nun geht es links weiter. Die Straße führt mit schöner Aussicht an der Nordseite des Atáviros entlang. Nach 6 km zweigt rechts die Straße nach **Embonas** ab, das man dann nach rund 6 km erreicht.

6. Tag

Streckenlänge 50 km, davon 23 km meist eben, 17 km fallend und 10 km leicht steigend, Höhenunterschied ca. 200 m.

Von **Embonas** fährt man zunächst in Richtung Sálakos. Nach 8 km zweigt rechts die Straße nach **Apóllona** ab, der man bis **Eleoúsa** folgt. Dann fährt man nach rechts abwärts in Richtung **Archípoli.** Am Ortsende von Archípoli zweigt links eine schlechte Teerstraße mit vielen Schlaglöchern in Richtung **Psínthos** ab. Von dort führt dann eine deutlich bessere Straße in Richtung Kalithiés und Faliráki. Bei einer Gabelung nach 5 km hält man sich links, woraufhin man nach weiteren 5 km das Bergdorf **Kalithiés** erreicht. Von dort sind es noch 3 km über eine kleine Straße hinunter nach **Faliráki** an der Ostküste.

Boots-ausflüge Am Hafen von Mandráki werden entsprechende Angebote gemacht, z.B. Bootsfahrten nach **Sými,** nach **Marmaris** in der Türkei oder nach **Kos.** Nach **Chálki** werden **Tagestouren** von Skála Kamírou aus angeboten. (Nähere Informationen unter den einzelnen Ortsbeschreibungen.)

Bungee-Jumping In Faliráki gibt es einen **Bungee-Kran,** von dem aus man in die Tiefe springen kann. Das Geschäft läuft während der Saison recht gut.

Fahrrad fahren Auf Rhódos ist es möglich, Mountainbikes und Fahrräder zu mieten. Die Insel ist allerdings bergig, und im Sommer ist es heiß. Wer hübsche Ziele per Fahrrad erreichen möchte, braucht viel Kondition. Die Höhenunterschiede sind beträchtlich. Es gibt zahlreiche Anbieter, z.B. in Faliráki, Triánda oder in Kolímbia. Ein beliebter Fahrradverleih ist das BicycleCenter, Odós Griva 39, Rhódos-Neustadt, Tel. 22410-28315, Handy 6932107343 oder 6974724243. Informationen über Mountainbike-Touren findet man auch auf www.rhodes4u.com.

Wer plant, per Rad zu reisen, sollte nicht im Juli oder August Urlaub machen. Dann ist es für solche Touren einfach zu warm. Günstiges Wetter hat man im April/Mai oder Ende September/Oktober.

Festivals Im Laufe des Sommers werden mehrere Festivals auf Rhódos abgehalten, Informationen darüber, was wann stattfindet, erhält man beim EOT in Rhódos, den man auch übers Internet vorab anschreiben kann. Die bekannten Festivals sind unter „Feste und Feiertage" aufgeführt.

Golf Einer der wenigen Golfplätze Griechenlands befindet sich in Afándou auf Rhódos. Es handelt sich um einen **18-Loch-Platz** mit einer Länge von 6280 Metern, Par 72. Hier wird auch Unterricht erteilt. Im März und Oktober finden Turniere statt.

- **Golf Club Rhodos,** Afándou, Tel. 22410-27721 und 22460, Fax 22683, charisis@otenet.gr

012rh Foto: vb

Go-Kart

Es existieren mehrere **Go-Kart-Bahnen** auf Rhódos, z.B. in Lárdos (Tel. 22440-44066) und bei Faliráki (Tel. 22410-86819, ausgeschildert). Mindestens einmal im Monat finden Rennen statt, die zahlreiche Zuschauer anziehen. Wenn gerade kein Rennen die Go-Kart-Bahn in eine Art Bienenstaat verwandelt, ist es für Urlauber möglich, nach kurzer Einweisung selbst zu fahren. Beliebt ist dieser Sport vor allem bei Jungen. Ab acht bis zehn Jahren dürfen Kinder ans Steuer, und Papi ist meist genauso begeistert bei der Sache.

Harley Davidson

Der Traum manches Motorradfreaks kann mit entsprechendem Führerschein wahr werden: eine funkelnde Harley Davidson zu steuern – ohne sie vorher selbst blank polieren zu müssen – und als King über die Asphaltstraßen von Rhódos zu gondeln. In Triánda ist es möglich, kostet aber eine Kleinigkeit. 65–110 € am Tag muss einem der Spaß schon wert sein.

Auf dem Esel zur Akropolis von Líndos

●**Rent a Harley,** Odós 28. Oktobriou 80, Rhódos-Stadt, Tel./Fax 22410-74925, Handy 6944738172 oder 69741 28549 oder in Triánda, Ialysos Ave. 347 (an der Hauptstraße)

Kasino

Im alten Hotel Albergo della Rosa am Strand von Rhódos-Neustadt, das nach der Renovierung etwas steril wirkt, findet man das **Playboy Casino.** Wie der Name schon verrät, fehlt diesem Haus doch manches, um mit dem Charme z.B. des Kasinos in Baden-Baden konkurrieren zu können. Seit einiger Zeit besteht **keine Kleidervorschrift** mehr. Die Betreiber wollten damit den Urlaubern entgegenkommen, die nicht alle Anzug und Krawatte im Gepäck haben. Die Folge: seither bevölkern mehr und mehr spielfreudige Griechen die Hallen – und nicht wenige verspielen jetzt ihre letzten Ersparnisse, manches Familiendrama nimmt seinen Lauf.

Minigolf

Ein Minigolfplatz befindet sich bei Faliráki. In Ialissós ist es möglich, auch als Nicht-Hotelgast den Minigolfplatz des Hotels Olympic Palace (Tel. 22410-77444) zu benutzen. Weitere Anlagen befinden sich in Theologos neben der Hauptstraße, in Faliráki und im Kolímbia Star Hotel (Tel. 22410-56309).

Paragliding

Paragliding wird auf Rhódos an mehreren Stränden während der Urlaubssaison angeboten (siehe Strandbeschreibungen im jeweiligen Kapitel).

Reiten

Etwas versteckt, aber von Filérimos aus gut ausgeschildert, liegt der Riding Club Kadmos. Auch Anfänger können hier reiten, **Ausritte** erfordern jedoch gewisse Vorkenntnisse, denn es handelt sich nicht um Jahrmarktpferde. Eine telefonische Anmeldung ist sinnvoll.

Was ohne jede Reiterfahrung funktioniert, ist ein **Eselsritt** in Líndos. Dort ist es möglich, auf Jaídaros' Rücken vom Dorfeingang bis zur Akropolis hochgeschaukelt zu werden.

●**Riding Club Kadmos,** Ag. Varvara, Tel. 22410-25582, Handy 6944726922, rhodesriding@yahoo.gr. Hier können Kinder Ponyreiten, aber es werden auch Reitunterricht in Dressur und Springen und Ritte durchs Gelände für Fortgeschrittene angeboten. Eine Reitstunde kostet 30 €.

Segeln

Auf Rhódos ist es möglich, Segelboote oder Katamarane zu mieten oder auf Segelbooten Tagesausflüge zu machen. Man benötigt als Skipper dazu den entsprechenden Bootsführerschein. Ein Segelboot wird einem nur überlassen, wenn mindestens zwei Personen Inhaber eines Hochseesegelscheins sind. Ein bei Seglern sehr beliebter Hafen ist **Sými.** Der EOT erteilt Informationen und gibt kostenlos eine Info-Broschüre für Segler heraus. Weitere Informationen erhält man über:

●**Griechischer Verband der Yachtmakler u. -sachverständigen,** Posidonos 11, 17455 Alimos, Tel. 210-9821850
●**Rent a Sailboat,** Odós Kanada (beim Akantia-Hafen), Rhódos-Stadt, Tel. 22410-22927
●Boote bietet auch an **Bluebonnet Maritime,** 4 Odós Karpathou, Mandráki-Hafen, Rhódos-Stadt, Tel. 22410-78780, Handy 6944434311, www.yachting-greece.net.

Surfen und Kiting

An vielen Stränden von Rhódos werden Surf- und Kiteboards verliehen. Das Wasser ist an der Ostküste meist etwas ruhiger. An der Westküste bei Ialissós/Triánda bläst der Wind oft sehr stark. Hier kommen Profis auf ihre Kosten. Auch am Südzipfel der Insel in Prasonísi ist in den letzten Jahren ein **Surfer-Eldorado** entstanden. Anfänger finden zahlreiche **Surfschulen** auf Rhódos. Gut gefallen hat uns die in Fánes. Der deutsche Surflehrer arbeitet nun direkt mit Pension und Reisebüro zusammen (siehe Beschreibung von Fánes). In Ixiá kann man mit Paradise Surf (Tel. 22410-38893, Handy 6977449695, surfersp@otenet.gr, www.surfersparadise.gr) aufs Board.

Tanzen

Tanzen ist eine Lieblingsbeschäftigung der Griechen. Sogar in griechischen Diskotheken werden neben den internationalen Hits immer wieder griechische Volkstänze gespielt.

Bei **Hochzeiten** kann man in den Dörfern auf Rhódos Zaungast werden: Am späten Abend wird getanzt, und zwar so wie in alten Zeiten. Dabei herrschen strenge Regeln, wer tanzt und wer nicht, denn meist geht es relativ eng zu. Dann tanzen nur die Familienangehörigen und Ehrengäste. Wer als entfernter Verwandter oder Nachbar am Fest teilnimmt, hält sich zurück. Zu später Stunde kann es schon mal zu Solotänzen auf Tischen kommen, wie im Film „Sonntags nie" mit *Melína Merkoúri.*

Veranstaltungen ganz anderer Art sind die **Showtänze griechischer Folklore,** die den Touristen dargeboten werden. Sie haben mit Brauchtum nur noch wenig zu tun. Alte Volkstänze werden in Rhódos-Stadt vom **Volkstanztheater** aufgeführt. Es ist sehr beliebt und oft ausverkauft. Die Gäste sind meist Urlauber.

Die Einheimischen zieht es eher in eine **Bouzoukia,** ein typisch griechisches Tanzlokal, denn beim Tanzen nur zuzusehen ist nicht nach griechischem Geschmack. Eine alte Bouzoukia ist z.B. das Café Chantant in Rhódos-Altstadt, Odós Aristotelous 42.

Tauchen und Schnorcheln

Tauchen ist bis auf wenige Ausnahmen überall in Griechenland **verboten,** da in der Vergangenheit hierbei viele antike Fundstücke gestohlen wurden. Auf Rhódos ist Tauchen in der Bucht von Kallithéa Thérme erlaubt. Dort werden Kurse angeboten, die Ausrüstung wird gestellt. Die **Tauchschulen** haben Stände am Mandráki-Hafen aufgebaut.

Schnorcheln ist erlaubt. Schnorchel, Taucherbrille und Flossen werden auf Rhódos zum Kauf angeboten. Harpunen sind an Badestränden und für Jugendliche verboten. Das Fischvorkommen ist gering, und es wäre recht fragwürdig, wenn Urlauber Fische auch noch mit der Harpune jagten.

- **Rhodos Diving Center,** Tel. 22410-20207, Handy 69447 35736, www.rodosdiving.com
- **Tauchschule Padi Waterhoppers,** Tel. 22410-38146, Handy 6972500971, www.waterhoppers.com

Tennis

In Rhódos-Stadt gibt es einen **Tennisclub.** Er ist telefonisch zu erreichen unter Tel. 22410-28218, 25705 oder 20960. Außerdem stehen in zahlreichen größeren Hotelanlagen Tennisplätze für die Gäste zur Verfügung. Es ist dort immer möglich, Schläger auszuleihen.

Tavli

Das Brettspiel Tavli ist **Backgammon** sehr ähnlich und in Griechenland eine Art Volkssport. In zahlreichen Cafenien stehen Spielbretter zur Verfügung, und fast jeder ältere Grieche beherrscht das Spiel sehr gut. Wettkämpfe werden selten ausgefochten, meist spielt man zum Zeitvertrieb in der Mittagshitze oder am frühen Abend.

013rh Foto: vb

Volleyball An zahlreichen **Sandstränden** findet man Volleyballfelder, die am späten Nachmittag oft von den Strandbesuchern genutzt werden.

Wandern Auf Rhódos und Sými bieten sich viele schöne Wandermöglichkeiten an, die in diesem Reisehandbuch jeweils bei den Ortsbeschreibungen zu finden sind.

Wassersport Tretboote, Kanus, Wasserski, Wassermotorrad, Crazy Banana und Ring im Wasser werden auf Rhódos an zahlreichen Stränden angeboten (siehe jeweilige Ortsbeschreibung).

SPRACHE

In Griechenland wird heute **Dimotikí,** die neugriechische Volkssprache, gesprochen. Sie hat sich in den letzten Jahren gegenüber der **Katharévussa,** der Sprache der Intellektuellen, die im 19. Jh. bei den gebildeten Griechen beliebt war, durchgesetzt. Dimotikí hat mit Altgriechisch nicht mehr sehr viel gemeinsam. Nur die Schriftzeichen sind gleich, aber auch die **Akzente** haben sich nicht erhalten. Im Neugriechischen gibt es nur eine Sorte von Akzenten, und die gibt an, welche Silbe im Wort betont wird.

Auf Rhódos kann man sich problemlos auf **Englisch oder Deutsch** verständigen. Vor allem in den Touristenzentren sprechen viele Griechen gleich mehrere Fremdsprachen. Straßenschilder sind (wie Speisekarten und vieles mehr) in griechischen und lateinischen Buchstaben geschrieben.

Im Anhang dieses Buches befindet sich eine kleine **Sprachhilfe,** in der einige grundlegende Begriffe aufgeführt sind und die bei alltäglichen Verständigungsproblemen zu Rate gezogen werden kann.

Sprengbögen – typische Gasse im türkischen Viertel von Rhódos-Altstadt

Wer jedoch mehr Griechisch lernen möchte, dem sei der passende **Kauderwelsch-Sprechführer** aus dem REISE KNOW-HOW Verlag empfohlen. Begleitendes Tonmaterial sowie eine Version für den heimischen PC sind ebenfalls erhältlich.

- Spitzing, Karin: **Griechisch – Wort für Wort,** Reihe Kauderwelsch, Band 4, ISBN-10: 3-89416-564-2

TELEFONIEREN

Vorwahlnummern

Bei Auslandsgesprächen von Griechenland aus ist die auf die Landesnummer folgende Ortsvorwahl ohne die Null zu wählen.

- **Deutschland:** 0049
- **Österreich:** 0043
- **Schweiz:** 0041
- **Griechenland:** 0030
- **Athen:** 210
- **Nord-Rhódos:** 22410
- **Süd- und Ost-Rhódos:** 22440
- **West- und Mittel-Rhódos:** 22460

Wichtig: die Vorwahlen in Griechenland wurden fast alle geändert. Man muss jetzt bei jedem Ortsgespräch auch die Vorwahl wählen.

Zu **Nord-Rhódos** zählen Afándou, Faliráki, Fánes, Flughafen, Ialissós, Ixiá, Kremastí, Kalavárda, Koskinoú, Kalithiés, Kolímbia, Maritsá, Pastída, Psínthos, Paradísi, Rhódos-Stadt, Soroní, Theológos.

Zu **Süd- und Ost-Rhódos** gehören Apolakkiá, Archángelos, Asklipío, Charáki, Gennádi, Kálathos, Kiotári, Kattavía, Lachaniá, Lárdos, Láerma, Líndos, Malóna, Másari, Mesanagrós, Péfki, Pilónas, Prasonísi, Stegná, Váthi.

Zu **West- und Mittel-Rhódos** gehören Agios Isídoros, Apóllona, Archípoli, Dimiliá, Eleoúsa, Embonas, Kritinía, Monólithos, Platánia, Skála Kamírou, Sálakos, Siána sowie die Inseln Sými und Chálki.

OTE-Büros

Im Büro der **Telefongesellschaft OTE** ist es möglich, gegen Bares zu telefonieren. Die Büros sind in der Regel montags bis freitags von 8 bis 13 Uhr geöffnet.

Wer im **Hotel** telefonieren möchte, muss wissen, dass dort meist ein höherer Tarif abgerechnet wird als vom OTE. Aber dort kann man sich von zu Hause günstig anrufen lassen, denn es ist viel billiger, von Deutschland nach Griechenland zu telefonieren als von Griechenland nach Deutschland. Die billigsten Call-by-call-Nummern kann man im Internet unter www.tariftip.de abfragen.

Telefonkarten

Telefonzellen findet man in Griechenland an fast jeder Straßenecke. Dafür benötigt man eine *tilekarta,* eine Telefonkarte, die es beim OTE (große für 8 bzw. 10 € und kleine Karten) und an den Kiosken (nur kleine Karten für 4 €) zu kaufen gibt. Achtung: Die Karte erst wieder aus dem Telefon ziehen, wenn der Hörer auf der Gabel liegt, sonst wird sie ungültig. Telefonkarten haben auch in Griechenland ein Verfallsdatum. Halbvolle Karten für den nächsten Urlaub aufzubewahren kann daher zu Enttäuschungen führen. Münztelefone gibt es so gut wie gar nicht mehr.

Wer preiswerter telefonieren möchte, sollte in Telefonkartenläden nach Karten des Billiganbieters Best fragen. Sie kosten 5 €; man muss sich in der Telefonzelle über einen Code einwählen, kann aber so bei Ferngesprächen viel Geld sparen.

Handy

Das eigene **Mobiltelefon** lässt sich in Griechenland problemlos nutzen, denn die meisten Mobilfunkgesellschaften haben Roamingverträge mit den griechischen Gesellschaften Vodafone (GSM 900 MHz, www.vodafone.gr), Cosmote (GSM 900/1800 MHz, www.cosmote.gr) sowie Q-Telekom (GSM 1800 MHz, www.myq.gr). Wegen hoher Gebühren sollte man bei seinem Anbieter nachfragen oder auf dessen Website nachschauen, welcher Roamingpartner günstig ist, und diesen per **manueller Netzauswahl** voreinstellen. Nicht zu vergessen sind die **passiven Kosten,** wenn man von zu Hause angerufen wird (Mailbox abstellen!). Der Anrufer zahlt nur die Gebühr ins heimische Mobilnetz, die teure Rufweiterleitung ins Ausland zahlt der Empfänger.

Wesentlich preiswerter ist es, sich von vornherein auf **SMS** zu beschränken, der Empfang ist dabei in der Regel kostenfrei. Der Versand und Empfang von **Bildern per MMS** hingegen ist nicht nur relativ teuer, sondern je nach Roamingpartner vielleicht gar nicht möglich.

Falls das Mobiltelefon **SIM-lock-frei** ist (keine Sperrung anderer Provider vorhanden ist) und man sich länger in Griechenland aufhält, kann man sich eine örtliche **Prepaid-SIM-Karte** von z.B. Q-Telekom (s.o.) besorgen.

Unterkunft

Pauschal buchen

Man kann seine Unterkunft natürlich schon im Heimatland im Reisebüro buchen. Wer Wert auf **Komfort** legt, ist auf diese Art und Weise nicht schlecht bedient. Oft bucht man günstiger bei kleineren Reisebüros, die sich auf Griechenland spezialisiert haben, denn dort kennen die Verkäufer im Allgemeinen die Unterkünfte. Schöne Hotels haben in Griechenland ihren Preis.

Die meisten Hotels auf Rhódos sind relativ groß und bieten mehr Komfort (z.B. Swimmingpool). Aber auch viele einfachere Hotels und Pensionen arbeiten in den letzten Jahren mit internationalen Reiseveranstaltern zusammen. Die meisten dieser Unterkünfte sind kleinere Häuser und gehören nicht zur Luxusklasse. Wer über einen großen Reiseveranstalter bucht, kann Glück haben, aber es werden auch Bettenburgen angeboten, die nicht unbedingt nach jedermanns Geschmack sind. Wer Fluglärm lästig findet, sollte sich nicht zwischen Theológos und Rhódos-Stadt niederlassen.

Club-Urlaub ist auf Rhódos auch möglich, z.B. in Triánda oder in Kiotári. Diese Art Urlaub ist überwiegend bei Italienern beliebt.

Die malerische Hauptstadt der Nachbarinsel Sými

014rh Foto: vb

Hinter dem Begriff **Last Minute** verbirgt sich oft eine ganz normale Pauschalreise, preislich kaum günstiger als normal gebucht. Auf jeden Fall sollte man Angebote verschiedener Veranstalter vergleichen. In der Nebensaison werden relativ häufig Last-Minute-Reisen angeboten. Es ist meist auch möglich, nur den Flug ohne Hotel zu buchen. Last-Minute-Angebote gibt's im **Internet** und in Reisebüros. Spezialisiert hat sich hierauf z.B. die Kette **L-Tur** (Tel. 0190-575700, www.ltur.de).

Auf eigene Faust

Zahlreiche Mittelklasse-Pensionen und einfachere Unterkünfte auf Rhódos werden nicht über Reisebüros und Veranstalter angeboten. An Häusern, in denen Zimmer vermietet werden, die dem EOT gemeldet sind, muss außen ein ca. 10 x 10 cm großes Schild mit den Buchstaben „EOT" angebracht sein. Dort kann man nach Zimmern fragen. Die meisten Anbieter von Privatzimmern weisen mit Schildern wie „Rooms" oder „Domatia" auf ihre Zimmer hin.

Das Büro des EOT vermittelt keine Zimmer, gibt aber **Adressenlisten von Hotels** heraus. Hotel heißt auf griechisch *xenodochío,* und natürlich sind die meisten Anlagen nicht zu übersehen. Es ist also auf Rhódos auch gut möglich, den Urlaub individuell zu planen.

In der Hauptsaison kann es allerdings zu Engpässen kommen, wenn man ohne **Reservierung** loszieht. Da das Angebot groß ist, findet man zwar meist noch eine Bleibe, aber vielleicht nicht in der gewünschten Lage oder mit dem gewünschten Komfort. Wer sich auf eigene Faust auf den Weg machen will, sollte dies außerhalb der Monate Juli und August tun. Privatzimmer finden sich im Frühjahr und Herbst fast überall, und die Preise sind verhandelbar. Im Juli und August kann es jedoch sein, dass die ganze Insel ausgebucht ist.

Hotelkategorien und -preise

Hotels und Privatzimmer, die beim EOT gemeldet sind, werden von diesem in **Kategorien** eingeteilt und mit Mindestpreisen für die jeweilige Saison versehen. Die Unterteilung geht von A bis E, zusätzlich gibt es eine Luxusklasse (L). Die Kategorie sagt jedoch weder über die Qualität noch über den Preis der Unterkunft viel aus, die Kritierien für die Einstufung sind kaum nachvollziehbar. Die EOT-Preistafeln hängen in allen Zimmern aus, die Preisfestlegung erscheint jedoch recht willkürlich.

In der Nebensaison kann der Preis auf unter die Hälfte des Mindestpreises fallen, je nach Verhandlungsgeschick und Aufenthaltsdauer. Ab drei Nächten wird es billiger. **Einzelzimmer** sind selten, und meist landet man in einem Doppel- oder Mehrbettzimmer und bezahlt beinahe so viel, wie wenn sich zwei oder mehr Personen im selben Zimmer niederlassen. Low-Budget-Reisende haben es auf Rhódos nicht leicht. In der NS muss man mit **35 bis 60 €** fürs DZ rechnen, in der HS mit **40 bis 100 €**.

Oft muss beim Vermieter ein **Pass als Sicherheit** abgegeben werden. Das ist sicherlich die Folge von Erfahrungen mit unredlichen Urlaubern, die ihre Rechnung nicht bezahlten und verschwanden.

Ferienwohnung Richtig schöne Ferienwohnungen werden auf Rhódos selten angeboten. Wenn man nach einer Wohnung fragt, bekommt man meist ein Doppelzimmer mit Küchenecke oder eine Bleibe, in der mindestens zwei Personen in der Küche oder einem anderen Durchgangsraum schlafen müssen, angeboten. Ein Wohnzimmer fehlt meist ganz. Auf Sými und Chálki werden auch komfortablere Wohnungen angeboten, aber zu sehr hohen Preisen, und auch dort liegen die Schlafplätze teils in Durchgangsräumen.

Einige wenige, teils sehr schöne Wohungen werden über das Internet angeboten unter www.rhodes4u.com, www.urlaub-auf-rhodos.de oder www.ferienhausinlachania.servido.net. Diese Wohnungen sind teils auch beheizbar.

Camping Campingurlaub auf Rhódos ist nicht mehr möglich. Die Campingplätze wurden geschlossen und zu Hotels umgebaut.

Wildcamping ist auf Rhódos verboten. Am Kap Foúrni stehen trotzdem immer wieder Zelte.

Verhaltenstipps

In moralischen Dingen sind die Griechen nicht immer so freizügig, wie der Urlauber dies von zu Hause gewohnt ist. Dies betrifft insbesondere die Kleiderordnung in Gotteshäusern (s.u.) und am Strand (s. hierzu auch „FKK").

Körpersprache Das Leben der Griechen verläuft oft etwas **geräuschvoller** – Emotionen finden Ausdruck in lautstarker und gestenreicher Kommunikation. Wenn eine weibliche Stimme Sirenenklang annimmt, muss das nicht heißen, dass die Dame sauer ist. Was sich für fremde Ohren wie Streit anhört, ist manchmal nur eine intensiv geführte Unterhaltung.

015rh Foto: vb

Körpersprache ist in Griechenland wichtig, und durch falsche **Gestik** kann es zu ungewollten Beleidigungen kommen. Eine solche ist es, wenn man die Handflächen hebt und jemandem entgegenstreckt. Auch das bei uns ganz anders gedeutete Zeichen, bei dem Daumen und Zeigefinger einen Kreis beschreiben und die anderen Finger leicht abgespreizt werden, bedeutet nicht „hervorragend", sondern sinngemäß „Idiot!" Wenn ein Grieche den Kopf in den Nacken wirft, bedeutet dies „Nein", während „Ja" kein direktes Nicken, sondern mehr ein Kopfschütteln ist.

In Cafés und Tavernen

Urlaubern wird mancher Fehltritt nachgesehen, aber ein verächtliches Achselzucken kann z.B. die Folge sein, wenn Gäste in der Taverne sich **getrennte Rechnungen** ausstellen lassen. Griechen

Café am Mandráki-Hafen in Rhódos-Stadt

haben für groß angelegte Rechenaktionen am Tavernentisch gar kein Verständnis. Einer bezahlt für die ganze Gruppe, und beim nächsten Mal übernimmt ein anderer die Rechnung. Auf Heller und Pfennig den Ausgleich zu suchen, gilt als Kleinkrämerei. Wer getrennt Kasse führen möchte, der rechne dies nicht am Tavernentisch, sondern später auseinander, sonst macht er sich lächerlich.

Wenig locker sehen die Griechen es auch, wenn Urlauber einen **„türkischen Kaffee"** bestellen. Wer das landesübliche Getränk bestellen möchte, nenne es nie „türkisch", auch wenn es bei uns so genannt wird, denn alles, was gut ist, kommt für die Griechen überall her, nur nicht aus der Türkei. Griechischer Kaffee heißt übersetzt *kafé ellinikó*. In der Praxis ist das zwar genau das gleiche Getränk, aber es folgen der Bestellung keine bösen Blicke.

An alkoholischen Getränken bevorzugen viele Griechen Wein und auch Whisky. Allzu **übermäßigen Alkoholkonsum** schätzen sie jedoch weniger. Alkoholprobleme gibt es in Griechenland wie überall, aber betrunkene Gäste sind nun mal eher lästig.

In Kirchen und Klöstern

Die **Kleiderordnung** der orthodoxen Kirche ist streng. Männer sollten beim Besuch von Kirchen und Klöstern lange Hosen und schulterbedeckende Oberteile tragen. Letzteres gilt auch für Frauen, die außerdem einen kniebedeckenden Rock oder ein Kleid anziehen sollten. Kirchenbesucherinnen in langen Hosen sind unerwünscht. Auf Rhódos werden aus diesem Grund an vielen Klostertüren Wickelröcke verteilt.

Siesta

Wer **zwischen 14 und 17 Uhr** bei einer griechischen Familie anruft oder gar einen Besuch machen möchte, sollte wissen, dass dies bei den meisten Griechen die Zeit fürs Mittagsschläfchen ist. Besucher kommen dann meist ganz und gar nicht gelegen.

Versicherungen

Zum Thema Auslandskrankenversicherung siehe „Gesundheit".

Tipp: Für alle abgeschlossenen Versicherungen sollte man die **Notfallnummern** notieren und mit der **Policenummer** gut aufheben! Bei Eintreten eines Notfalles sollte die Versicherungsgesellschaft sofort telefonisch verständigt werden!

Ob es sich lohnt, **weitere Versicherungen** wie eine Reiserücktrittsversicherung, Reisegepäckversicherung, Reisehaftpflichtversicherung oder Reiseunfallversicherung abzuschließen, ist individuell abzuklären. Gerade diese Versicherungen enthalten viele **Ausschlussklauseln.**

Die **Reiserücktrittsversicherung** für 35–80 Euro lohnt sich nur für teure Reisen und für den Fall, dass man vor der Abreise einen schweren Unfall hat, schwer erkrankt, schwanger wird, gekündigt wird oder nach Arbeitslosigkeit einen neuen Arbeitsplatz bekommt, die Wohnung abgebrannt ist u.Ä. Nicht gelten hingegen: Terroranschlag, Streik, Naturkatastrophe etc.

Auch die **Reisegepäckversicherung** lohnt sich selten, da z.B. bei Flugreisen verlorenes Gepäck oft nur nach Kilopreis und auch sonst nur der Zeitwert nach Vorlage der Rechnung ersetzt wird. Wurde eine Wertsache nicht im Safe aufbewahrt, gibt es bei Diebstahl auch keinen Ersatz. Kameraausrüstung und Laptop dürfen beim Flug nicht als Gepäck aufgegeben worden sein. Gepäck im unbeaufsichtigt abgestellten Fahrzeug ist ebenfalls nicht versichert. Die Liste der Ausschlussgründe ist endlos ... Überdies deckt häufig die Hausratversicherung schon Einbruch, Raub und Beschädigung von Eigentum auch im Ausland.

Eine **Privathaftpflichtversicherung** hat man in der Regel schon. Hat man eine **Unfallversicherung,** sollte man prüfen, ob diese im Falle plötzlicher Arbeitsunfähigkeit aufgrund eines Unfalls im Urlaub zahlt. Auch durch manche Kreditkarten

016rh Foto: vb

oder eine Automobilclubmitgliedschaft ist man für bestimmte Fälle schon versichert. Die Versicherung über die Kreditkarte gilt jedoch meist nur für den Karteninhaber!

Insolvenz des Veranstalters

Wer eine Rundreise oder eine Pauschalreise bucht, sollte sich vergewissern, ob der Veranstalter gegen Zahlungsunfähigkeit oder Insolvenz versichert ist. Denn nur dann werden die gezahlten Beträge und gegebenenfalls anfallenden Rückflugkosten von der Versicherung des Veranstalters im

Sonnengott Helios – die Skulptur aus dem 2. Jh. v. Chr. steht im Archäologischen Museum

Pleitefall erstattet. Als Nachweis dient der so genannte **Sicherungsschein,** der einem spätestens bei der ersten Anzahlung vom Veranstalter bzw. Reisebüro ausgehändigt werden sollte.

Im Zweifelsfall kann man sich direkt bei der auf dem Sicherungsschein genannten Versicherungsanstalt nach der Gültigkeit des Versicherungsschutzes erkundigen.

Bei den deutschen Verbraucherzentralen kann man für 7,15 € die **Broschüre „Recht auf Reisen"** erwerben, die bei Ärger mit Veranstaltern weiterhilft (www.verbraucherzentrale.com).

Zeitungen

Während der Urlaubssaison werden in den Touristenzentren **internationale Zeitungen** verkauft. Es gibt auch griechische Zeitungen in englischer Sprache, z.B. „Athens Daily" oder „Athens News". Eine griechische Wochenzeitung, die in deutscher Sprache gedruckt wird, ist die „Athener Zeitung". Hier finden sich recht interessante Nachrichten über Griechenland, die in keiner deutschen Zeitung auftauchen. Normalerweise erhält man immer die Zeitung vom Vortag. Die einzige Zeitung, die am selben Tag schon auf der Insel zu haben ist, da sie in Athen gedruckt wird, ist die amerikanische „Herald Tribune". Interessant ist hier, dass die Zeitung jeden Tag einen Teil der griechischen „Kathimerini" auf Englisch abdruckt.

Zeitverschiebung

In Griechenland gilt die **Osteuropäische Zeit (OEZ).** Der Zeitunterschied Mitteleuropa – Griechenland beträgt eine Stunde. Es gibt wie bei uns die Sommerzeit, so dass der einstündige Zeitunterschied ganzjährig besteht. Wenn es in Deutschland 18 Uhr ist, ist es in Griechenland 19 Uhr.

ZOLL

Auch innerhalb der EU- und EFTA-Länder bestehen für die steuerfreie Mitnahme von Alkohol, Tabak und Kaffee Grenzen. Bei Überschreiten der Freigrenzen bei der Rückeinreise muss nachgewiesen werden, dass keine gewerbliche Verwendung beabsichtigt ist:

- **Alkohol:** 90 Liter Wein (davon höchstens 60 Liter Schaumwein), 110 Liter Bier, 10 Liter Spirituosen über 22 % Vol. und 20 Liter unter 22 % Vol.; für Schweizer jedoch nur 2 Liter bis 15 % Vol. und 1 Liter über 15 % Vol.
- **Tabakwaren:** 800 Zigaretten, 400 Zigarillos, 200 Zigarren, 1 kg Tabak; für Schweizer jedoch nur 200 Zigaretten oder 50 Zigarren oder 250 g Pfeifentabak
- **Sonstiges:** 10 kg Kaffee, abgabenfrei sind darüber hinaus alle Waren, die in regulären Geschäften erworben wurden, d.h. im so genannten „zoll- und steuerrechtlich freien Verkehr". Hat man die Waren im Duty-Free-Einkauf erworben, gelten die Bestimmungen für so genannte Drittländer, also ein Reisefreibetrag von 175 €. Für Schweizer gilt grundsätzlich die eingeschränkte Wareneinfuhr bis zu einer Grenze von maximal 175 € pro Person in ein EU-Land.

Darüber hinaus gelten in allen EU- und EFTA-Mitgliedstaaten weiterhin **nationale Ein-, Aus- oder Durchfuhrbeschränkungen,** z.B. für Tiere, Waffen, starke Medikamente und Drogen. Der Besitz von Marihuana wird in Griechenland strenger verfolgt als hierzulande. Des Weiteren muss man bei Mitführung von mehr als 15.000 Euro Bargeld aus Deutschland belegen, woher das Geld stammt und wozu es verwendet werden soll (Verdacht auf Geldwäsche). **Nähere Informationen** gibt es hier:

- **BRD:** www.zoll.de oder beim Zoll-Infocenter, Tel. 069-469976-00
- **Österreich:** www.bmf.gv.at oder beim Zollamt Villach, Tel. 04242-33233
- **Schweiz:** www.zoll.admin.ch oder bei der Zollkreisdirektion in Basel, Tel. 061-2871111

Bei einer Anreise über Land sollte man überdies die Zollbestimmungen der jeweiligen Transitländer beachten.

017rh Foto: vb

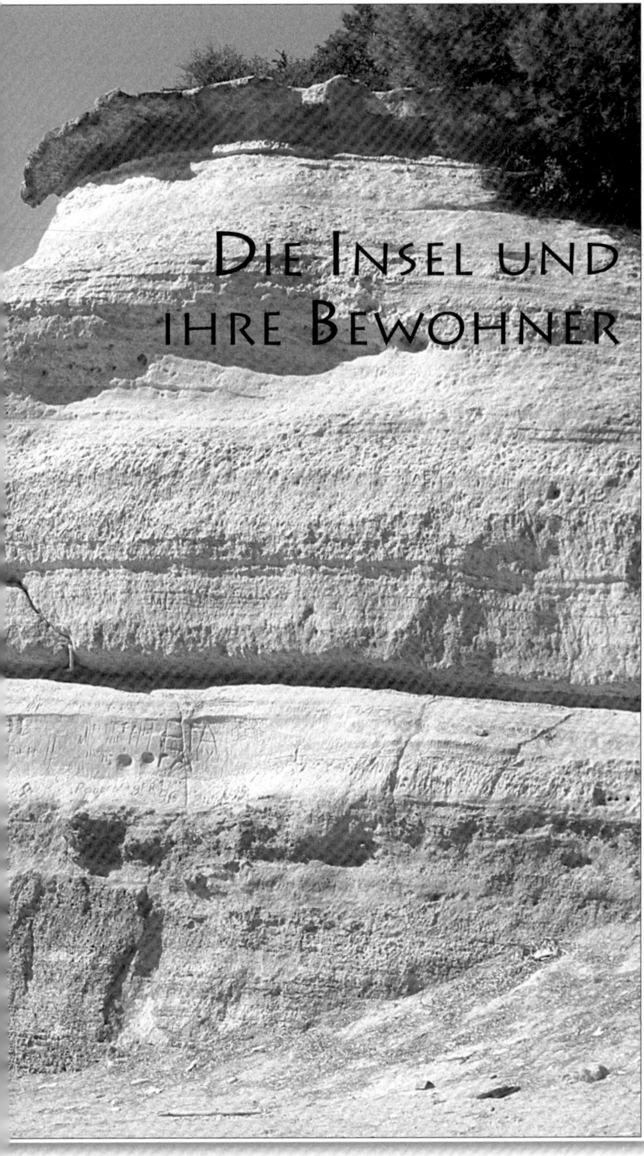

Die Insel und ihre Bewohner

GEOGRAPHIE

Dodekanes

Dem griechischen Festland sind auf der östlichen Seite im Ägäischen Meer zahlreiche Inseln vorgelagert. Die **Inselgruppe Dodekanes** („Zwölf Inseln"), zu der Rhódos gehört, liegt in der südöstlichen Ägäis vor der türkischen Küste. Der Archipel, manchmal auch Südliche Sporaden genannt, besteht aus über 40 Inseln - nur 12 davon sind größer. Mit 1398 Quadratkilometern ist **Rhódos die Hauptinsel** und zugleich die viertgrößte Insel Griechenlands. Von der türkischen Küste liegt sie nur 18 Kilometer entfernt.

Relief

Rhódos ist von ovaler Form, 78 Kilometer lang und 38 Kilometer breit. Von Nord nach Süd erstreckt sich ein Höhenzug, dessen höchste Erhebung der **Atáviros** mit 1215 Metern ist. Während die Ostküste und der Inselsüden eher flach sind und kilometerlange, feinsandige Strände besitzen, fällt die Küste im Westen steiler ab. Hier befinden sich überwiegend Kieselstrände. An der Nordspitze der Insel liegt Rhódos-Stadt.

Vegetation

Rhódos ist eine sehr **wasserreiche Insel.** Ein großer Teil der Landschaft ist üppig grün, z.T. ist die Insel bewaldet. Größere Flächen werden landwirtschaftlich genutzt. Auf den Kalksteinen der Insel befindet sich meist rotbrauner Tonboden, der teilweise sehr dünn ist. Fehlt die Pflanzendecke, z.B. nach einem der recht häufigen Waldbrände, kann es sehr leicht zur Abtragung des Bodens durch Wind und Wasser kommen, und der nackte Fels kommt zum Vorschein.

Geomorphologie

Durch die Kontinentaldrift kommt es immer wieder zu **Vulkanbildungen und Erdbeben** im Mittelmeerraum. Die afrikanische Platte drückt sich ganz langsam unter die eurasische und anatoli-

Vorhergehende Seite: Felsen am Kap Foúrni

sche Platte. Letztere wandert nach Südwesten, was dazu führt, dass Griechenland sich mit einer durchschnittlichen Geschwindigkeit von 2,2 Zentimetern pro Jahr auf Nordafrika zu bewegt. Mit Erdbeben muss man in der Türkei und in Griechenland also stets rechnen. Im Meer fällt das Gebirge vor Rhódos sehr steil ab. Das östliche Mittelmeer ist bis zu 3200 Meter tief.

Nachbarinseln

Die kleine Nachbarinsel **Chálki** liegt westlich von Rhódos, ist 28 Quadratkilometer groß und bis zu 518 Meter hoch. Die 58 Quadratkilometer große Insel **Sými** liegt nördlich von Rhódos unmittelbar vor dem türkischen Festland. Ihr höchster Berg ist 617 Meter hoch.

Flora und Fauna

Die Pflanzenwelt

Griechenland ist in weiten Teilen ein trockenes Land, und vielerorts wächst im Sommer ohne Bewässerung gar nichts. Rhódos gehört aber zu den grünen Gebieten des Landes. Die **ursprüngliche Vegetation** der Insel bestand aus Kermes- oder Steineichenwald. Aber schon in der Antike wurden von den Römern im Mittelmeerraum große Waldflächen abgeholzt. Das Holz wurde damals für den Schiffsbau benötigt.

Phrygana

Als erster Bewuchs nach einer Rodung oder einem Waldbrand entstehen auf trockenen und eher steinigen Flächen im mediterranen Raum **Felsenheiden** (Gariden), in Griechenland Phrygana genannt. Die Phrygana ist ein dorniges, duftendes, 30 bis 100 Zentimeter hohes Gestrüpp. Es besteht aus Dornkugelbüschen wie z.B. Bibernelle, aus Dornbuschwolfsmilch, dornigem Wundklee oder Ginster. Dazwischen wachsen **Kräuter** wie Thymian, Rosmarin, Lavendel, Salbei und Knabenkraut.

Auch Zistrosen und Knollengewächse wie Meerzwiebeln gedeihen hier. Kermeseichen, Wacholder oder Mastix kommen nur als niedrige Sträucher vor, sie wachsen erst zu Bäumen heran, wenn sie mehr Wasser bekommen.

Macchia

Dort, wo etwas mehr Wasser zur Verfügung steht, entsteht Macchia. Die Macchia ist ein **undurchdringliches Dickicht** von 1,50 bis 5 Metern Höhe. Sie besteht aus Bäumen und Büschen wie Stein- und Kermeseichen, Dorngewächsen, Ginster, Judas-, Lorbeer- und Johannisbrotbäumen, Wacholder, wilden Oliven, Stechwinden, Zistrosen, Aleppokiefern, Baumheide, Mastix und Myrten. Oft gehen Macchia und Phrygana ineinander über. Beides ist auf Rhódos nicht mehr so häufig anzutreffen, denn große Flächen der Insel werden als Kulturland genutzt oder sind von aufgeforstetem Wald überzogen.

Macchia und Phrygana eignen sich als **Ziegenfutter.** Auf den meisten griechischen Inseln wird durch Ziegenhaltung verhindert, dass wieder Steineichen- oder Kermeseichenwald hochwachsen kann.

018rh Foto: vb

Bäume

Der Mensch greift schon seit langer Zeit in das natürliche Gleichgewicht ein, indem er manche Pflanzenarten beseitigt, während er andere nutzt. Durch Aufforstung sind so die Zedern- und **Aleppokiefernwälder** entstanden, z.B. am Profítis Ilías und an den Hängen zwischen Kritinía und Siána. Die Aleppokiefern kommen auf Rhódos zwar als natürliche Vegetation vor, allerdings nicht als Monokultur. Diese macht die Wälder für Schädlinge und Waldbrände sehr anfällig. Kiefern wachsen viel schneller als Eichen, aber sie brauchen auch mehr Wasser.

Heute wird den Aleppokiefern Harz abgezapft, mit dem u.a. der Retsínawein geharzt wird. Dazu wird den Bäumen die Rinde v-förmig angeritzt und das Harz darunter in einem Gefäß aufgefangen. Das „blutende" Harz duftet herrlich.

Weitere Bäume, die die Griechen gern pflanzen, sind Zypressen, Platanen und Eukalyptus. **Zypressen** sind häufig an Kirchen oder Klöstern zu finden, während die Schatten spendenden **Platanen** auf vielen Dorfplätzen stehen.

Kulturpflanzen

In wasserärmeren Gegenden finden sich **Olivenhaine,** da die Olivenbäume mit der sommerlichen Hitze und Trockenheit sehr gut zurecht kommen. Viele Olivenbäume gedeihen in der Gegend um Archángelos. Im Westen und im Inselinneren wird **Wein** angebaut. Rhódos hat viele Quellen, und es ist daher auch möglich, **Zitrusplantagen** zu bewässern, wie das bei Malóna geschieht.

Blütenpracht

Im Frühjahr verwandeln sich Olivenhaine und Obstgärten in Blumenmeere. Unter den Bäumen blühen dann Klatschmohn, gelbe Kronenwucherblumen, Habichtskraut und verschiedene Lattiche. Auch Königskerzen und rosa blühende wilde Malven wachsen unter den Bäumen.

Die Gegend um das Kastell Kritinía an der Westküste eignet sich gut zum Wandern

Auf dem Berg Profítis Ilías kommen die **Rhodische Pfingstrose** sowie seltene **Orchideen- und Nelkenarten** vor, weswegen sich Biologen im Frühjahr gern hier aufhalten, denn dann blühen einige dieser seltenen Pflanzen. So üppig grün und bunt sich die Natur im Frühjahr auf Rhódos auch zeigen mag, im September sieht die Welt im Süden und an der Ostküste ganz anders aus. Zwar sind auch dann noch die Kiefernwälder an den Nordhängen der Berge und in den Tälern wie bei Eptá Pigés üppig grün, aber in den Olivenhainen dominieren graugrüne und gelbbraune Farbtöne.

Die Tierwelt

Urbarmachung der Wildnis, Waldbrände und die Jagdlust der Griechen führten dazu, dass nur noch wenige wilde Säugetiere auf den Dodekanes leben. Die Italiener setzten in den zwanziger Jahren **Hirsche** aus. Aber diese starben bald schon wieder aus. Erst vor wenigen Jahren wurden wieder Hirsche ausgesetzt. Um den Berg Profítis Ilías herum sollen neben einigen Rehen und Wildschweinen noch wenige Exemplare von ihnen leben.

Überall machen Schilder darauf aufmerksam, dass **Jagen verboten** ist. Doch selbst Kaninchen, die sich nun wirklich sehr stark vermehren, haben auf Rhódos Mühe, sich zu behaupten.

Insekten

In Kiefernwäldern stellen die Griechen oft Bienenkästen auf. In Psinthos wurde unlängst ein den Bienen gewidmetes Museum eröffnet. Neben **Bienen** leben auf Rhódos zahlreiche andere Insekten wie Stechmücken, Libellen und Hornissen. Besonders schön sind verschiedene **Schmetterlingsarten.** Eine Besonderheit sind die *Callimorphae Quadripunctae,* die zu den Bärenspinner-Schmetterlingen gehören und zwischen Juni und September im Tal von Petaloúdes anzutreffen sind. Aber auch hier geht der Bestand in den letzten Jahren auf alarmierende Weise zurück.

Reptilien

Überall auf Rhódos kriechen bunt schillernde **Eidechsen** herum. **Geckos** klettern an den Hauswänden entlang und sind häufig anzutreffen, manchmal sogar im Hotelzimmer. Außerdem leben auf der Insel verschiedene ungiftige **Nattern** wie die Ringelnatter. Giftig sind nur die **Vipern.** Man erkennt sie an ihrem eckigen Kopf (siehe „Reisetipps A–Z, Gesundheit“).

Vögel

Vögel findet man auf Rhódos nicht so viele wie an anderen Orten in Griechenland. Fasanen und Rebhühner leiden sehr unter dem griechischen Jagdfieber. Im Sommerhalbjahr kann man in ruhigeren Gegenden verschiedene Schwalben- und Falkenarten, Lerchen, Mäusebussarde und Habichte beobachten. Selten tauchen Adler auf.

Eulen sind auf Rhódos relativ oft zu hören. An verschiedenen Orten werden Pfauen gehalten, die teilweise recht zahm sind. Zur natürlichen Fauna der Insel gehören sie allerdings nicht, sie sind Haustiere. Nicht zu übersehen und überhören sind natürlich Möwen. Sie fliegen häufig mit den Schiffen mit, denn manchmal geraten Fische in den Strudel um die Schiffsschraube und werden dadurch an die Wasseroberfläche geschleudert. Dann machen die Möwen leichte Beute.

Meeres-tiere

Das Mittelmeer hat einen relativ **hohen Salzgehalt,** in der Ägäis enthält das Wasser 3,3 bis 3,9 Prozent Salz. Die Wassertemperatur in der Tiefe liegt das ganze Jahr bei 13 °C, während die Temperatur an der Wasseroberfläche je nach Jahreszeit zwischen 11 und 26 °C schwankt.

In der Ägäis ist die Artenvielfalt relativ groß, obwohl die absolute Anzahl der Lebewesen in den letzten Jahren stark abgenommen hat. Dass heute so wenige Fische hier leben, ist vor allem eine Folge der **Überfischung** der letzten Jahrzehnte.

An **Felsküsten** seien Schnorchler vor Muränen und dem giftigen Roten Drachenkopf gewarnt. Diese Tiere können wie die Rote Feuerqualle für

019rh Foto: vb

den Menschen gefährlich werden. Oktopusse und Seepapageienfische sind beim Schnorcheln immer wieder zu entdecken.

Im **offenen Meer** leben Schwertfische, Thunfische und auch kleinere Haie. Die meisten dieser Meeresbewohner wird man aber kaum zu Gesicht bekommen. Nur noch recht selten tauchen rund um Rhódos Delphine auf.

Wer sich die Meerestiere der Ägäis ansehen möchte, sollte einen Besuch im **Aquarium von Rhódos-Stadt** machen. Dort gibt's mehr zu sehen als beim Schnorcheln oder Tauchen.

Am Kloster Profítis Amós bei Faliráki werden Pfauen gehalten

UMWELTSCHUTZ

Wasserqualität

Die Griechen sind nicht gerade Vordenker, wenn es um Umwelt- und Naturschutz geht. Es fehlt oft an Dingen, die bei uns selbstverständlich sind. Auf Rhódos befindet sich immerhin bei Koskinoú eine **Kläranlage,** aber an zahlreichen Stellen fließen die Abwässer auch **ungeklärt ins Meer.** Probleme bei Wassertests gab es in den letzten Jahren bei Ixiá, Theológos und Réni, aber auch die sehr beliebten Badestrände von Stégna und Tsambíka wurden laut Presseberichten zeitweise als „bedenklich" eingestuft. Dennoch ist die Wasserqualität an den meisten Stränden gut, fast überall weht die blaue Flagge.

Natürliche Ressourcen

Die Energiegewinnung ist auf zahlreichen griechischen Inseln besser gelöst als auf Rhódos. Solartechnik wird hier nur zur **Warmwasserzubereitung** und nicht zur Stromgewinnung genutzt. Bei 300 Sonnentagen im Jahr wäre dies aber möglich. Windmühlenparks, die mittlerweile auf zahlreichen griechischen Inseln Dieselkraftwerke überflüssig machen, wurden hier bisher kaum gebaut. Nur am Atáviros entstand in den letzten Jahren ein solches Projekt. Die 13 Windmühlen können aber gerade mal den Strombedarf der umliegenden Dörfer decken. Zu hoffen ist, dass noch weitere Parks dieser Art folgen, denn windige Plätzchen gibt es auf Rhódos mehr als genug.

Die Art des **Massentourismus,** wie er auf Rhódos betrieben wird, verschwendet sowohl Energie als auch Wasser. Viele Griechen sind der Meinung, dass es im Winter ja wieder regnet und die Brunnen dann aufgefüllt werden. Fachleute befürchten aber, dass z.B. bei Faliráki so viel Süßwasser dem Boden entzogen wird, dass wohl bald salziges Meerwasser ins Grundwasser eindringen wird.

Müllentsorgung

Ähnlich verhält es sich mit der Beseitigung von **Hausmüll.** Jahrelang kippten die Müllfahrzeuge den Unrat an einer Steilküste ins Meer. Vor allem Plastik, das bekanntlich sehr langlebig ist, tauchte später am Badestrand auf. Daraus hat man folgende Schlüsse gezogen: Man kippt den Müll jetzt ins Grüne und schüttet manchmal etwas Erde darauf. In den Wäldern um den Profítis Ilías und an den Hängen des Atáviros trifft man immer wieder auf alte Waschmaschinen oder Kühlschränke, die das Landschaftsbild nicht gerade verschönern.

In den letzten Jahren kommt es auch zu **Müllverbrennung.** An Müllvermeidung denkt jedoch niemand. Wer es beim Einkauf ablehnt, eine wei-

Waldbrände und ihre Folgen

In Griechenland brennen jedes Jahr die Wälder. Im 19. Jh. waren noch 50 % der Landesfläche bewaldet, heute sind es gerade noch 17 %. Die Ursachen sind bekannt. Nur 3 % der Brände entstehen durch Selbstentzündung und nur 30 % haben Fahrlässigkeit als Ursache. Bei weit mehr als der Hälfte ist **Brandstiftung** der Grund.

Leider blieb auch Rhódos in den letzten Jahren von Großbränden nicht verschont. Auch hier ist Brandstiftung vermutlich die Ursache zahlreicher Brände. Die touristische Entwicklung der Insel brachte mit sich, dass viele Grundstücke zur **Bodenspekulation** angeboten wurden. Es ist anzunehmen, dass manches Feuer auf Rhódos auch damit zusammenhängt. In bewaldeten Gebieten sind keine Baugenehmigungen zu bekommen. Ist der Wald jedoch abgebrannt, lässt sich da eher etwas machen. Man baut dann oftmals ohne Genehmigung und bezahlt hinterher Strafe und Schmiergeld. Wenn das Haus erst einmal steht, machen griechische Behörden zumeist den Fehler, dass sie es nicht wieder abreißen lassen.

Brandverhütung

Touristen sind selten Brandverursacher. Trotzdem sollte man als Besucher immer bestimmte Vorsichtsmaßnahmen beachten, damit keine Waldbrände entstehen. Rauchen Sie nicht im Freien außerhalb der Ortschaften. Hintere Plastiktüte in die Hand gedrückt zu bekommen, wird meist verwundert angeguckt.

Lange Zeit endete das **Verantwortungsgefühl** der Griechen an der eigenen Haustür. In den letzten Jahren hat sich dieser Bereich allerdings etwas erweitert. Er reicht auf Rhódos nun meist bis zur Dorfgrenze und zum Stadtstrand. Was sich außerhalb dieser Zone befindet, ist nach wie vor vielen egal. Der eingeschlagene Weg lässt hoffen, dass sich dieses Areal weiter vergrößert und vielleicht einmal die ganze Insel und das Meer umfasst.

terlassen Sie keinen Müll im Grünen. Wenn Sie Glasscherben oder Blechdosen sehen, entsorgen Sie diese bitte, denn scheint die Sonne in einem ungünstigen Winkel darauf, kann sich dadurch ein Feuer entzünden.

Melden Sie auch kleine Feuer *(fotiá)* schnellstmöglich der **Feuerwehr.** In den Sommermonaten ist das Land sehr trocken, und oft weht ein starker Wind, so dass auch aus ganz kleinen Flämmchen schnell ein Großbrand werden kann. Kiefernwälder sind besonders gefährdet, da die Bäume viel Harz in sich tragen. Brennen Kiefern, entstehen sehr hohe Temperaturen, was die Löscharbeiten stark erschwert.

Die Feuerwehr ist auf der ganzen Insel unter **Tel. 199** zu erreichen.

020rh Foto: vb

GESCHICHTE

Frühe Kulturen

Rhódos war bereits in der **Bronzezeit** besiedelt. Die ersten Bewohner, die auf der Insel ihre Spuren hinterlassen haben, waren **Karer,** die vermutlich von Kleinasien aus eingewandert waren. Um 2000 v. Chr. bekamen sie Gesellschaft von den **Phöniziern.** Um 1700 v. Chr. folgten die **Minoer** aus Kreta, und ab 1450 v. Chr. wurde Rhódos von der **mykenischen Kultur** beeinflusst, die sich von der Stadt Mykene (auf den Peloponnes gelegen) her ausbreitete. Griechenland bestand damals aus mehreren autonomen Fürstentümern, an deren Spitze ein König stand.

Um 1200 v. Chr. kam es zum Zusammenbruch des **Hethiterreichs,** dessen Hauptstadt Hattussa unweit des heutigen Ankara in der Türkei lag. Dadurch wurde die ägäische Völkerwanderung ausgelöst, bei der die Ionier und Äolier über die Ägäischen Inseln bis an die Küste von Kleinasien vordrangen und die **Dorer** von Norden her auf die Peloponnes vordrangen. Dies war das Ende der Stadt Mykene. Die Burg wurde um 1100 v. Chr. von den Dorern zerstört. In dieser Zeit erreichten die Dorer auch die Insel Rhódos. Sie gründeten die Städte Líndos, Ialissós und Kámiros.

Stadtstaaten

Um 800 v. Chr. veränderte sich auf dem griechischen Festland die Gesellschaft. Eine sehr selbstbewusste Adelsschicht etablierte sich, und es entstanden die griechischen Stadtstaaten, die **Polis.** In Milet, Athen, Sparta, Theben, Korinth, Chálkis, Eretria und Ägina bildeten sich wirtschaftliche und kulturelle Zentren heraus. Es entstand der Begriff **Hellenen,** durch den sich die Bürger der griechischen Städte versuchten, von den Menschen anderer Kulturen, die sie „Barbaren“ nannten, abzugrenzen.

Der Dichter **Homer** schrieb im 8. Jh. v. Chr. die Epen „Ilias“ und „Odyssee“, in denen er Ereignisse aus der Zeit des Mykenischen Reichs beschrieb.

Homer fasste in seinen Epen aber auch die bis dahin regional unterschiedlich verehrten einzelnen Gottheiten in einem neuen Weltbild zusammen. Dieses Weltbild wurde vom Dichter **Hesiod** in seinen Stücken „Erga" und „Theogonie" ergänzt. Zum religiösen Zentrum aller Griechen wurde von dieser Zeit an das Orakel von Delphi.

Im 8. Jh. v. Chr. hatten es die **Städte von Rhódos** schon zu etwas Wohlstand gebracht, und sie verbündeten sich mit Kos, Halikarnassos (Bodrum) und Knidos zum Verteidigungsbündnis **Hexapolis,** das aber schon bald wieder auseinanderbrach.

Kulturelle Blüte

In den folgenden Jahrhunderten kam es in Griechenland zu jener kulturellen Blütezeit, in der die bekannten **Tempel- und Theaterbauten** entstanden. Ab dem 7. Jh. v. Chr. entwickelte sich die Philosophie, die sich immer weiter von der mythologischen Denkweise entfernte. Auch die Naturwissenschaften und die Lyrik bildeten sich heraus (siehe Exkurs „Was die Mythologie über Rhódos berichtet").

Der Kampf zwischen den Städten um die Vormachtstellung in Zentralgriechenland berührte Rhódos nur am Rande. Im 7. Jh. hatten die rhodischen Städte **Handelsbeziehungen im ganzen Mittelmeerraum** aufgebaut und gründeten sogar Kolonien in Sizilien und Kleinasien.

Um 550 v. Chr. wurde bei **Líndos** der erste große Athene-Tempel der Insel errichtet. Bekannt ist vor allem der Tyrann *Kleoboulos von Líndos,* der die Stadt in diesen Jahren regierte.

Perserkriege

Als 546 v. Chr. das Lydische Reich zusammenbrach (es lag dort, wo sich heute die Zentraltürkei befindet), drangen die Perser bis an die Küste Kleinasiens vor. Um 500 v. Chr. kam es zu einem Aufstand der griechischen Städte Kleinasiens gegen die Perser, der von den Athenern unterstützt wurde. Rhódos war damals persisch und kämpfte **gegen Athen.** Die Athener waren aber erfolgreich

Was die Mythologie über Rhódos berichtet

Die griechische Mythologie beschreibt in mehreren, teilweise voneinander unabhängigen Epen, welche Vorstellungen die alten Griechen von den Göttern, von der Entstehung der Welt, vom Leben nach dem Tod, von den Kriegen und von ihrer eigenen Geschichte hatten. Die bekanntesten Autoren sind *Homer* (um 750 v. Chr.) und *Hesiod* (um 650 v. Chr.), aber auch *Aischylos* (um 500 v. Chr.), *Sophokles* (um 450 v. Chr.) und *Euripides* (um 450 v. Chr.) haben mit ihren Erzählungen das Bild, das wir heute vom alten Griechenland und seinem Geistesleben haben, geprägt.

In der Mythologie wurden oft Geschichten erzählt, die Erklärungen für historische Tatsachen boten (so symbolisiert z.B. die unten erzählte Geschichte über Kámiros das Eintreffen der minoischen Kultur auf Rhódos).

Die Entstehung der Welt wird z.B. durch *Hesiod* in der „Theogonie" beschrieben. Die griechischen Götter hatten auch eine Vorliebe für irdische Frauen und halfen wacker mit, die Erde zu bevölkern, denn aus diesen Beziehungen entstanden zahlreiche Halbgötter. Der griechische Adel in den Mythen rühmt sich damit, göttlichen Ursprungs zu sein.

Rhódos, die Insel des Sonnengottes Helios

Nicht ganz so bekannt wie die Ilias und Odyssee, die den Trojanischen Krieg beschreiben, ist die Geschichte des Sonnengottes Helios: Dieser war der Sohn der Titanen Hyperion und Theia. Seine Geschwister waren Selene, der Mond, und Eos, die Morgenröte. Mit seiner Frau Perseis hatte er einen ganzen Haufen Kinder, u.a. die Zauberin Kirke (die in der Odyssee vorkommt) und Aietes, der König von Kolchis wurde (er spielt im Mythos Argonautika eine wichtige Rolle). Ein sehr treuer Ehemann schien Helios allerdings nicht gewesen zu sein, denn er bändelte auch mit der Schwester seiner Frau, Klymene, an.

Als Zeus die Herrschaft über den Götterhimmel übernommen hatte, wies er den anderen Göttern Plätze in der Welt zu. Helios war aber bei dieser Götterversammlung nicht da, denn er musste den Sonnenwagen lenken, und ging zunächst leer aus. Als er sich bei Zeus beklagte, versprach dieser ihm, dass er das Land bekommen werde, das aus dem Meer aufsteigen werde. Wenig später erhob sich Rhódos aus dem Meer. Helios war nun zufrieden, denn auf seiner Insel fand er auch noch Rhode vor, eine schöne Nymphe. Mit dieser brachte Helios es auf sieben Sprösslinge, die ersten

Bewohner der Insel Rhódos. Einer der Söhne bescherte den beiden drei Enkel, nämlich Líndos, Ialissós und Kámiros. Jeder von ihnen gründete auf Rhódos eine Stadt und regierte dort als König.

Über die Abstammung der Nymphe Rhode wird Folgendes berichtet: Die Telchinen waren Dämonen. Sie hausten lange schon, bevor es die Götter des Olymp gab, im Meer. Sie wussten, wie man Metall bearbeitet, und als Poseidon die Herrschaft über das Meer übernahm, schmiedeten sie ihm seinen Dreizack. Poseidon machte sich recht bald an ihre Schwester Halia heran. Die beiden setzten sechs Söhne und eine Tochter, Rhode, in die Welt. Die Söhne waren, wie so manche Kinder von Poseidon, etwas „problematisch". Sie beleidigten die Göttin Aphrodite. Diese strafte sie mit Wahnsinn. Im Wahn fielen die Sechs über ihre Mutter her und vergewaltigten sie. Nun hatte Poseidon genug von seiner Brut, und er ertränkte seine Kinder in einer Flutwelle, die nur Rhode überlebte. In einer anderen Version der Geschichte wird Rhode als Tochter von Aphrodite und Poseidon erwähnt.

Fluchen wie ein Linder

Auch wird in der Mythologie berichtet, dass einst der Held Herakles nach Rhódos gekommen sein soll. Er war ziemlich ausgehungert von seinen Reisen und stahl einem Bauern in Líndos eine Kuh, die er schlachtete. Obwohl der Bauer gegen den körperlich überlegenen Herakles keine Chance hatte, machte er seiner Wut Luft: Er fluchte und schimpfte, und zwar so kräftig, dass Herakles ehrlich beeindruckt war. Noch heute gibt es in der griechischen Sprache die Redewendung „Er flucht wie ein Linder".

Was die Mythologie über Kámiros berichtet

Eine andere, tragische Geschichte aus der Mythologie spielte sich in Kámiros ab: Althaimenes, ein Prinz aus Kreta, hatte vom Orakel erfahren, dass er einst seinen Vater töten würde. Er versuchte, diesem Schicksal zu entgehen, indem er Kreta verließ und sich in Kámiros niederließ. Er soll den Zeustempel auf dem Attaviros gebaut haben. Vom höchsten Inselberg kann man nämlich bei gutem Wetter bis nach Kreta schauen. Nach vielen Jahren wollte Althaimenes' Vater seinen Erben nach Kreta zurückholen. Also fuhr er nach Rhódos. Er erreichte die Küste bei Nacht, und da Althaimenes glaubte, von Piraten heimgesucht zu werden, empfing er das Schiff gar nicht freundlich. Er tötete seinen Vater. Als er am anderen Morgen bemerkte, was er getan hatte, wurde er vor Kummer fast verrückt und bat, die Erde möge ihn verschlingen. Die Götter nahmen ihn beim Wort.

und drängten die Perser zurück. Sparta sah nun aber in Athen eine unerwünschte Konkurrenzmacht entstehen. Daher griff Sparta Athen an. *Perikles,* dem Herrscher Athens, blieb nichts anderes übrig, als 449 v. Chr. mit Persien und 445 v. Chr. mit Sparta Frieden zu schließen und klein beizugeben.

Attisch-Delischer Seebund

Athen stand nun dem Attisch-Delischen Seebund vor und verpflichtete sich, die anderen Mitglieder vor den Persern zu schützen, allerdings gegen Bezahlung. Auch Rhódos musste an Athen zahlen. Dieses Geld verbauten die Athener in ihrer Stadt, befestigten sie und bauten die Akropolis. Als 431

021rh Foto: vb

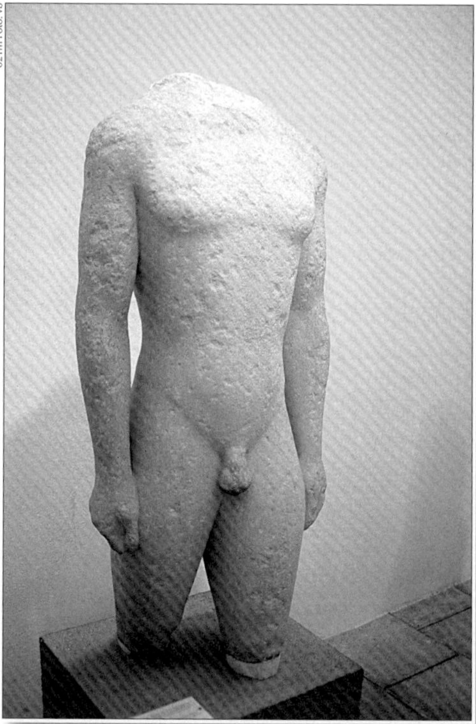

v. Chr. erneut **Krieg zwischen Athen und Sparta** ausbrach, konnten sich die Rhodier nicht entscheiden, wen sie jetzt unterstützen sollten. Ein Teil der Inselbewohner kämpfte mit Sparta gegen Athen. Hintergrund der Untreue zum Bündnispartner war wohl auch, dass mancher Rhodier wenig Verständnis für die hohen Beitragszahlungen hatte, die Rhódos an Athen als Mitglied des Attisch-Delischen Seebunds entrichten musste. Sparta gewann diesen Krieg 405 v. Chr.

Gemeinsame Hauptstadt

Nach den Kriegserfahrungen dieser Zeit stellten die drei alten Städte Líndos, Ialissós und Kámiros fest, dass ihre Insel ein strategisch interessantes Stückchen Erde war. Und da sie auch bemerkt hatten, dass sie nicht sehr viel erreichten, wenn sie gegeneinander arbeiteten, gründeten sie 408 v. Chr. eine gemeinsame neue Hauptstadt im Norden der Insel. Die Planung der Stadt wurde von *Hippodamos von Milet* vorgenommen, einem sehr berühmten Zeitgenossen. **Rhódos-Stadt** dehnte sich vom Monte Smith bis zum Hafen und zur heutigen Neustadt aus. Aufgrund der günstigen Lage wurde die Stadt bald zum reichen Handelsumschlagplatz. Auch *König Mausolos von Halikarnassos* wollte von diesem Reichtum etwas abbekommen, aber lange konnte er sich auf Rhódos nicht halten.

Makedonisches Reich

Im 4. Jh. v. Chr. kam es zu mehreren Kriegen zwischen den griechischen Stadtstaaten des Festlandes. Das schwächte die Städte und wurde von *König Philipp II. von Makedonien* ausgenutzt. Als die

Kouros-Figur aus Altkámiros, 6. Jh. v. Chr.,
im Archäologischen Museum von Rhódos-Stadt

Rhodier bemerkten, dass sich das Makedonische Reich unter *Philipp II.* rasant vergrößert hatte, verbündeten sie sich 334 v. Chr. mit seinem Sohn **Alexander dem Großen.** Dafür wurde Rhódos-Stadt mit einem **Handelsmonopol** belohnt. Zu Zeiten *Alexanders* baute die Stadt gute Handelsverbindungen zu Ägypten auf. Die Stadt boomte. Einen Teil ihres Geldes steckten die Rhodier in ihre **Stadtbefestigung,** ein sinnvolles Unternehmen, wie sich bald herausstellen sollte.

Belagerung und Unabhängigkeit

Als das Großreich *Alexanders* zerbrach, stritten sich mehrere Herrscher um das Erbe. 305 v. Chr. rückte **Demetrios** an und forderte die Rhodier auf, ihn in seinem Kampf gegen die ägyptischen Nachfolger von *Alexander* zu unterstützen. Die Rhodier verstanden sich aber gut mit den **Ägyptern** und dachten nicht im Traum daran, gegen sie zu kämpfen.

Aber *Demetrios* ließ nicht locker und belagerte die Stadt. Er konstruierte einen rund 30 Meter hohen **Rammturm auf Rädern.** Den Rhodiern wurde Angst und Bange, als sie dieses Ungetüm sahen. Aber mit List und Tücke schafften sie es, den Turm in einer Nacht- und Nebelaktion umzustürzen: Sie leiteten die Abwässer der Stadt vor den Turm. Auf diesem glitschigen Untergrund erwies sich das Monster als nicht mehr manövrierfähig. *Demetrios* kam nun in Bedrängnis, denn seine Truppen waren auch anderswo gefragt, und er hatte zu viel Zeit und Energie für die Belagerung von Rhódos verbraucht. Er gab auf und ließ sogar den manövrierunfähigen Rammturm zurück. Die Rhodier feierten nun kräftig, zerlegten den Turm in Einzelteile und verscherbelten diese. Aus dem Geld, das sie aus dem Verkauf der Teile des Rammturms bekamen, ließen sie den bekannten Bildhauer *Chares* aus Líndos den **Koloss von Rhódos** bauen.

Im 3. Jh. v. Chr. war Rhódos unabhängig und erlebte eine wirtschaftliche Blütezeit. Zahlreiche

Bauten entstanden, und die Philosophie- und Bildhauerschulen waren weithin bekannt. Einige **Plastiken** aus dieser Zeit sind heute noch erhalten, allerdings sind die Originale nicht auf Rhódos zu finden.

- Die **Nike von Samothraki** steht im Louvre. Auf der Insel Samothraki ist eine Kopie ausgestellt. Die Nike war eine Brunnenfigur, der Brunnen ein Opfergeschenk der Bürger von Rhódos an das Kabirenheiligtum aus Dank für eine gewonnene Seeschlacht um 190 v. Chr.
- Die Plastik **Farnesischer Stier** befindet sich in Neapel, und die **Laokoon-Gruppe** tauchte im Vatikan wieder auf. Im Großmeisterpalast kann man sich heute eine Kopie der Laokoon-Gruppe ansehen.

Der Koloss von Rhódos

Die kolossale Bronzestatue, die als „Koloss von Rhódos" bekannt wurde, zählt man zu den sieben Weltwundern der Antike. Angeblich soll die 32 Meter hohe Statue, die den Gott Helios darstellte, breitbeinig über der Hafeneinfahrt des Mandráki-Hafens gestanden haben, was Wissenschaftler aber stark bezweifeln. Nach zwölfjähriger Bauzeit wurde die Bronzefigur 292 v. Chr. aufgestellt, aber schon 227 v. Chr. fiel sie bei einem Erdbeben wieder um. Als die Rhodier sie wieder aufbauen wollten, warnte sie das Orakel davor, also ließen sie es bleiben.

Bis heute geistern wilde Geschichten über den Verbleib der Trümmer durch die Presse. Sehr wahrscheinlich wurden die Metallteile aber 635 n. Chr. von einem syrischen Juden gekauft, abtransportiert und eingeschmolzen. Dieses Ende des Weltwunders erscheint vielen aber zu einfach. Es ranken sich zahllose Legenden um den Koloss, immer im Hintergrund die Werbetrommel rührend, denn überall auf Rhódos kann man „Miniaturkolosse" als Souvenir kaufen. Wo die Statue stand, wie sie aussah, wie sie konstruiert war – man weiß das heute eben nicht genau, und der Fantasie sind keine Grenzen gesetzt. Sicher ist nur, dass es den Koloss wirklich gab. Am wahrscheinlichsten ist, dass er nicht breitbeinig über der Hafeneinfahrt, sondern in der Nähe des Großmeisterpalastes stand.

Der Bürgermeister von Rhódos-Stadt hat laut Zeitungsberichten den Plan, den Koloss neu bauen zu lassen. Historiker wenden sich heftig dagegen. Man weiß zu wenig über den Koloss, und die neue Plastik hätte wohl wenig mit ihrem historischen Vorbild gemein.

Römisches Reich

Athen war im 3. und 2. Jh. v. Chr. das geistige Zentrum der griechischen Welt, aber politisch war es bedeutungslos. Diese Chance nutzte Rom. Im **Dritten Makedonischen Krieg** (171–68 v. Chr.) nahm es große Teile Griechenlands ein und machte es zu einer seiner Provinzen. Als sich die Römer im östlichen Mittelmeerraum immer mehr ausdehnten, begann der **Niedergang von Rhódos.** Zwar konnte die Insel zunächst ihre Pfründe sichern, aber als 167 v. Chr. Delos und Mykonos von den Römern zu Freihäfen ernannt wurden, war es mit dem Monopol von Rhódos vorbei.

Den endgültigen Niedergang der antiken Stadt Rhódos brachte **Cassius.** Er war einer der Mörder

022rh Foto: vb

Cäsars, und die Rhodier weigerten sich ihn zu unterstützen, als er sich in Rom zu etablieren versuchte. *Cassius* setzte sich zwar auf Dauer nicht gegen seine Gegner durch, aber bevor sich *Octavian* 31 v. Chr. als *Kaiser Augustus* in Rom etablieren konnte, war *Cassius* ein mächtiger Mann in Rom und bestrafte all diejenigen, die ihm nicht halfen. Seine Truppen eroberten 42 v. Chr. Rhódos und brachten alles, was nicht niet- und nagelfest war und Wert besaß, nach Rom. Daher befinden sich heute noch zahlreiche Kunstgegenstände aus jener Zeit in Italien. Aber viele Stücke verschwanden damals in Rom und sind seither nicht wieder aufgetaucht.

Verbreitung der griechischen Kultur

Bei den Römern hatten die Griechen eigentlich keinen schlechten Stand. Jeder griechische Gott bekam einen römischen Namen, und so gab es Dinge, die die Griechen mit ihren neuen Machthabern verbanden. Die gebildeten griechischen Sklaven bekamen auch meist einen guten Job, nämlich als Lehrer und Erzieher. Der Einfluss der Griechen auf die Philosophie und Dichtkunst war groß und, durch die Größe des Römischen Reiches bedingt, breitete sich jetzt der Einfluss der griechischen Kultur weiter aus denn je zuvor.

Christentum

Der römische Kaiser *Nero* (reg. 54–68 n. Chr.) schätzte den Hellenismus sehr und erklärte Teile Griechenlands sogar zum freien Land. Er benötigte seine Energie dringender für Intrigenspiele in Rom und für die Bekämpfung einer neu aufkommenden Religion: das Christentum. Bereits 50 n. Chr. gründete der missionierende **Apostel Paulus** in Thessaloniki eine der ersten griechischen Christengemeinden. 51 n. Chr. strandete er auf seiner Missionsreise auf Rhódos und versuchte

Die römische Statue von der Insel Kos steht seit der italienischen Herrschaft im Hof des Großmeisterpalastes in Rhódos-Stadt

die Rhodier zu bekehren. Sein Erfolg war zunächst bescheiden.

Egal, zu welchem Gott die Rhodier auch beteten, der Niedergang der Insel ging Schritt für Schritt voran. Ein Erdbeben 155 n. Chr. zerstörte große Teile der Stadt, und in den folgenden Jahrhunderten bekamen die Rhodier häufig unangenehme Besucher: die **Goten,** die **Perser,** die **Sarazenen,** alle plünderten kräftig. 313 n. Chr. wurde vom römischen Kaiser *Konstantin* das Christentum als erlaubte Religion anerkannt, und bereits 325 n. Chr. war fast ganz Griechenland christianisiert.

Byzantinisches Reich

Nachdem 395 n. Chr. das Römische Reich in zwei Hälften zerfiel, wurde Griechenland ein Teil des **Oströmischen Reichs,** dessen Hauptstadt Konstantinopel war (früher hieß die Stadt auch Byzanz, heute heißt sie Istanbul). Der Begriff „Hellenen", der in früherer Zeit den Stolz auf die eigene Kultur zum Ausdruck gebracht hatte, wurde mit der Zeit zu einem Synonym für Ungläubigkeit. Im 6. Jh. n. Chr. wurde die Akademie in Athen geschlossen, um der Verbreitung von nichtchristlichem Gedankengut ein Ende zu setzen. Rhódos war zu dieser Zeit schon voll christianisiert.

1054 kam es zur Trennung zwischen der römisch-katholischen und der **orthodoxen Kirche,** der die Griechen bis heute angehören.

Im 10. Jh. war Rhódos eine arme Insel. Erst während der **Kreuzzüge** wurde es wieder reicher, denn viele Reisende legten auf Rhódos eine Pause ein. Offiziell gehörte die Insel noch bis 1309 zum Byzantinischen Reich, aber de facto regierten im 11. und 12. Jh. u.a. die **Venezianer** und die **Genueser** die Insel.

Johanniterorden

Als die Johanniter sich 1306 entschlossen, sich auf Rhódos niederzulassen, wurden sie nicht gerade mit offenen Armen empfangen. Es dauerte fast drei Jahre, bis die frommen Herren alles im Griff hatten und mit dem Bau einer neuen Festung beginnen konnten. Rhódos wurde unter der Herrschaft der Johanniter wieder wohlhabend.

Die **Festung der Johanniter** lässt sich heute noch in der Altstadt von Rhódos bewundern. Sie ist allerdings bei der Restaurierung, die die Italiener unter *Mussolini* vornahmen, teilweise recht stark verändert worden.

Osmanen

Während das Byzantinische Reich immer mehr zerfiel, übernahm das aufstrebende Osmanische Reich die Vormachtstellung im östlichen Mittelmeerraum. Die Osmanen waren Muslime und sind die Vorfahren der heutigen Türken. Zunächst arrangierten sich die Griechen mit den Osmanen, denn sie wussten allmählich, wie man mit fremden Herrschern im eigenen Land umging. Die Griechen handelten sich eine ganze Reihe Sonderrechte aus. Die Osmanen wussten ihre Macht wirtschaftlich gut zu nutzen. Die Griechen mussten meist hart arbeiten, aber die Osmanen ließen ihnen ihre Religion, räumten dem einflussreichen Klerus Privilegien ein und hatten damit erreicht, dass die Kirche längere Zeit die Massen ruhig hielt.

Auch die Osmanen verfielen wie die Johanniter zunächst in rege Bautätigkeit. Sie errichteten zahlreiche **Moscheen,** die heute teils noch erhalten sind. Während des Osmanischen Reichs ließen sich viele **Juden** im östlichen Teil der Altstadt nieder. Die Rhodier erprobten mehrmals den Aufstand, mussten aber immer wieder klein beigeben.

Unabhängigkeitskrieg

Ende des 18. Jh. verschärfte sich der Konflikt zwischen Herrschern und Beherrschten stark, was schließlich zu kriegerischen Auseinandersetzungen führte. Der Griechische Unabhängigkeitskrieg dauerte von 1821 bis 1829. Ab 1825 wurden die Griechen von Russland, England und Frankreich unterstützt. **England,** das entscheidend den Kriegsverlauf mit beeinflusst hatte, setzte durch, dass Griechenland 1830 ein **souveränes Königreich** wurde.

Die Johanniter auf Rhódos

Die Geschichte der Johanniter beginnt 1022 in Amalfi, Italien. Hier hatten italienische Kaufleute ein Hospital gegründet, das von Geistlichen betrieben wurde. Als 1099 die Ritter des ersten Kreuzzugs Jerusalem eroberten, formierten sich die Geistlichen zum Orden und zogen nach Osten, um in Jerusalem Krankenpflege zu betreiben. Im 12. Jh. wurde der Orden straffer organisiert, und in ganz Europa entstanden Ordenshäuser.

1187 wurden die Johanniter aber von islamischen Kämpfern aus Jerusalem vertrieben. Sie zogen sich zunächst nach Zypern zurück. Die Ordensbrüder waren schon in Jerusalem zu dem Schluss gekommen, dass man mit Krankenpflege allein das christliche Abendland nicht retten könne, und hatten sich rege am Kampfgetümmel beteiligt. Aufgrund der militärischen Niederlage organisierte sich der Orden neu und bekam die Struktur eines Militär-Ritterordens, bei dem die Krankenpflege ziemlich in den Hintergrund trat.

Ab 1267 wurde der Orden von einem Großmeister streng geführt. In der inneren Organisation wurden die Mitglieder nach ihren Herkunftsländern unter strategischen Gesichtspunkten in „Zungen" aufgeteilt: Frankreich, Italien, Spanien, Auvergne, Provence, Deutschland, England, Kastilien und Aragonien. Ihre Energie verwandten die Klosterbrüder nun immer mehr darauf, den vordringenden Islam zu bekämpfen.

Aber auch auf Zypern konnten sich die Johanniter nicht sehr lange halten. 1306 rückten sie auf Rhódos ein. Dort wollte man die Herren zwar nicht so gern haben, aber ihre Gegner hatten schlechte Karten. Die kampferprobten Ritter brauchten drei Jahre, bis sie die ganze Insel Rhódos unter ihrer Kontrolle hatten. Danach verwandten sie einen großen Teil ihrer Energie darauf, eine sichere Festung zu bauen. Dabei kam ihnen zugute, dass sie 1312 den Tempelorden beerbten. So hatten sie genügend Geld für den Festungsbau und konnten auch Nachbarinseln ohne Kampf käuflich erwerben.

Sie konnten allerdings nicht verhindern, dass der Islam immer weiter nach Westen vordrang. Das Byzantinische Reich zerbrach Stück für Stück, und die Osmanen breiteten den Islam immer weiter aus. Die Festung der Johanniter wurde ihnen im Laufe der Zeit ein Dorn im Auge, aber als sie 1480 versuchten, Rhódos einzunehmen, scheiterten sie.

Dafür waren sie andernorts recht erfolgreich, und ihr Vorrat an Soldaten, Kampfgerät und Geld wuchs ständig.

Süleyman der Prächtige bestieg 1520 den Thron und ließ 1522 Rhódos erneut angreifen. Die Osmanen rückten mit einer Armee von rund 150.000 Mann an, während in der Festung 5600 Ritter und Söldner versuchten, ihre Stadt zu verteidigen. Nach über sechs Monaten ging den Rittern die Munition aus, und Nachschub von außen war nicht in Sicht. Da musste der Großmeister *de l'Isle Adam* klein beigeben. Er handelte freies Geleit für die 4200 überlebenden Kämpfer aus, mit denen er sich nach Malta zurückzog. Dort bauten die Ritter, die sich später Malteser nannten, auch wieder eine Festung.

Der Orden existiert heute noch, aber seine Führer leben im Vatikan im Exil. In der Schlacht um Rhódos fand die Hälfte der osmanischen Soldaten den Tod, aber sie brachte dem Sultan den Durchbruch in der Ägäis, wo die Osmanen bis ins 19. Jh. herrschten.

023rh Foto: vb

Das Wappen des Großmeisters del Carretto an der „Herberge" von Italien

Rhódos gehörte damals aber nicht zum griechischen Königreich. Die Insel verblieb beim Osmanischen Reich. Stück für Stück eroberten die Griechen im 19. Jh. Land vom Osmanischen Reich, unterstützt vor allem von England. Im **Ersten Balkankrieg** unterlagen die Osmanen: Makedonien, Epirus und die meisten Inseln der Nördlichen Ägäis kamen 1912 zu Griechenland. Die Dodekanes-Inseln mit Rhódos gingen dagegen an Italien.

Italienische Herrschaft

Als 1912 Italien die Dodekanes-Inseln zugesprochen wurden, glaubten viele Griechen, dass die Italiener die Inseln bald an das griechische Königreich abgeben würden, und freuten sich mächtig. Aber schon recht bald wurde klar, dass Italien andere Pläne hatte. Italien pumpte viel Geld auf die Inseln, baute die **Infrastruktur** aus und erschloss Rhódos für den **Tourismus.** Damals reisten gut betuchte Touristen per Schiff von Italien aus an.

In dieser Zeit nahmen die meisten **jüdischen Bürger** der Stadt die italienische Staatsbürgerschaft an, was ihnen während des Faschismus zum Verhängnis wurde.

Die Italiener veränderten viel auf Rhódos. Sie machten sich zum Ziel, die **Altstadt** zu sanieren, die unter der osmanischen Herrschaft, einigen Erdbeben und dem Zahn der Zeit erheblich gelitten hatte. Dieses Ziel haben sie erreicht. Allerdings ist die Art, wie restauriert wurde, für manche Fachleute ein Skandal. An vielen Stellen veränderten die Restauratoren Dinge nach Belieben, ohne sich an die historische Vorlage zu halten. Ein extremes Beispiel ist der **Großmeisterpalast,** in dem sich der Duce höchstpersönlich Räume einrichten ließ. Die ganze Anlage ist sehr viel repräsentativer geraten, als sie zur Zeit der Großmeister war.

Die rege Bautätigkeit der Italiener blieb aber nicht auf Rhódos-Stadt beschränkt. Auch die schönen Badeanlagen von **Kallithéa Thérme,** der Wiederaufbau des Klosters **Filérimos,** das Bassin von

Eleoúsa, die ruinösen, aber schönen Gebäude am Profítis Ilías und zahlreiche Wanderwege stammen von ihnen. Rhódos hat den italienischen Herrschern viel zu verdanken. Sie forsteten die Wälder auf und bauten die Infrastruktur aus. Ihre Architektur ist sehenswert.

Leider haben die griechischen Bewohner von Rhódos ein sehr eigenartiges Verhältnis zu allem „Nichtgriechischen". Die schönen Gebäude der Italiener und Türken verfallen oder werden abgerissen – und neu gebaut wird viel zu viel. Die griechische Architektur aus den letzten Jahren ist beklagenswert, was übrigens nicht mit Geldmangel zusammenhängt, denn die meisten Bewohner von Rhódos sind eher wohlhabend.

In der Folgezeit erlebte Griechenland unruhige Zeiten, die aber die Dodekanes-Inseln nicht beeinträchtigten, denn die Italiener bauten Rhódos zu einer Musterkolonie aus. Sie versuchten die Region kulturell Italien nahezubringen und bekämpften die orthodoxe Kirche, so gut sie es konnten.

Umsiedlung

Während die Italiener die Dodekanes-Inseln beherrschten, war Griechenland weiterhin in Kriegshandlungen mit der **Türkei,** die aus dem Osmanischen Reich hervorgegangen war, verwickelt. Dabei erlitt Griechenland 1922 bei Smyrna eine vernichtende Niederlage. Im Vertrag von Lausanne wurde 1923 ein **Bevölkerungsaustausch** vereinbart. Damals mussten alle Griechen, die in Kleinasien lebten und nicht bereit waren, zum Islam überzutreten, ihre Heimat verlassen. Im Gegenzug mussten alle Türken, die im damaligen griechischen Königreich lebten, in die Türkei umsiedeln. An den Dodekanes-Inseln zogen damals die Flüchtlingsströme vorüber.

Türkische Minderheit

Daher lebt auch heute noch eine türkische Minderheit von rund **1500 Personen** auf Rhódos. Diese Menschen sind jetzt griechische Staatsbürger

024rh Foto: vb

türkischer Abstammung, sprechen meist beide Sprachen und sind Muslime. Die meisten von ihnen leben in der Altstadt von Rhódos-Stadt. Türkische Hochzeiten finden nach wie vor in der Moschee statt, z.B. in der Mustafa-Pascha-Moschee neben dem Hamam. Die Frauen sind in der Regel ohne Kopftuch anzutreffen, die türkischen Läden sind sonntags und nicht freitags geschlossen.

Deutsche Besatzung

Als *Metaxas,* der neue starke Mann Griechenlands, 1940 von *Mussolini* aufgefordert wurde, die italienischen Truppen, die mit *Hitler* zusammen kämpften, durch Griechenland ziehen zu lassen, lehnte er es ab, mit den Faschisten zusammenzuarbeiten. Es kam zum Krieg, der sich vor allem auf dem griechischen Festland abspielte. Erst 1943, nach Mussolinis Sturz, landeten **deutsche Truppen** auf den Dodekanes-Inseln, wodurch diese bis zu jenem Zeitpunkt ruhige Gegend auch in den Zweiten Weltkrieg verwickelt wurde.

Türkischer Friedhof in Rhódos-Neustadt

Eine der ersten Taten der Deutschen war, dass sie die **Juden** zusammenriefen, unter dem Vorwand, sie umzusiedeln. Diese „Umsiedlung" endete in Auschwitz. Juden, die einen türkischen Pass vorweisen konnten, wurden zunächst verschont. Aber im Winter 1945, wenige Monate vor der Kapitulation, wurden die türkischen Juden gezwungen, die Insel zu verlassen. Man setzte sie in kleine Boote und schickte sie aufs Meer hinaus. Sie hatten Glück: Dort wurden sie von den Engländern gerettet. Von den rund 1700 jüdischen Bewohnern von Rhódos überlebten 150 die Nazizeit.

Eine **Synagoge** gibt es auf Rhódos noch heute, aber die meisten Juden, die überlebt hatten, wanderten nach dem Krieg aus. Heute leben noch 30 Juden auf Rhódos. Die meisten von ihnen stammen aber nicht von den jüdischen Familien ab, die früher auf Rhódos lebten.

Nach der deutschen Kapitulation ließen sich zunächst die **Engländer** auf Rhódos nieder. Sie gaben die Dodekanes-Inseln 1948 an Griechenland ab.

Bürgerkrieg

Griechenland befand sich zu dieser Zeit mitten im Griechischen Bürgerkrieg. Schon während der deutschen Besatzungszeit hatte sich die griechische Bevölkerung in zwei Lager gespalten: Zwei **Widerstandsgruppen** kämpften gegen die deutschen Truppen, aber mit sehr unterschiedlichen Zielen. In der **EDES** hatten sich die konservativen, monarchistischen Kräfte zusammengeschlossen, während die **EAM** das Sammelbecken der Sozialisten und Kommunisten war.

Die Kommunisten hatten damals in Griechenland recht großen Zulauf. Als sich nun die Deutsche Wehrmacht zurückzog, gingen diese beiden Gruppen gegeneinander in den Krieg. Dabei unterstützte das westliche Ausland, vor allem England und Amerika, massiv das konservative Lager. Moskau hielt sich zurück, denn *Stalin* wollte zu diesem Zeitpunkt keinen Krieg gegen England und Amerika riskieren.

1949 war der Griechische Bürgerkrieg zu Ende. Er hatte 45.000 Menschen das Leben gekostet. Die konservativen Kräfte hatten sich durchgesetzt, die Linken verschwanden für viele Jahre in **Gefangenenlagern.** Eines jener Lager befand sich auf Leros, einer der nördlichen Dodekanes-Inseln.

Konservative Kräfte

Die Dodekanes-Inseln wurden in ein Griechenland eingegliedert, das wirtschaftlich nach den Kriegen total am Boden lag. 1952 kam **General Papagos** als neuer starker Mann mit seiner „Hellenistischen Sammlung" an die Macht. Nach dem Tod von Papagos stand der „Hellenistischen Sammlung", die sich inzwischen ERE nannte, **Konstantin Karamanlis** vor (der Onkel des heutigen Politikers gleichen Namens). Er führte ab 1955 mehrere Regierungen an.

Karamanlis hatte, genauso wie sein Vorgänger, innenpolitische Probleme, und er nutzte den langsam eintretenden wirtschaftlichen Aufschwung zum **Ausbau des Militärs,** das weniger den Feind von außen als viel mehr den Feind von innen suchte. Die Gefangeneninseln waren niemals leer. *Karamanlis* versuchte, Griechenland dem westlichen und antikommunistischen Europa näherzubringen. 1962 wurde Griechenland **assoziiertes Mitglied der EWG.**

1963 kam der linke EDA-Abgeordnete *Lambrakis* in Thessaloniki bei einem Autounfall ums Leben. Nach hartnäckigen Recherchen deckten ein Richter und ein Journalist auf, dass kein Unfall, sondern ein **Attentat** seiner politischen Gegner *Lambrakis* das Leben gekostet hatte. *Vasílis Vassilikos* schrieb über diesen Mord das Buch „Z", das später verfilmt wurde. Das Attentat und seine Aufklärung trugen mit dazu bei, dass **Georg Papandréou** 1963 mit der eher linksgerichteten Partei EDA die Wahlen gewann. *Papandréou* ließ die politischen Gefangenen frei.

1964 starb *König Paul I.,* und sein Sohn *Konstantin II.* kam auf den Thron. Mit *König Konstantin II.*

geriet *Papandréou* in einen Streit über die Besetzung des Verteidigungsministeriums. Daraufhin setzte der König *Papandréou* als Regierungschef ab. Es kam zu **Streiks und Demonstrationen** vor den für Mai 1967 vorgesehenen Wahlen. Meinungsumfragen deuteten darauf hin, dass *Georg Papandréou* wiedergewählt werden würde.

Militärdiktatur

Das gefiel einer Gruppe **konservativer Offiziere** nicht. Sie putschten die Wahl am 21.4.1967 weg und errichteten eine Diktatur. Alle aktiven Linken wurden inhaftiert, Gewerkschaften und Streiks verboten, die Zensur eingeführt und die Beamten wurden auf ihre politische Gesinnung überprüft und teilweise entlassen. Die orthodoxe Kirche wurde gefügig gemacht, was nicht schwer war, da sie finanziell von der Regierung abhing. Der König unterstützte zunächst die Obristen, versuchte dann aber im Dezember 1967, selbst wieder das Steuer in die Hand zu nehmen – und hatte Pech. Er musste ins Exil, und seine Stelle wurde durch einen „Vizekönig" besetzt.

Als **Reaktion auf den Putsch** fror die Europäische Gemeinschaft im April 1967 die an Griechenland gewährten Kredite ein. 1969 veranlasste die Junta, dass Griechenland aus dem Europarat austrat. Die NATO distanzierte sich im Gegensatz zur EG nicht von der Junta. Aber die Diktatur war für viele Länder kein Hindernis, wenn es darum ging, die wirtschaftlichen Beziehungen mit Griechenland zu vertiefen. Auch der Tourismus fing an zu wachsen, ungeachtet der politischen Zustände.

Andreas Papandréou, Míkis Theodorákis, María Farantoúri, Melína Merkoúri – alle waren damals bzw. wurden später prominente Personen, die zu dieser Zeit ins Exil flüchteten, teilweise nach schlimmen Gefängnis- und Foltererfahrungen. Leros wurde wieder zur Gefangeneninsel umfunktioniert. Hier saß u.a. der Schriftsteller *Ioánnis Rítsos* ein.

1968 starb der frühere Regierungschef *Georg Papandréou.* 1973 kam es zu einer **Studenten-**

revolte am Polytechnikum in Athen, bei deren Niederschlagung 50 Menschen getötet und mehr als 200 verletzt wurden. *Papadopoulos* wurde daraufhin von den anderen Offizieren abgesetzt, und *Ioannides* wurde neuer Juntachef.

Zypern-krise

Der Wendepunkt der griechischen Politik lag in Zypern. Zypern wurde seit seiner Unabhängigkeit von England 1960 von Erzbischof *Makarios* regiert. 80 Prozent der zypriotischen Bevölkerung waren Griechen, 20 Prozent Türken. Die Obristen unterstützten eine Partisanengruppe um *Nikos Sampson,* deren Ziel es war, Makarios umzubringen und Zypern „heim ins Reich" zu bringen. Makarios konnte fliehen. Aber als die neuen Herrscher der Insel den dort lebenden Türken zusetzten, machte die **Türkei** mobil und besetzte den nördlichen Inselteil.

Die griechische Junta machte nun auch mobil, aber militärisch betrachtet war das ganze ein Fehlschlag. Diese Blamage spaltete das Militär, und die Obristen mussten, nachdem ein großer Teil des griechischen Militärs nicht mehr hinter ihnen stand, am 24.7.1974 die Regierungsgewalt abgeben. Bis zu dieser Zeit hatten auf den Dodekanes-Inseln noch recht viele Türken gelebt, aber bedingt durch die Zypernkrise setzte ein wahrer Exodus ein, sehr zur Zufriedenheit vieler Griechen.

Demokratie

Als Kompromisskandidat einigten sich die damals Mächtigen auf *Karamanlis,* der aus seinem Pariser Exil zurückgeholt wurde. *Karamanlis* bildete eine konservative Regierung, ersetzte die Verfassung der Junta durch die alte von 1952 und bereitete für November 1974 Neuwahlen vor, die er mit seiner neu gegründeten Partei **Néa Demokratía** gewann.

Sein Hauptgegner, **Andreas Papandréou** (der Sohn des verstorbenen *Georg* und Vater des langjährigen Außenministers), ging mit seiner neu gegründeten Partei **PASOK** in die Opposition. *Karamanlis* veranlasste, dass Griechenland vorüber-

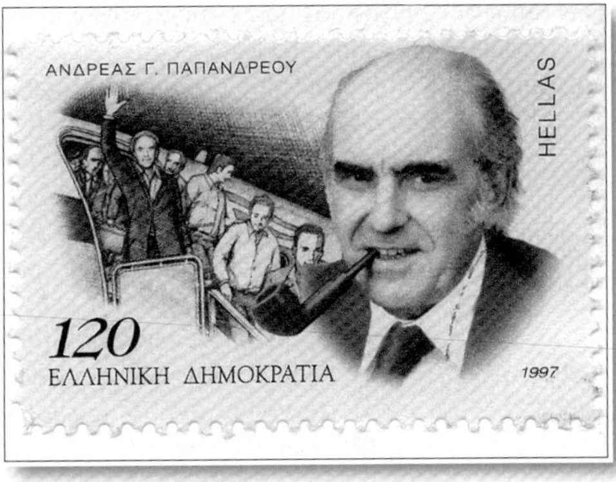

gehend aus der **NATO** wieder austrat, denn die NATO – in der die Türkei auch Mitglied war – hatte den Griechen in der Zypernfrage, die bis heute ein ungelöstes Problem ist, nicht geholfen.

Bei den Wahlen 1975 sprachen sich die Griechen gegen die Wiedereinführung der Monarchie aus. Griechenland erhielt eine neue Verfassung und ist seither eine **republikanische Demokratie.**

Volksparteien

Die beiden großen Volksparteien wechselten sich beim Regieren in den nächsten 25 Jahren immer wieder ab, ohne dass es bis Mitte der 90er Jahre große Veränderungen gegeben hätte.

Eines der Grundübel der griechischen Politik war **Vetternwirtschaft,** ein anderes war und ist die **Korruption.** Von den beiden großen Parteien lässt keine etwas Gutes auf die andere kommen. Dabei haben beide aus der Distanz betrachtet Gemeinsamkeiten. Beide schafften es lange nicht, dem Land zu einer soliden finanziellen Grundlage zu verhelfen. Die **Inflationsrate** war hoch, die **Arbeitslosigkeit** ebenso. Die EG-Gelder wurden verschleudert und versickerten oft auf äußerst merkwürdige Weise.

Andreas Papandréou war lange Jahre Ministerpräsident

Das Sparprogramm von Simítis

1996 starb nach längerer Krankheit der regierende Ministerpräsident *Andreas Papandréou*. Der Kampf um seine Nachfolge begann schon zu seinen Lebzeiten, und **Kostas Simítis** übernahm seine Ämter. Damit ging eine Ära in Griechenland zu Ende, die das Land über lange Jahre geprägt hatte.

Simítis hatte den Griechen im Wahlkampf angekündigt, sie müssten lernen zu sparen. Als *Simítis* nun im Herbst 1996 begann, sein Sparprogramm zu verwirklichen, streikte halb Griechenland. Aber *Simítis* blieb hart. Der kleine unscheinbare Mann veränderte viel in den darauf folgenden Jahren, sehr zum Positiven für die wirtschaftliche Entwicklung seines Landes.

Simítis hatte ein von *Andreas Papandréou* ziemlich abgewirtschaftetes Land übernommen, aber in wenigen Jahren **verbesserte er die Wirtschaftsdaten** erheblich. Nach dem Sparhaushalt, den *Simítis* dann gegen erheblichen Widerstand durchsetzte, sank die Neuverschuldung 1999 deutlich. Als großen politischen Erfolg konnte *Simítis* für sich die Einführung des Euros werten, denn nur seine Politik ermöglichte es, dass Griechenland schließlich doch die Maastricht-Kriterien erfüllte. Seine Popularität stand und fiel aber mit den wirtschaftlichen Erfolgen seines Landes.

Wirtschaftliche Probleme

Die **Arbeitslosigkeit** ist in Griechenland nach wie vor ein großes Problem. Sie lag im Jahr 2005 offiziell bei 10,5 %, also über dem EU-Durchschnitt, trotz eines gleichzeitigen Wirtschaftswachstums von 3,9 %. Auch die **Außenhandelsbilanz** sieht nicht rosig aus; im Jahr 2004 wuchs das Handelsdefizit um 12,3 %.

Zum Musterland in Sachen Wirtschaft wird Griechenland also so schnell nicht werden, denn das Land schleppt noch immer einen riesigen **Schuldenberg** mit sich (die Staatsverschuldung lag 2005 bei fast 110 % des Bruttoinlandprodukts). Dringend notwendige Reformen beim Sozialversicherungssytem, bei der Verwaltung und die Privatisierung von Staatsbetrieben, wie z.B. die verlustbringende Olympic Airlines, sind in den letzten Jahren nicht so richtig voran gekommen.

NATO-Mitgliedschaft

Griechenland ist seit 1980 wieder Mitglied der NATO. Ein Teil der griechischen Bevölkerung steht der Mitgliedschaft aber kritisch gegenüber und spricht sich in Umfragen für einen baldigen **Austritt** Griechenlands aus der NATO aus. Doch das kann sich Griechenland nicht erlauben. Damit ginge es auf Distanz zur Europäischen Union, und Konflikte mit der Türkei könnten leicht zur Eskalation führen. Das wissen die politisch Verantwortlichen im Land.

Wahlen

2004 verlor die PASOK die Parlamentswahlen, und seither regiert die eher konservativ orientierte **Nea Demokratía** unter **Kostas Karamanlis** (dem Neffen, des früheren Regierungschefs gleichen Namens) das Land. Die PASOK wird nun von *Georgios Papandréou,* dem Sohn von *Andreas Papandréou,* der unter *Simítis* als Außenminister die Politik der damaligen Regierung maßgeblich mitbestimmt hatte, geleitet.

Verwaltung

Griechenland ist in 13 Verwaltungsbezirke eingeteilt. Da das System aber **stark zentralistisch** angelegt ist, haben die einzelnen Provinzen wenig Eigenständigkeit. Die politischen Entscheidungen werden größtenteils in Athen gefällt. Auch der Provinzchef, der die von der Regierung zur Verfügung gestellten Gelder verwaltet, wird von der Regierung in Athen ernannt. **Rhódos-Stadt** ist der Sitz der Bezirksverwaltung der Dodekanes-Inseln.

Wirtschaft

Landwirtschaft

Griechenland war lange Jahre ein wirtschaftlich unterentwickeltes Gebiet. Der Agrarsektor spielte eine wichtige Rolle, aber die griechische Landwirtschaft ist nicht zu vergleichen mit beispielsweise der der Niederlande. Die griechischen Bauern sind **keine Großunternehmer,** sie können über die Eigenversorgung hinaus nicht einmal den griechischen Markt komplett versorgen.

Landflucht

In den 1950er Jahren fand eine erste **Welle der Industrialisierung** in Griechenland statt, aber die Unternehmen ließen sich überwiegend in den wenigen **Großstädten** auf dem Festland nieder. Das Problem, das sich daraus ergab, war die Landflucht. Zahlreiche Inselbewohner verließen ihre Heimat, weil sie sich auf den Inseln kaum ernähren konnten, und die Städte, vor allem Athen, wuchsen unkontrollierbar vor sich hin.

Tourismus

Die griechische Regierung musste versuchen, dieser Entwicklung etwas entgegenzuhalten, und setzte dabei auf die einzige sich bietende Branche: den Tourismus. Es wurde ein Ministerium gegründet, das fortan die Aufgabe hatte, sich um die Entwicklung des Tourismus auf den Inseln zu kümmern.

025rh Foto: vb

Rhódos

Auf Rhódos gibt es so gut wie gar keine Industrie. Früher lebten die Bewohner von der Landwirtschaft, heute leben sie vom Tourismus. Gearbeitet wird fast nur im Sommer. Die tägliche Arbeitszeit für Leute, die in der Tourismusbranche tätig sind, beträgt nicht selten 16 Stunden bei einer Sieben-Tage-Woche. In fünf bis sechs Monaten wird so das Geld fürs ganze Jahr verdient.

In **Rhódos-Stadt** befinden sich Provinzverwaltung und Universität, die ebenfalls einige Arbeitsplätze bringen.

Blick auf Rhódos-Altstadt

Tourismus

In manchen Gegenden Griechenlands wurde der Tourismus derart gefördert, dass sich das Leben der Bewohner völlig verändert hat. So wurden orthodoxe Fischer mit FKK-Stränden konfrontiert, Bauern trauten ihren Augen nicht, wenn das wertvolle Wasser im Schwimmbad und in der Dusche verschwand, und die junge Generation verkaufte geschäftstüchtig die Olivenfelder der Großeltern als Bauplätze für Hotelanlagen und vermietet heute Mofas oder betreibt Tavernen. Geschäftstüchtige Menschen waren die Griechen schon immer, und es ist auch gut verständlich, dass sie sich der einfacheren und besser bezahlten Arbeit im Tourismus gerne zuwenden.

Touristische Entwicklung

Die Urlauberzahlen stiegen bis in die 1990er Jahre ständig. 1996 war für Griechenland ein hartes Jahr, da aufgrund eines Grenzkonfliktes mit der Türkei um die Insel Imia die Urlauber ausblieben. Später stiegen die Zahlen wieder. Mit der Einführung des Euros war in Griechenland ein großer Preissprung verbunden. Ob dies oder die wirtschaftliche Lage in Europa Gründe dafür waren, Tatsache ist, dass 2002 die Tourismusbranche in Griechenland herbe Einbrüche hinnehmen musste. Auch im Olympiajahr 2004 waren die Besucherzahlen weiterhin rückläufig. Das neue Tourismusministerium versucht dieser Tendenz durch groß angelegte Werbekampagnen entgegenzuwirken.

Die orthodoxe Kirche

Ursprünge

Das Christentum kam schon recht früh durch den missionierenden **Apostel Paulus** im 1. Jh. n. Chr. nach Griechenland, das damals Teil des Römischen Reiches war. Nach der Teilung des Römischen Reichs wurde Griechenland Konstantinopel (heute Istanbul) unterstellt. Um 1000 n. Chr. führte der bis dahin schwelende Streit der östlichen Gemeinden mit Rom zum Bruch. Die orthodoxe Kirche spaltete sich von der römisch-katholischen ab.

Grundsätze

Eine wichtige Rolle innerhalb der orthodoxen Gemeinden spielen die **Marienverehrung,** das Verehren unzähliger **Märtyrer** und das Anbeten von **Ikonen.** Im Gottesdienst werden die Gläubigen nicht wie bei den Katholiken oder Protestanten zu guter Lebensweise ermahnt. Es geht darum, die Heiligen und Gott zu lobpreisen. Der Streit mit den Katholiken entzündete sich damals vor allem an der Frage, von wem der **Heilige Geist** ausgehe. Für die Orthodoxen geht dieser nur von Gott aus, während er für die Katholiken auch von Jesus ausgeht.

Feste

Das wichtigste Fest in Griechenland ist das **Osterfest,** das nach dem orthodoxen Kalender nicht zeitgleich mit unserem Osterfest gefeiert wird. Neben **Weihnachten,** das auch zentrale Bedeutung hat, werden noch zahlreiche andere kirchliche Feste begangen. Im familiären Bereich wird nicht nur der Geburtstag, sondern vor allem der Namenstag gefeiert.

Kirchliche Positionen

Die orthodoxe Kirche ist **streng hierarchisch** aufgebaut. Priester und Diakone müssen sich vor ihrer Weihe entscheiden: Entweder sie heiraten, oder sie werden Mönch. Die meisten entscheiden sich aber für die Ehe und gründen eine Familie. Mönche und Bischöfe dürfen nicht heiraten. Die Bischöfe, die alle gleichrangig sind, wählen ihr Oberhaupt, den Erzbischof von Athen.

Die Kirchenoberen waren an der Politik dieses Jahrhunderts maßgeblich beteiligt. Jeder Regierungswechsel wird bis heute durch eine Messe begleitet.

026rh Foto: vb

Politischer Einfluss

Politik hat in der griechischen Kirche eine **lange Tradition,** denn als Griechenland noch Teil des Osmanischen Reiches war, besaß die Kirche Sonderrechte. Den Kirchenoberen ging es materiell gut, ihr Einfluss auf das Volk war groß. Die Kirche nutzte ihre starke Stellung aber auch, um das griechische Nationalbewusstsein zu stärken und das kulturelle Erbe zu pflegen.

Die **Entflechtung von Kirche und Staat** begann spät und ist noch nicht ganz perfekt. So war es bis 1982 nicht möglich, nur standesamtlich und nicht kirchlich zu heiraten. Die PASOK-Regierung verabschiedete damals einige Gesetze gegen den Widerstand der Kirche, wodurch deren Einfluss deutlich vermindert wurde. Zum Streit zwischen Kirche und Staat kam es auch wieder mit der Regierung Simítis. Gegen den erbitterten kirchlichen

Die Altarwand des Klosters Moní Artamíti bei Agios Isídoros

Widerstand setzte die griechische Regierung durch, dass nun die Religionszugehörigkeit nicht mehr in den Ausweis eingetragen wird. Sie wird jetzt als Privatsache betrachtet und hat somit im Pass nichts mehr zu suchen.

Kirche und Gesellschaft

Kirchenaustritte sind aber nach wie vor **selten.** Über 95 % der Bevölkerung gehören der orthodoxen Kirche an. Kirchensteuer muss in Griechenland nicht bezahlt werden.

In vielen Gemeinden sitzt der **Pope** (der Pfarrer, auf griechisch nennt man ihn *papás*) abends zum Tavli-Spielen im Cafenion und wacht bei Klatsch und Tratsch über die Moral seiner „Schäfchen". Obwohl die Herren in ihren langen, schwarzen Gewändern und mit ihrem hochgesteckten Zopf überall respektvoll behandelt werden, nimmt ihr Einfluss auf das alltägliche Leben doch mehr und mehr ab.

Das bedeutet aber nicht, dass man die kirchlichen Feiertage nicht mehr feiert oder dass in den Kirchen keine Kerzen und kein Weihrauch mehr entzündet werden. In jedem Haus steht nach wie vor die geschmückte Ikone und das Öllämpchen, auch wenn es um die Jungfräulichkeit der unverlobten Tochter nicht immer ganz so gut bestellt ist wie in früheren Jahren.

Feste und Bräuche

Die meisten Griechen mögen es, viele Menschen um sich zu haben. Ein willkommener Anlass dafür sind Feste: Ostern und Weihnachten, das regionale Kirchenfest oder die Feste kirchlichen Ursprungs wie Taufen, Namenstage, Verlobungen und Hochzeiten. Zu großen Festen wie Hochzeiten ist es üblich das halbe Dorf einzuladen. Nach einem größeren Festschmaus beginnt dann die ganze Gesellschaft zu tanzen. Jeder, der sich auf den Beinen halten kann, hüpft mit. Die festliche Garderobe kann im Laufe eines solchen Abends etwas in Mitleidenschaft gezogen werden. Auch die Kinder dürfen so lange mitfeiern, bis sie genug haben und in irgendeinem Eckchen einschlafen.

Viele alte Bräuche und Sitten sind auf dem Rückzug, denn die Gesellschaft wandelte sich in den letzten 30 Jahren sehr stark; die modernen Griechen leben heute ganz anders als ihre Großeltern damals.

Ostern

Das Osterfest wird fast überall in Griechenland noch nach altem Brauch gefeiert. Am Ostersamstag geht man mit einer Kerze am späten Abend zur Kirche. Der Gottesdienst beginnt um 23 Uhr. Kurz vor Mitternacht werden alle Lichter in der Kirche gelöscht. Christus steht nun für die Gläubigen an der Schwelle zum Totenreich. Dann tritt der Pope mit einer brennenden Kerze aus dem Altarraum durch die Hauptpforte der Altarwand in die dunkle Kirche. Die Kirchenbesucher entzünden ihre Kerzen an der des Popen und nehmen das **„Licht des Lebens“** mit nach Hause für den Hausaltar. *Christós anésti,* „Christus ist auferstanden“, ist die Botschaft. Zu Hause schlagen sie dann rot bemalte **Ostereier** aneinander. Die heidnischen Fruchtbarkeitssymbole stehen nach orthodoxem Glauben für das Blutopfer Christi, durch das der Mensch das ewige Leben erhalten hat.

Weihnachten

An Weihnachten war es früher üblich, die Boote zu schmücken. Heute wird meist in der Wohnung ein **Christbaum** aufgestellt. Die Kinder ziehen am Vorabend von Tür zu Tür und singen **Lieder,** ähnlich wie dies in Süddeutschland beim Dreikönigsfest Brauch ist. In manchen Dörfern auf Rhódos ist es an Weihnachten üblich, dass die Dorfjugend ein Krippenspiel aufführt, und zwar in einer Höhle, die „Spiléo“ genannt wird. Eine solche Höhle befindet sich z.B. in Sálakos unweit der Nymphi-Quelle.

Silvester, Neujahr

Silvester isst man die **Vasilópita,** den Vasílis-Kuchen, in den eine Münze eingebacken wird, die dem Finder im folgenden Jahr Glück bringen soll. Der Kuchen wird folgendermaßen aufgeteilt: Das erste Stück ist für den heiligen Vasílis, dann werden Stücke abgeschnitten für Mitglieder der Familie, die nicht anwesend sind, und erst dann wird der Kuchen unter den Anwesenden aufgeteilt.

Den **Neujahrsabend** feiert die Familie traditionell zusammen. Die Kinder erwarten Vasílis, der sie beschenkt.

Taufen

Auch Taufen werden nach zeremoniellen Bräuchen gefeiert. Die Kinder werden einer **Ganzkörpertaufe** unterzogen und mit **geweihtem Öl** eingerieben, meist ganz und gar nicht zur Freude der Kleinen. Die Zeremonie wird heutzutage auf Video festgehalten.

Griechische Mentalität

Gastfreundschaft

Traditionell sind die Griechen ein sehr gastfreundliches Volk, und Gastfreundschaft ist auch immer noch ein zentrales Thema in der griechischen Gesellschaft. Sie ist fast schon eine Art Pflicht, der man sich nicht entziehen kann. An manchen Plätzen trifft man immer noch Menschen, die einen einfach zu einem Kaffee mit nach Hause nehmen, um ein bisschen zu reden. In den Touristenzentren kann man natürlich mitunter bemerken, dass der Geschäftssinn die Aufgeschlossenheit Fremden gegenüber etwas in den Hintergrund treten lässt. Die Griechen sind im Allgemeinen fröhliche, lebenslustige Menschen, die sich aber einem guten Geschäft nicht verschließen.

Touristen werden eigentlich immer nett empfangen; zum Teil mögen hier wirtschaftliche Erwägungen eine Rolle spielen. Ausländische Geschäftsleute lernen das Land dagegen manchmal

027rh Foto: vb

weniger offen kennen; die Konkurrenz, die einem das Geldverdienen erschwert, wird eben nicht gern gesehen.

Politisieren

Griechen machen gern „viel Lärm um nichts". Beim Reden über Politik schlagen die Herzen höher, und es kommt leicht zum Streit. Toleranz gegenüber anders Denkenden ist nicht gerade eine Stärke der griechischen Mentalität. So kommt es auch, dass man vielerorts das Cafenion nach der **Parteizugehörigkeit** aussucht, denn so wird Streit vermieden.

Ehe und Moral

Der griechische Mann hat im Allgemeinen ein gut ausgeprägtes Selbstbewusstsein und übt sich häufig in **Imponiergehabe.** Der Mann ist das Oberhaupt der Familie, zumindest nach außen. Das sollte aber nicht darüber hinwegtäuschen, dass in vielen Familien die **„Mama"** hinter den Kulissen regiert.

Plausch mit dem Papás

Früher war es üblich, dass der Mann Erfahrungen sammeln sollte, bevor er sich „ewig bindet", die Frau aber sollte **jungfräulich in die Ehe** kommen. Das mit der Jungfräulichkeit scheint sich in den letzten Jahren zu ändern, aber frau tut meistens wenigstens so, als ob.

Bis vor wenigen Jahren kam es häufig vor, dass männliche Urlauber, die sich an **junge Griechinnen** heranmachten, mit dem großen Bruder oder dem Onkel eher unangenehme Bekanntschaft machten. Urlauberinnen, die zu verstehen geben, dass sie männliche Aufmerksamkeiten suchen, müssen dagegen nicht lange warten, bis einer anbeißt. Ein *kamáki,* ein **Schürzenjäger,** wird auch heute noch als „ganzer Kerl" angesehen.

Heute verteilt sich die Aufmerksamkeit der griechischen Männer allerdings stärker, denn Griechinnen sind nicht mehr „tabu". Wenn man Zeitungsberichten glauben darf, so ist es nach wie vor gang und gäbe, dass griechische Männer außereheliche Kontakte suchen, manchmal sogar mit Billigung der Ehefrau.

Griechische Zeitungen berichten auch, dass Kondome bei Griechen sehr unbeliebt sind und dass **AIDS** sich in den letzten Jahren weiter verbreitet hat, was in anderen europäischen Ländern nicht in dem Maße der Fall ist.

Die Frau in der Gesellschaft

Rechte

Griechische Frauen haben seit 1952 das **Wahlrecht,** vorher war Politik reine Männersache. Die Regierung von *Andreas Papandréou* änderte manches, gegen den erbitterten Widerstand der orthodoxen **Kirche,** denn dort haben Frauen einen schlechten Stand. Unter *Papandréou* wurde *Melina Merkoúri* sogar Kulturministerin. Das **Familienrecht** wurde 1982 von *Papandréou* reformiert.

V028rh Foto: vb

Von juristischer Gleichstellung von Mann und Frau konnte vorher keine Rede sein. Die Frau hatte die Pflicht, eine Mitgift in die Ehe zu bringen, und der Mann hatte das Recht und die Pflicht die Kinder zu erziehen. Den Frauen gehörte also meist das Haus und der Hausrat, der Mann verdiente das Geld.

Traditionelle Rollen

Traditionell wurden in Griechenland die **Ehepartner verkuppelt.** Der Kuppler handelte die **Mitgift** aus. Inzwischen ist es aber seit vielen Jahren üblich, dass die jungen Griechen und Griechinnen sich ihre Partner selbst aussuchen.

Mutter und Tochter: die Betreiberinnen eines Kiosks in Kritinía

Eine Tochter reicher Eltern, deren Mann durch sie eine gute Partie gemacht hatte und der in der sozialen Hierarchie durch die Heirat aufgestiegen war, hatte meist die Fäden in der Hand. Der Mann hatte, sobald er die Wohnung betrat, nicht mehr viel zu melden. Umgekehrt musste sich eine Frau ihrem Mann völlig unterwerfen, wenn sie ihm finanziell nichts bieten konnte. Sie musste sogar froh sein, überhaupt einen Mann abbekommen zu haben. Töchter ärmerer Familien landeten häufig im **Kloster,** ob sie wollten oder nicht. Sie hatten keine andere Wahl.

Die Gesetze wurden zwar verändert, aber bis in die heutige Zeit spielen **finanzielle Aspekte** bei der Partnersuche eine große Rolle.

Bildung, Beruf, Familie

In Griechenlands **Großstädten** hat sich die Gesellschaft in den letzten Jahren teilweise verändert. Lange Jahre war es für Frauen kaum möglich, eine gute Stellung im Berufsleben zu bekommen. Heute werden die Hälfte aller **Hochschuldiplome** an Frauen überreicht. Junge Frauen mit guter Ausbildung stehen nun auch finanziell unabhängig im Berufsleben. Dennoch werden fast alle Spitzenpositionen von Männern gehalten. Frauen heiraten, bekommen Kinder und scheiden dann meist aus dem Berufsleben aus, bevor sie Karriere machen können.

Beruf und Familie unter einen Hut zu bringen funktioniert in Griechenland noch schlechter als in unseren Breiten. Dies ist meist nur möglich, wenn die Großmutter die junge Familie unterstützt, denn kein Grieche, der etwas auf sich hält, wird Hausmann. Ganztagskindergärten gibt es fast nur in den Städten.

In den letzten Jahren haben einige Frauen in der **Politik** Karriere gemacht, in der Wirtschaft haben sie aber nach wie vor wenig Einfluss.

029rh Foto: vb

Rhódos-Stadt

Überblick

Rhódos-Stadt hat rund 55.000 Einwohner, 5000 von ihnen leben in der Altstadt, einer der schönsten Ecken der Insel. Trotz mancher Unannehmlichkeiten wie Gedränge, aufdringlicher Geschäftsleute, Lärm und Verkehrschaos lohnt die Stadt einen Besuch. Die Altstadt von Rhódos ist einfach sehenswert, und es ist verständlich, dass sie sehr viele Urlauber anzieht.

Man muss sich allerdings auf eine **Touristenenklave** gefasst machen. Griechen findet man hier vor allem als Kellner, Verkäuferinnen oder Museumswächter. Die typisch griechische Gastfreundschaft und Ursprünglichkeit wird man nicht gerade in Rhódos-Stadt finden. Der Tourismus ist ein gutes Geschäft, da wird gründlich kassiert. Am Hafen muss man für eine Tasse Kaffee schon mal 4 € bezahlen.

Erste Orientierung

Wenn man an der Bushaltestelle oder am Taxistand am Neuen Markt ankommt, was meist der Fall ist, empfiehlt sich zunächst ein Besuch beim **EOT-Büro,** der offiziellen Touristeninformation, die nicht weit entfernt liegt. Hier erhält man neben Informationsheften mit den Öffnungszeiten der Museen und antiken Anlagen auch kostenlos Kopien der Busfahrpläne und eine hilfreiche Karte von Rhódos-Stadt. Weitere Informationen – auch auf Deutsch – werden gern erteilt.

Vorhergehende Seite:
Der Eingang des Großmeisterpalastes

Was zunächst verwirrend wirkt, ist die Aufteilung des Busbahnhofs in drei Haltestellen, aber es ist recht einfach, sich hier zurechtzufinden. Am Mandraki-Hafen fahren die **Stadtbusse** ab. Die **Überlandbusse** sind aufgeteilt nach Ost- und Westküste. Da aber diese beiden Busbahnhöfe nur etwa 50 Meter auseinander liegen, ist es kein Drama, wenn man zunächst auf dem falschen ankommt, denn in drei Minuten hat man den anderen Busbahnhof erreicht.

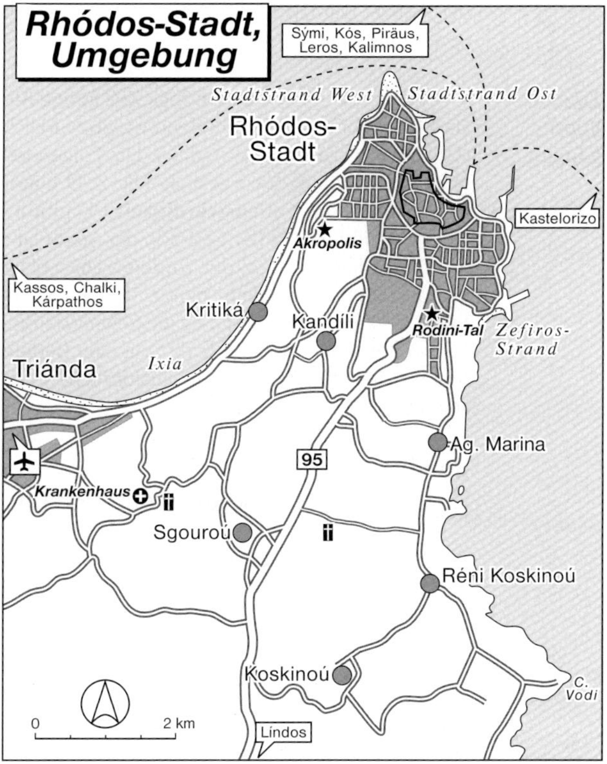

DIE ALTSTADT

Als Altstadt wird heute der Teil von Rhódos bezeichnet, der sich innerhalb der **Johanniterfestung** befindet und der überwiegend im 14. und 15. Jh. entstand. Nördlich der Altstadt liegt der kleine alte Hafen Mandráki, der Fährhafen Limenas liegt nordöstlich der Altstadt. 408 v. Chr. war die antike Stadt Rhódos nach Plänen von *Hippodamos von Milet* errichtet worden. Als die Johanniter 1309 mit ihrem Festungsbau begannen, übernahmen sie einige Achsen der antiken Stadt. Die heutige Ritterstraße existierte z.B. schon während der Antike. Damals führte sie vom Hafen bis auf den Monte Smith.

Zu den Rundgängen

Wer kann, sollte sich mehrere Tage Zeit für die Altstadt von Rhódos nehmen, denn es gibt wirklich viel zu entdecken. Die Altstadt wird im Folgenden in zwei Rundgängen vorgestellt. Die Zahl hinter dem **Namen der Sehenswürdigkeit (9)** gibt jeweils die Nummer in der Legende des Stadtplans an. Dieser findet sich in der vorderen Umschlagklappe. Steht zusätzlich hinter der Zahl ein **Stern (9*)**, bedeutet dies, dass die Sehenswürdigkeit weiter unten in einer Auflistung aller bedeutenden Sehenswürdigkeiten ausführlicher beschrieben wird.

Rundgang 1: Zu den Hauptattraktionen der Altstadt

Die erste Erkundungstour durch die Altstadt führt zu den bedeutendsten Sehenswürdigkeiten und ist zugleich der kürzere Rundgang (ca. 1,5 Stunden). Hier wird man von größeren Menschenmassen begleitet, denn die meisten Besucher wählen diese Route. Deutlich ruhiger ist es im türkischen und im jüdischen Viertel der Altstadt, die im zweiten Rundgang erschlossen werden.

Man kann die Altstadt durch das **Eleftherias-Tor** betreten, das am Ende des Mandráki-Hafens liegt. An dieser engen Stelle würgt sich heute der ganze Verkehr zum neuen Hafen hindurch und gerät manchmal durch die Fußgänger ins Stocken.

Gleich neben dem Eleftherias-Tor führt ein Fußweg auf eine kleine Halbinsel, auf der das **Paulus-Tor** zu finden ist, ein schöner Abstecher.

Das Eleftherias-Tor wurde erst in diesem Jahrhundert von den Italienern bei ihren umstrittenen Restaurierungen in die Mauer gebrochen. Das Paulus-Tor entstand dagegen schon im 15. Jh., ebenso wie die gleichnamige Bastion davor. Früher erhob sich hier der ins Meer hinausgebaute **Naillac-Turm.** Er sicherte den Hafen der Festung strategisch ab, was die Osmanen 1522 bei ihrer Eroberung stark behinderte (siehe auch Kapitel „Geschichte"). 1863 brach der Turm bei einem Erdbeben zusammen und wurde nicht wieder aufgebaut.

Hinter dem Eleftherias-Tor erreicht man die **Platía Sýmis,** an der sich rechts die **Gemäldegalerie (2*)** befindet. Auf der anderen Seite der Platía Sýmis sind die eher spärlichen Reste eines dorischen **Aphrodite-Tempels (1)** aus dem 3. Jh. v. Chr. zu sehen. Von der antiken Stadt ist heute nicht mehr allzu viel übrig, denn die alte Stadt liegt unter der heutigen.

Man gelangt nun zur **Platía Argyrokastrou,** an deren rechter Seite das schöne **Alte Ordenshospital (3)** liegt. Es wurde um 1350 erbaut. Heute wird ein Teil des Gebäudes als **Volkskundemuseum der Dodekanes-Inseln (5*)** genutzt. Der Brunnen vor dem Hospital wurde aus Teilen einer frühchristlichen Basilika aus dem Süden der Insel zusammengesetzt. Man kann das Wappen der Johanniter erkennen (heute als Malteserkreuz bekannt), das nachträglich eingearbeitet wurde.

Gegenüber vom Hospital befindet sich die **Ritterherberge der Auvergne (4)**. Die Ritter waren nach ihrer Herkunft in „Zungen" eingeteilt. Jede Zunge hatte eine eigene Herberge. Auch die deutsche Zunge hatte eine, aber wo sie lag, ist nicht bekannt.

Dahinter erreicht man den **Museumsplatz,** an dem immer reges Treiben herrscht. Links sieht man einen schönen türkischen Brunnen. Am Gebäude neben der **Nationalbank** befindet sich im Obergeschoss ein sehenswertes Relief.

In der Kirche **Panagía tou Kástrou,** die links am Platz liegt, wurde das **Byzantinische Museum (6*)** eingerichtet. Gegenüber befindet sich das Hauptmuseum von Rhódos, das **Archäologische Museum (7*)**. Es ist im Neuen Hospital der Johanniter untergebracht. Am Eingang ist das Wappen des Großmeisters *Fluvian* eingearbeitet, der mit dem Bau dieses Hospitals beginnen ließ.

Vom Museumsplatz führt die **Ritterstraße** schnurgerade den Berg hinauf. Diese Straße verschwindet glücklicherweise nicht unter Souvenirs. In den meisten Gebäuden sind Büros von Archäologen untergebracht. An den ruhigen, gotisch beeinflussten Fassaden lassen sich schöne Steinmetzarbeiten entdecken. Auf der rechten Seite finden sich die **Herbergen der Italiener (9), Franzosen (10)** und der **Provence (11)**, auf der linken liegt die Herberge der **Spanier (12)**. An manchen Fassaden sind die Wappen der Großmeister aus den jeweiligen Häusern zu erkennen.

Hinter der französischen Herberge führt eine kleine Gasse zum **Haus des Chem.** *Chem* war ein osmanischer Prinz. Sein Vater hatte die Thronfolge nicht eindeutig geregelt und sein Bruder *Beyazid* setzte sich gegen ihn durch. Daraufhin lief *Chem* zu den Johannitern über. Sein Bruder, nun Sultan, bekam davon Wind und bezahlte große Summen dafür, dass *Chem* von den Johannitern festgehalten wurde. Als Geisel der Johanniter wurde er zunächst hier, dann in Halikarnassos (Bodrum) gefangengehalten. Später lieferte man ihn an den Va-

Die schönen Fassaden der Ritterstraße

tikan aus, was den Sultan noch viel mehr Geld kostete. Als *Chem* 1504 in italienischer Gefangenschaft starb, war sein Bruder, der Sultan, vermutlich erleichtert. Das Haus des *Chem* ist vom Renaissancestil beeinflusst, was man auf Rhódos nicht sehr oft findet.

Neben der Herberge der Spanier liegt die gotische Kirche **Ag. Triáda,** die um 1370 gebaut worden ist. Während der türkischen Herrschaft auf Rhódos hatten sich diese Gebäude stark verändert. Die Restaurierung der Italiener, die zwar an manchen Stellen problematisch ist, ist hier aber recht gut gelungen und verhalf den Herbergen der Ritterstraße zu ihrem heutigen Aussehen.

030rh Foto: vb

Am oberen Ende der Ritterstraße erreicht man den **Großmeisterpalast (14*)**. Er war über die **Loggia des Johannes (13)** mit der Johanneskirche verbunden. Während des Osmanischen Reichs brachten die Türken ihr Pulvermagazin in dieser Kirche neben dem Palast unter, das dann aber 1856 in die Luft flog. Danach war von der Kirche nichts mehr übrig und der Palast lag in Trümmern. Aus der Ruine, von der nur noch das Erdgeschoss und die Türme am Eingang standen, machten die Türken ein Burgverlies.

In den 1930er Jahren begannen die Italiener mit der Restaurierung. Sie bauten am Mandráki-Hafen die **Evangelismos-Kirche*** nach den Plänen der alten Johanneskirche und begannen auch mit dem Wiederaufbau des Großmeisterpalastes, der als Sitz für den Duce gedacht war. Kurz vor *Mussolinis* Abgang war dann seine Sommerresidenz fertig, die er aber nie einweihen konnte.

Hinter dem Palast trifft man auf die **Odós Orfeou.** Folgt man dieser Straße nach links, erreicht man nach wenigen Metern den **Uhrturm (17)***, den man von weither sehen kann. In der Orfeou reiht sich Taverne an Taverne, es wird mit „Bavarian Beer" und „Hot Dog" geworben. Die Gebäude sind noch stark von türkischen Einflüssen geprägt.

Kurz dahinter gelangt man zu einer prächtigen Tür, die mit arabischen Sprüchen verziert ist. Sie führt zur **Türkischen Bibliothek (19*)**. Gegenüber erhebt sich die **Süleyman-Moschee (18*)**.

Durchs touristische Getümmel kann man nun die **Odós Sokratou** hinuntergehen. Ab und zu sollte man den Blick zurückwerfen: Die Moschee überragt die Straße mit ihren stark türkisch geprägten Häusern mit Holzbalkonen – ein schönes Bild!

Ungefähr in der Mitte der Odós Sokratou, etwas unterhalb des Cafenions mit dem großen Baum, findet sich auf der linken Seite das **Cafenion der alten Männer (55)**. Hier sitzen sie manchmal heute noch, aber es hat sich eingebürgert, dass immer mehr Touristen ihnen Gesellschaft leisten. Die Musikinstrumente an den Wänden sind Relikte aus einer Zeit, in der die einfachen Leute es sich noch leisten konnten, hier in der Innenstadt zu leben. Heute wohnen die Menschen in den hässlichen Vororten, weil der Boden in der Altstadt zu teuer ist. Der Denkmalschutz erschwert Renovierungen (z.B. den Einbau von Bädern), so dass es für viele attraktiver ist, wegzuziehen.

An der **Platía Ippokratous,** auf der ein bei Tauben beliebter Brunnen steht, findet sich neben zahlreichen übervollen Tavernen und Cafés auch das **Kastellania (29)**. Wie dieses Gebäude zur Ritterzeit genutzt wurde, ist unklar. Die Wissenschaftler widersprechen sich heftig: Versammlungsort der Kaufleute, Handelsgericht oder Sitz der Marktverwaltung – es gibt verschiedene Vorstellungen. Heute ist die breite Treppe bei vielen Touristen als Picknickplatz beliebt.

Nach links führt von hier aus die Odós Ermou an zahlreichen Souvenirgeschäften vorbei und durch ein altes Tor hindurch zum **Hospital-Tor.** Links vor dem Tor steigt eine Gasse an und endet am Museumsplatz. Von dort nach rechts gehend gelangt man in wenigen Minuten zum Eleftherias-Tor, dem **Ausgangspunkt** dieses Rundgangs.

Rundgang 2: Zu ruhigeren Ecken in der Altstadt

Dieser etwas längere Rundgang führt hauptsächlich durch das **türkische** und das **jüdische Viertel** der Altstadt. Während des Osmanischen Reichs durften Griechen nicht innerhalb der sicheren Festungsmauern leben. In der Altstadt war es damals nur Türken und Juden erlaubt, sich niederzulassen. Nach wie vor wird ein großer Teil der Altstadt von türkischstämmigen Griechen, die meist Muslime sind, bewohnt. Die Juden wurden während der Naziherrschaft auf Rhódos geradezu ausgelöscht. Die wenigen, die damals das KZ überlebt hatten, wollten nicht mehr nach Rhódos zurückkehren. Heute leben rund 30 Juden auf der Insel, die nach dem Krieg meist aus anderen Orten hierher umsiedelten (s. auch „Geschichte").

Die Tour beginnt am **Tor d'Amboise.** Sie führt vor allem durch ruhigere, enge Gassen. Man kann sich hier leicht verlaufen, daher versuchen wir eine detaillierte Routenbeschreibung zu geben.

Hinter dem Tor weitet sich die Straße zu einer kleinen Allee mit Parkbänken. Frühmorgens sitzen hier viele ältere Männer, lesen Zeitung und kommentieren lautstark das aktuelle Geschehen. Aber schon gegen 9 Uhr machen sich meist zahlreiche Porträtmaler breit, und die älteren Herren ziehen sich zurück.

Geht man die Odós Orfeou entlang, kommt man am **Uhrturm (17*)** vorbei. In der Odós Orfeou reiht sich Taverne an Taverne. Die Gebäude sind stark von türkischen Einflüssen geprägt. Kurz darauf sieht man rechts eine prächtige Tür, die mit arabischen Sprüchen verziert ist. Sie führt zur **Türkischen Bibliothek (19*)**. Gegenüber erhebt sich die **Süleyman-Moschee (18*)**.

031rh Foto: vb

Unser Weg führt gleich hinter der Bibliothek von der Odós Orfeou nach rechts in die Odós Ippodamou hinein. Wenige Meter weiter ist das Restaurant Symposium ausgeschildert. Hier geht es nach links die Odós Arselaou hinunter und an dem Restaurant vorbei bis man die Platía Arionos erreicht. Geradeaus liegt die **Mustafa-Pascha-Moschee (21*)**; mitten auf dem Platz steht das Waschhäuschen vor der Moschee. Am rechten Rand des Platzes liegt das **Türkische Bad (20*)**, das heute „Municipal Bath" genannt wird.

Zwischen diesen beiden Gebäuden münden zwei Gassen auf den Platz. An der hinteren Ecke der Moschee beginnt die kleinere der beiden (die nicht zum Volkstanztheater führt). Über diese enge Gasse, die sich kurz darauf nach rechts windet, erreicht man die Odós Ag. Fanouriou. Auf dieser geht man nun ein paar Meter nach links und biegt dann in die Odós Diokleou rechts ab. Bei der folgenden Gabelung hält man sich rechts. Die Gasse führt an der Rückseite der Kirche **Ag. Spiridounas (22)** vorbei auf die Platía Athinas. Der Eingang der Kirche liegt linker Hand am Platz. Die Kirche wurde auch schon als Moschee genutzt und hat ein Minarett.

Unser Weg führt nach rechts über den Platz weiter. Dort erreicht man die Ruinen der Kirche **Archángelo Michaíl (23)**. Geht man (von der Ag. Spiridounas kommend) vor den Kirchenruinen nach rechts in eine schmale Gasse hinein, trifft man bald auf die Odós Simonidou, der man nach links folgt. Die Straße mündet auf die Odós Eschylou, in die man nach rechts einbiegt. Man gelangt dann auf die Platía Sofokleous, wendet sich aber, bevor man richtig auf dem Platz angekommen ist, nach rechts.

Gasse im jüdischen Viertel

Der Gasse Odós Aristofanous, die hier beginnt, folgt man bis zur Taverne Pandesia und biegt dahinter links ab. So trifft man von hinten auf die **Rejep-Pascha-Moschee (48*)**.

Geht man nun geradeaus weiter (die Platía Dorieos liegt linker Hand), trifft man auf die Odós Ag. Fanouriou. Folgt man dieser Gasse nach links, steht man nach wenigen Metern vor dem Eingang der **Ag. Fanourios (49*)**, der ältesten Kirche der Stadt.

Gleich hinter der Kirche trifft man auf die Odós Omirou. Der Weg führt nach links in diese Gasse, bis ein Schild rechts zum Hotel Andreas und zur Pension Apollon weist. Rechter Hand liegt in dieser Gasse die Kirche **Ag. Kyriakí (42)** (mit Minarett), die wegen Renovierungsarbeiten in den letzten Jahren oft nicht zugänglich war, aber von oben gut zu sehen ist. Hier geht man wieder ein paar Meter zurück, denn direkt oberhalb vom Hotel Andreas zweigt (von oben kommend nach rechts) eine Gasse ab, in der sich auf der rechten Seite eine **Windmühlenruine** erhebt. Die Gasse führt nach links weiter und trifft bei der Kreuzung Odós Omirou/Odós Pythagoras auf einen kleinen Platz mit türkischem Brunnen. Auch dieser Platz wird von einer Windmühle überragt.

Hinter dem türkischen Brunnen geht es links die Odós Pythagoras hinunter. Linker Hand liegen die spärlichen Reste der **byzantinischen Festungsmauer.** Weiter unten erhebt sich links an einem kleinen Platz die **Ibrahim-Pascha-Moschee (26)***. An ihrem unteren Ende trifft die Odós Pythagoras auf die **Platía Ippokratous (28)**, wo man von der touristischen Welt wieder eingeholt wird.

Weiter geht es nach rechts durch die lebendige Odós Aristotelou, vorbei an Läden mit Pelzen, Schmuck und T-Shirts, bis man die **Platía Martyrou Evreou (30)** erreicht, den Platz des Jüdischen Märtyrers. Er wurde nach dem Zweiten Weltkrieg so benannt, im Gedenken an die Bewohner dieses Viertels, die aus den Konzentrationslagern nicht mehr nach Rhódos zurückkehrten. Hier, im früheren **Judenviertel,** geht es abseits der Hauptstraßen noch sehr ruhig zu.

Man folgt zunächst der Hauptstraße hinter dem Platz noch ein kleines Stück weiter. Nach rechts biegt dann die schmale Gasse Odós Dosiadou ab. Hier liegt versteckt und weit weg vom Touristenrummel die **Jüdische Synagoge (35*)**. Der ganze östliche Teil der Altstadt von Rhódos beherbergte Juden. Die meisten von ihnen lebten in eher bescheidenen Verhältnissen. Hier findet man keine prächtigen Patrizierhäuser.

Nach diesem Ausflug in die Stille kehren wir wieder auf die lebendige Hauptstraße Odós Pindarou zurück und folgen ihr nach rechts. Rechter Hand sieht man nun die beeindruckende Ruine der Kirche **Panagía tou Bourgou (31*)**. Diese gotische Kirche war einst die größte der Stadt. Einige Meter dahinter erreicht man das **Hospiz St. Katharina (32*)**, das erst in den letzten Jahren mühevoll restauriert worden ist.

Nach diesem Abstecher führt der Weg wieder zurück zur Kirchenruine Panagía tou Bourgou, die man durchquert. Hinter ihrer hinteren Seitenwand beginnt die Odós Alchadef, die durch einen kleinen Park auf das **Arkadia-Tor** zuführt. Vor dem Tor rechts abbiegend, geht man innen an der **Stadtmauer** entlang. Rechts der Straße liegen die Reste eines Dreikonchengebäudes aus römischer Zeit. 30 m weiter zweigt rechts die Odós Tlipolemou ab. Diese Straße führt auf einen kleinen Platz. Wir folgen der Straße, die hier geradeaus über die Kreuzung und leicht nach rechts weiterführt.

Hier trifft man auf einen größeren Platz, die Platía Panagiotou Rodiou, an dem links die Kirche **Ag. Triáda (39)** liegt (Öffnungszeiten flexibel gehandhabt: Di–So 12.30–14.15 Uhr, Eintritt frei). Auch diese Kirche hatte früher ein Minarett; der Sockel steht heute noch. Unser Weg führt um die Kirche herum und folgt der Gasse, die sich hier im Zickzack zwischen den Häusern hindurchwindet

032rh Foto: vb

(Odós Laokoontos). Sie führt auf eine Gasse, der wir wenige Meter nach links folgen. Auf die nächste Gasse stoßend gehen wir rechts und gleich darauf geht's wieder nach rechts in die Odós Klisthenous hinein.

Diese trifft beim türkischen Brunnen auf die Kreuzung Odós Omirou/Odós Pythagoras. Halblinks am Brunnen vorbei geht es in die Odós Omirou hinein und immer geradeaus. Ganz am Ende macht die von Sprengbögen überspannte Gasse eine Linkskurve. Vor der Café-Bar Ancient Market zweigt rechts die schmale Odós Kallixenous ab. Diese Gasse windet sich bald wieder nach links, und an einem hellblau-violetten Haus vorbei gelangt man auf die Odós Ippodamou. Folgt man dieser nach rechts bis zu ihrem Ende, erreicht man bei der **Süleyman-Moschee (18*)** wieder die Odós Orfeou. Links am **Uhrturm (17*)** vorbei gelangt man wieder zum **Tor d'Amboise,** dem Ausgangspunkt des Rundgangs.

Immer noch beeindruckend:
Panagía tou Bourgou, einstmals die größte Kirche der Stadt

Sehenswürdigkeiten in der Altstadt

Die Ziffern beziehen sich auf den Stadtplan in der vorderen Umschlagklappe.

Ag. Fanourios (49)

Ag. Fanourios ist die älteste Kirche der Stadt, manche Teile stammen aus dem 9. Jh. Die **Fresken** entstanden aber erst im 13. und 14. Jh. Die Kirche „klebt" zwischen den Häusern am Rand der Platía Dorieos und ist von der Straße, nicht vom Platz aus zugänglich. Die alte Kirche liegt tief im Boden. Da sie für den Gottesdienst zu klein ist, wurde ein Neubau an den Eingang angebaut. Jeden Sonntag findet hier ein Gottesdienst statt.

- **Öffnungszeiten:** vormittags, eher flexibel

Archäologisches Museum (7)

Das Museum ist im neuen Hospital der Johanniter untergebracht, das zwischen 1440 und 1489 erbaut wurde. Am Eingang ist das **Wappen des Großmeisters Fluvian** eingearbeitet, der mit dem Bau des Hospitals beginnen ließ. Der Eingang liegt unter dem großen Krankensaal. Man betritt zunächst den Innenhof, der von einer zweigeschossigen Loggia umgeben ist. Von dieser Loggia aus erreicht man im Obergeschoss den großen Krankensaal, der sich über die ganze Frontseite zieht. Die anderen drei Seiten des Hofes sind von kleineren Nebenräumen umgeben, die ebenfalls von der Loggia aus zugänglich sind.

Seitlich hinter dem Krankensaal befand sich der Speisesaal, gleich daneben die Küche. Diese Räume umgeben den zweiten, kleineren Hof. Obwohl das Hospital das modernste seiner Zeit war, wirkt der große **Krankensaal** auf manchen Besucher eher bedrückend. Die Höhe des Raumes sorgt für eine gewisse Kühle. Über dem Museumseingang liegt eine Kapelle im Krankensaal. Die Nischen an den Seiten wurden früher vermutlich auch als Isolierzimmer für Kranke genutzt. Heute sind in ihnen Grabplatten ausgestellt. Auf einigen kann man gut erkennen, wie sich die Mönche kleideten.

033rh Foto: vb

In den beiden hübsch gestalteten Innenhöfen des Hospitals finden sich heute schöne **Mosaiken** aus der Basilika von Arkassa auf Kárpathos (Ende 5. Jh. n. Chr.), die in den 20er Jahren von den Italienern hierher gebracht wurden.

Von den Skulpturen, die im Museum ausgestellt sind, ist die **„Kauernde Aphrodite"** aus dem 1. Jh. v. Chr. wohl das bekannteste Ausstellungsstück. Sie repräsentiert das weibliche Schönheitsideal dieser Zeit.

Der Kopf des **Sonnengottes Helios** aus dem 2. Jh. v. Chr. stammt vermutlich vom Haupttempel der Stadt. Er wurde unweit des Großmeisterpalastes gefunden. Möglicherweise ist er nach dem Vorbild der Koloss-Statue gefertigt worden. An seinem Hinterkopf war ein Strahlenkranz aus Metall befestigt.

Die **Kouros-Statuen** aus Kámiros wurden im 6. Jh. v. Chr. gefertigt. Ihre Strenge ist typisch für

In der Odós Sokratou

diese Zeit. Auch aus Kámiros stammt eine **Grabplatte** aus dem 5. Jh. v. Chr.: „Timarista nimmt von ihrer trauernden Tochter Krito Abschied." Die Tochter hat die Haare als Zeichen der Trauer kurz geschnitten.

Im Jahr 2006 soll die Sammlung des Archäologischen Museums erweitert und neu geordnet werden. Zahlreiche neue Funde sollen dann auch hier ihr festes Plätzchen finden.

- **Öffnungszeiten:** Di–So 8.30–14.30 Uhr, Eintritt 3 €

Byzantinisches Museum (6)

Die Kirche **Panagía tou Kástrou,** in der das Museum untergebracht ist, stammt aus dem 11. Jh., aber die Johanniter bauten sie im 14. Jh. zu einer gotischen Kirche um. Die Türken nutzten sie als Moschee. Heute bildet die Kirche eine sehr gute Kulisse für das Museum, in dem vor allem **sakrale Gegenstände, Ikonen** und alte **Fresken** ausgestellt sind. Im Hof neben der Kirche sind Teile von frühchristlichen Kirchen und Mosaikenreste zu sehen; die Ausstellungsstücke dort sind mehr oder weniger „gestapelt".

Die Ausstellung mit musikalischer Untermalung ist recht beeindruckend. Wenn man aus der sakralen Atmosphäre der Kirche wieder auf die Straße tritt, ist das wie ein Sprung ins kalte Wasser. Da die Kirche für einige Ikonen zu feucht ist, kam es in den letzten Jahren immer wieder zu Umgestaltungen und teilweisen Schließungen.

- **Öffnungszeiten:** Di–So 8.30–14.30 Uhr, Eintritt 2 €

Gemäldegalerie und Museum f. moderne griechische Kunst (2)

Hier sind knapp 100 Gemälde von griechischen Malern aus der zweiten Hälfte des 19. Jh. bis zum Zweiten Weltkrieg ausgestellt. Neben Bildern von **Theophilos,** dem bekanntesten Maler der griechischen Naiven, finden sich auch naturalistische und expressionistische Werke in der kleinen Galerie.

- **Öffnungszeiten:** Di–Sa 8–14 Uhr, Eintritt 3 €

Groß-meister-palast (14)

Die Renovierung des Palastes ist weit weniger gut geglückt als die der Ritterherbergen, denn im Palast wurden die Räumlichkeiten als Residenz für den italienischen Herrscher nach dem Geschmack der faschistischen Ära Mussolini umgestaltet. Aus der schlichten Ordensherberge ist eine **protzige Nobelburg** geworden, die in vielem nicht der alten Anlage entspricht.

Der erste Palast, für den die Johanniter zuständig waren, wurde Anfang des 14. Jh. erbaut. Dabei wurde eine alte Festung aus dem 8. Jh. kräftig umgebaut. 1481 erschütterte ein Erdbeben Rhódos und ließ manche Bemühung der Johanniter in die Brüche gehen. Danach bekam der Palast die Gestalt, für die er lange Jahre bekannt war. Als 1856 das **Pulvermagazin** der Türken, das in einer Kirche neben dem Palast untergebracht war, explodierte, lag der Palast in Trümmern. Die Türken fanden jedoch Verwendung für die Ruine, von der nur noch das Erdgeschoss und die Türme am Eingang standen. Aus dem Palast wurde ein Burgverlies, in dem Straftäter festgesetzt wurden.

In den 1930er Jahren begannen die Italiener mit dem Wiederaufbau des Großmeisterpalastes, der als **Sitz für den Duce** gedacht war. Kurz vor *Mussolinis* Abgang war dann seine Sommerresidenz fertig, die er aber nie einweihen konnte.

Für die Renovierung des Palastes wurden viele antike Schätze von Kos antransportiert. Die Statuen im Hof stammen aus dem 2. und 1. Jh. v. Chr. und sind aus Kos. Ebenfalls von dort wurden die **Mosaiken und Marmorteile** geholt, die heute im Obergeschoss des Palastes zu betrachten sind. Die Mosaiken sind sehr sehenswert, sie stellen Szenen aus der Mythologie dar. So ist u.a. Poseidon im Kampf gegen den Giganten Polyvotes dargestellt. Auch die neun Musen können bewundert werden.

Man muss den Italienern zu Gute halten, dass sie die Mosaiken dadurch, dass sie sie hierher brachten, wohl gerettet haben, denn sehr häufig

034rh Foto: vb

liegen alte Mosaiken in Griechenland irgendwo im Gebüsch, so lange bis Wind und Wetter und Ziegenkot von den alten Kunstwerken so gut wie nichts mehr übrig lassen.

Im Obergeschoss des Großmeisterpalastes steht eine Kopie der berühmten **„Laokoon-Gruppe"** (s. auch „Geschichte"). *Laokoon* war ein trojanischer Priester. Er warnte die Bewohner von Troja davor, das Trojanische Pferd in die Stadt hereinzuholen und dort zu opfern. Als aber große Schlangen aus dem Meer krochen und *Laokoon* und seine beiden Söhne erwürgten, glaubten die Trojaner, er sei von den Göttern für eine Lüge bestraft worden, und holten das Pferd in die Festung – das war das Ende der Stadt, denn im Pferdebauch saßen feindliche Soldaten. Die Plastik stellt *Laokoon* und seine

Blick auf Néa Agora und Großmeisterpalast

035rh Foto: vb

beiden Söhne mit den Schlangen dar. Das Original steht im Vatikan.

Im Keller des Großmeisterpalasts befindet sich heute eine **Ausstellung zur Geschichte von Rhódos** mit zahlreichen alten Keramikteilen.

● **Öffnungszeiten:** Di–So 8.30–19 Uhr, Mo 12.30–19 Uhr, Eintritt 6 €

Blick von der Stadtmauer aufs Minarett der Kirche Ag. Kyriakí

Hospiz St. Katharina (32)

Das verfallende Gebäude des Hospiz St. Katharina ist in den letzten Jahren wieder neu aufgebaut worden – eine Renovierung, die viel Geld und Zeit forderte, aber recht gut gelungen ist. Das Hospiz ließen die **Johanniter** 1391/92 erbauen. Es wurde aber bereits 1481 durch ein Erdbeben verwüstet und dann 1516 wieder aufgebaut. 1944 zerstörten Bombenangriffe Teile des Gebäudes, in dem sich in späterer Zeit Flüchtlinge provisorisch einrichteten.

Heute beherbergt der schöne, schlichte Bau aus der Ritterzeit prächtige Kieselmosaiken und eine kleine Ausstellung, die vor allem über die Renovierung des Gebäudes informiert.

- **Öffnungszeiten:** Di–Sa 8.30–14 Uhr, Eintritt frei

Ibrahim-Pascha-Moschee (26)

Die Ibrahim-Pascha-Moschee wurde 1531 erbaut und ist die älteste noch erhaltene Moschee der Stadt. Das Minarett wurde von den Italienern restauriert. Auch das Brunnenhaus steht noch. Die Moschee ist für Touristen nicht regelmäßig zugänglich.

Jüdische Synagoge (35)

Die 1577 erbaute Synagoge ist einen Besuch wert. Die Geschichte der Stadt Rhódos im Osmanischen Reich ist auch eine jüdische Geschichte. Die Juden waren maßgeblich am Handel, den Rhódos trieb, beteiligt. In den 1930er Jahren lebten noch 4000 Juden auf Rhódos. Als *Mussolini* 1938 begann, enger mit *Hitler* zusammenzuarbeiten, emigrierte über die Hälfte von ihnen nach Afrika, Amerika und Frankreich. Später wurden 1700 Juden Opfer des Nationalsozialismus (s. auch „Geschichte").

Frau Modiano, die die Synagoge mit dem kleinen **Museum** betreut, überlebte Auschwitz, aber viele Menschen, die ihr nahe standen, überlebten nicht. Man freut sich über eine Spende an die Gemeinde.

- **Öffnungszeiten:** täglich 10–16 Uhr

Mustafa-Pascha-Moschee (21) Die Moschee entstand im 18. Jh. unter Zuhilfenahme von alten Marmorteilen anderer Gebäude. Sie wird heute noch als islamisches Gotteshaus genutzt und ist meist nicht zugänglich.

Panagía tou Bourgou (31) Die gotische Kirche aus dem 14. Jh., von der nicht mehr viel erhalten ist, war die größte der Stadt gewesen. Zerstört wurde sie bei den Umbaumaßnahmen der Italiener, die hier 1912 eine Straße anlegten.

Rejep-Pascha-Moschee (48) Auch in der Rejep-Pascha-Moschee, 1588 errichtet, wurden zahlreiche Bruchstücke älterer Gebäude verbaut. Sie soll einmal die schönste Moschee der Stadt gewesen sein, ist heute aber leider in sehr schlechtem Zustand. Ihr Reinigungsbrunnen ist noch erhalten, aber auch ruinös. Das Innere der Moschee ist nicht zugänglich.

Süleyman-Moschee (18) An dieser Stelle wurde gleich nach der Eroberung von Rhódos durch die Türken eine Moschee errichtet und nach *Süleyman,* dem Eroberer von Rhódos, benannt. Die heutige Moschee stammt aber erst aus dem Jahr 1808. In ihr finden sich zahlreiche Bauteile aus frühchristlichen und mittelalterlichen Gebäuden wieder. Die Moschee befand sich lange Zeit in sehr schlechtem Zustand. 1988 musste das Minarett, das nach einem Erdbeben einsturzgefährdet war, abgetragen werden, es wurde mittlerweile neu aufgebaut. Das Gebäude wurde in den letzten Jahren gründlich renoviert, es ist für Touristen aber derzeit nicht zugänglich.

Türkische Bibliothek (19) Die Bibliothek wurde 1793 von *Hafiz Ahmed Aga* gegründet. Heute sind hier einige alte Bücher in arabischer Schrift ausgestellt, darunter ein Bericht über die Eroberung von Rhódos von 1522 aus osmanischer Sicht. Schön ist vor allem der Hof um die Bibliothek herum.

- **Öffnungszeiten:** Mo–Sa 9.30–16 Uhr, Eintritt frei

Türkisches Bad (20)

Das Hamam, heute **Municipal Bath** genannt, wurde 1764 erbaut. Dass es gerade neben der Mustafa-Pascha-Moschee liegt, ist kein Zufall, denn ein ausgiebiges Reinigungszeremoniell vor einem Moscheebesuch war früher üblich. Da es heute noch zahlreiche Wohnungen ohne Bad in Rhódos-Altstadt gibt, ist ein Besuch im Türkischen Bad auch fester Bestandteil im Leben vieler Bewohner der Stadt.

- **Öffnungszeiten:** Badebetrieb Mo–Fr 10–17 Uhr, Sa 8–17 Uhr, Eintritt 1,50 €, Tel. 22410-27739

Uhrturm (17)

Der Uhrturm aus osmanischer Zeit sollte den Griechen die Einhaltung der Ausgehzeiten ermöglichen, die bei Strafe einzuhalten waren. Der Turm kann bestiegen werden, die Aussicht über die Stadt ist beeindruckend.

- **Eintritt:** 5 € (inklusive eines Getränks)

Volkskundemuseum (5)

Im Volkskundemuseum der Dodekanes-Inseln sind **Hausratsgegenstände** aus den vergangenen Jahrhunderten zusammengetragen. Schön sind vor allem die **Schnitzereien** aus Häusern von Sými. Zu sehen gibt es außerdem alte Webereien und Keramik. Einige Exponate stammen aus dem 16. Jh.

- **Öffnungszeiten:** Di–So 8.30–14.30 Uhr, Eintritt 2 €

Spaziergang um die Altstadt herum

Auf der Stadtmauer

Einen guten Gesamteindruck der Altstadt bekommt man von der Stadtmauer aus. Sie ist vier Kilometer lang und an manchen Stellen bis zu 14 Meter dick. Je nach Tempo benötigt man 15 bis 60 Minuten, bis man die Mauer abgelaufen hat. Der Blick in die Stadt und aufs Meer ist sehr schön. Diese Tour sollte man, wenn man nicht schon mit herrlichem Blick auf die Altstadt wohnt, nicht versäumen.

● **Öffnungszeiten:** Der Zutritt zur Mauer ist leider nur Di und Sa von 14.45 bis 15 Uhr möglich. Man wird nur in diesen 15 Minuten vom Hof des Großmeisterpalasts aus hinaufgelassen. Tickets werden am Eingang zum Großmeisterpalast verkauft. Der Eintritt ist mit 6 € ungewöhnlich hoch für das Gebotene. Es entsteht der Eindruck, dass man zwar den Zutritt nicht völlig verbieten will, aber dass versucht wird, die Urlauber von der Mauer fernzuhalten.

036rh Foto: vb

Durch Park und Burggraben

Wer gerne in Ruhe, ohne viel Rummel, um die Altstadt herumlaufen möchte, kann auch im Park außerhalb der Festung selbige umrunden oder durch den Burggraben gehen (kein Eintritt). Er wurde in den letzten Jahren zum Teil parkähnlich angelegt, aber die Bauarbeiten sind noch im Gang und bis der ganze Graben fertig ist, werden wohl noch ein paar Jahre ins Land gehen.

Man beginnt den Rundgang am besten am **Arkadia-Tor** an der Ostseite. Spazierwege führen durch den Grünstreifen zwischen der Festung und der sie umgebenden Straßen. Es ist auch möglich, beim Mandráki-Hafen in den Burggraben zu gelangen. **Weitere Ein- und Ausgänge** befinden sich am Tor d'Amboise, am Athanasios-Tor und unweit des Melina-Merkouri-Theaters in der Odós Efthimiou.

Gleich hinter dem Arkadia-Tor erreicht man die **Carretto-Bastion.** Die ganze östliche Spitze der Festung wurde früher von den Johannitern aus Italien verteidigt. Hinter dieser Bastion folgt der Mauerabschnitt, an dem die Ritter aus der Provence kämpften. Hier befindet sich das neu angelegte **Melina-Merkouri-Theater,** ein Freilufttheater, in dem im Sommer zahlreiche Aufführungen stattfinden, direkt im Burggraben. Der nächste Zugang zur Stadt war das **Koskinoú-Tor** mit der **Ag.-Ioánnis-Bastion** (Johannes-Bastion). Dahinter folgt der Mauerabschnitt, für den die englischen Ritter zuständig waren.

Beim **Athanassios-Tor** und der **Marienbastion** beginnt der Festungsabschnitt der spanischen Ritter. Auch der folgende Turm, die **spanische Bastion,** gehörte zu ihrem Territorium. Daran anschließend bis zur **Bastion Ag. Geórgios** kämpften die Ritter der Auvergne. Dahinter wiederum bis zur Ecke am Großmeisterpalast verteidigten die deutschen Ritter die Festung. Für die Mauer vom Großmeisterpalast bis hinunter zum **Paulus-**

Spaziergang durch den Burggraben

Tor am Hafen und für den Turm Naillac waren die Franzosen zuständig. Die Verteidigung des Hafens wurde von Rittern aus Kastilien und Aragon übernommen.

Hübsch grün ist vor allem das letzte Stück des Burggrabens zwischen dem Großmeisterpalast und dem Mandráki-Hafen. Hierher zieht es immer zahlreiche Besucher. Beliebt ist der Burggraben am Abend bei Joggern.

Die Neustadt

Als Neustadt wird der Teil von Rhódos-Stadt bezeichnet, der außerhalb der mittelalterlichen Stadtmauer liegt. Ein großer Teil der Neustadt besteht aus Nachkriegsbauten der weniger schönen Sorte. Hier wohnen rund 50.000 Menschen. Die Nordspitze der Insel ist mit großen Hotelanlagen bebaut, so dass fast noch einmal so viele Urlauber hier wohnen können.

Das Zentrum der Neustadt befindet sich um die **Néa Agora,** den Neuen Markt, herum hinter dem **Mandráki-Hafen.** In dieser Gegend liegt die **Einkaufsmeile** der Stadt. Hier finden sich auch zahlreiche **Nachtclubs und Bars.** Der **östliche Stadtstrand,** an den dieses Viertel grenzt, ist sehr beliebt und fast immer knallvoll.

Die Sehenswürdigkeiten der Neustadt werden im folgenden Rundgang beschrieben. Die Ziffern beziehen sich auf den Plan von Rhódos-Stadt.

Rundgang durch die Neustadt

Néa Agora (37)

Unsere Erkundungstour durch die Neustadt beginnt beim **Busbahnhof** an der Platía Rimini. Gleich am Platz trifft man auf die Néa Agora, den **Neuen Markt.** Dieser Block wurde von den Italienern erbaut und bringt das zum Ausdruck, was die Italiener in den 1920er und 30er Jahren unter „orientalisch" verstanden. Die Bebauung läuft um ei-

037rh Foto: vb

nen grünen Innenhof herum, auf dem ein massiver Pavillon steht. Unten im Pavillon sind öffentliche WCs untergebracht, darüber befindet sich der **Fischmarkt.** Am frühen Morgen fahren hier die Fischhändler an und es werden zahlreiche Kisten mit Fisch hin- und hergeschleppt. Dicke Katzen mit schönem Fell schnappen sich die Fischreste. Später liegen sie im Schatten, putzen sich und schnurren die Touristen an. Im Innenhof des Mark-

Im Innenhof der Néa Agora

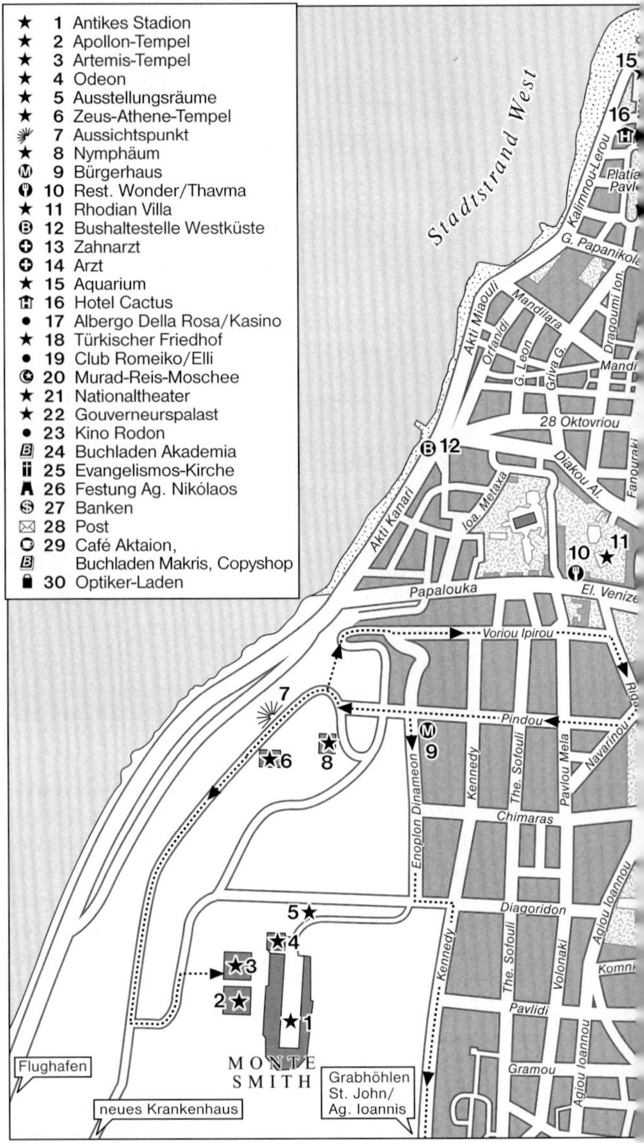
1 Antikes Stadion
2 Apollon-Tempel
3 Artemis-Tempel
4 Odeon
5 Ausstellungsräume
6 Zeus-Athene-Tempel
7 Aussichtspunkt
8 Nymphäum
9 Bürgerhaus
10 Rest. Wonder/Thavma
11 Rhodian Villa
12 Bushaltestelle Westküste
13 Zahnarzt
14 Arzt
15 Aquarium
16 Hotel Cactus
17 Albergo Della Rosa/Kasino
18 Türkischer Friedhof
19 Club Romeiko/Elli
20 Murad-Reis-Moschee
21 Nationaltheater
22 Gouverneurspalast
23 Kino Rodon
24 Buchladen Akademia
25 Evangelismos-Kirche
26 Festung Ag. Nikólaos
27 Banken
28 Post
29 Café Aktaion, Buchladen Makris, Copyshop
30 Optiker-Laden
Stadtstrand West
Kalimnou-Lerou
G. Papanikola
Akti Miaouli
Mandilara
Orfanidi
Dragoumi Ion.
G. Leon
Griva G.
28 Oktovriou
Diakou Al.
Fanouraki
Ioa. Metaxa
Akti Kanari
Papalouka
El. Venize
Voriou Ipirou
Pindou
Navarinou
Enoplon Dinameon
Kennedy
The. Sofouli
Pavlou Mela
Chimaras
Diagoridon
Agiou Ioannou
Volonaki
Komni
Pavlidi
Gramou
Flughafen
neues Krankenhaus
MONTE SMITH
Grabhöhlen St. John/ Ag. Ioannis

Rhódos-Stadt
@ 31 Internetcafé El Divino
32 EOT-Büro, Touristeninfo
• 33 Polizei
• 34 Öffentliches WC
35 Busbahnhof Ostküste
36 Busbahnhof Westküste
★ 37 Néa Agora
38 Stadtbusse
39 Taxis, Touristeninfo
40 Bushaltestelle Ostküste
41 Taxis
42 Kirche San Francesco
• 43 Kino Metropol
44 Rest. To Steki Tou Tsima
45 Taverne To Steno
Stadtstrand Ost
0
500 m
Mandráki-Hafen
Neustadt-Rundgang
Vordere Umschlagklappe
Fußweg
onte Smith
Großmeister-palast
Limenas-Hafen
Akti Sachtouri
ALTSTADT
Zefiros
Markt beim Friedhof Zefiros
G. Papanikolaou
Efstathiou
Ierou Lochou
25 Martiou
Amerikis
Ethelondon
Makariou
Pl. Eleftherias
Plastira
Springs
Papagou
Dimokratias
Filelinon
Vironos
Anargiron
Meg. Konstandinou
Stef. Kazouli
Venetokleon
Kodrigtonos
Xanthou
Kanada
17
18
19
20
21
22
23
25
26
27
28
29
30
32
33
34
35
36
37
38
39
40
41
42
43
44

tes finden sich zahlreiche **Tavernen und Cafenien,** in denen sich oft die Einheimischen niederlassen, wenn sie auf den Bus warten.

Mandráki-Hafen

Nach der Durchquerung des Innenhofs erreicht man den Mandráki-Hafen. An der Vorderseite des Neuen Markts zum Hafen hin liegen vor allem teurere Cafés. Die meisten Gäste hier sind Touristen. Am Durchgang zum Hafen befindet sich ein Zeitungsstand, der fast keinen Leserwunsch unerfüllt lässt. Man überquert nun die Straße und geht am Hafenbecken entlang. Neben der breiten Straße wurde ein kleiner Park angelegt. Am Ufer bieten **Ausflugsboote** ihre Dienste an.

Evangelismos-Kirche (25)

Der Park endet an der schönen Evangelismos-Kirche. Die Basilika wurde 1925 von den Italienern nach alten Plänen errichtet. Das Original, die Johanneskirche beim Großmeisterpalast, in dem die Türken ihr Pulvermagazin hatten, war 1856 explodiert. Dabei wurde die Kirche ganz zerstört und auch der Großmeisterpalast trug schwere Schäden davon. Dass die Italiener die Kirche an einer ganz anderen Stelle wiederaufbauten, ist typisch für ihre Art der Restaurierung der Stadt. Auch einen **Kampanile** bekam die Kirche, der nicht zum historischen Vorbild gehört. Das Gotteshaus wurde von den Italienern katholisch geweiht. Als Rhódos 1948 zu Griechenland kam, weihte man die Kirche sehr schnell um. Seither treffen sich hier orthodoxe Christen.

Das Kircheninnere wurde in den Nachkriegsjahren mit Fresken im byzantinischen Stil ausgemalt. Heute ist sie der **Sitz des Bischofs von Rhódos.** Die Kirche ist bei den Inselbewohnern ein sehr beliebter Ort zum Hochzeiten Feiern.

Gouverneurspalast (22)

An die Kirche schließt sich der Gouverneurspalast an. Auch dieses Gebäude stammt von den Italienern, aber es hat nicht nur ein historisches Vorbild, sondern viele. Von fast allen Stilen ist etwas dabei.

038rh Foto: vb

Die Gebäude auf der gegenüberliegenden Straßenseite sprechen ihre eigene Sprache: Sie entstanden zu Zeiten *Mussolinis*. Hier stehen die herrschaftliche Residenz der **Bank of Greece (27)**, das **Gerichtsgebäude** und das **Nationaltheater (21)**. In diesem finden ab und zu Veranstaltungen statt, aber leider wird das Gebäude recht selten für Theater oder Konzerte genutzt.

Murad-Reis-Moschee (20)

Am oberen Ende des Gouverneurspalastes liegen linker Hand die Murad-Reis-Moschee und der **Türkische Friedhof (18)** mit exotisch anmutenden Grabsteinen. Weiter geradeaus geht man auf ein Gebäude mit der Aufschrift „ΕΛΛΗ" zu. Linker Hand sieht man ein gelbliches Gebäude aus osmanischer Zeit. In der Mauer, die sich daran anschließt, findet sich eine grüne Tür mit der Hausnummer 2. Sie führt in einen Hof, von dem aus man auf den Türkischen Friedhof gelangen kann.

Bischofssitz: die Evangelismos-Kirche

Hier lebt auch eine freundliche türkische Familie. Der ältere Herr lässt Touristen in die Grabkapelle von *Murad Reis* und in die Moschee hinein. Auch Touristinnen werden in diese Moschee eingelassen, dezente Kleidung vorausgesetzt. *Murad Reis* war ein türkischer Admiral, der diese Moschee spendete. Auf dem Friedhof sind zahlreiche türkische Persönlichkeiten begraben, denn Rhódos wurde vom Sultan jahrelang als Verbannungsort für unliebsame Konkurrenz erwählt.

Stadtstrand Ost

Nach diesem Abstecher führt unser Weg weiter auf der Straße entlang auf das Kuppelgebäude zu, in dem sich der Nachtclub Elli befindet. Links hinter dem Gebäude beginnt der östliche Stadtstrand. Er gehört zu den beliebtesten Stränden der Insel.

Kasino (17)

Ein Weg führt hinter dem Strand entlang an der Albergo della Rosa vorbei. Das Gebäude, von den Italienern als **Nobelhotel** errichtet, hat seit seiner Sanierung viel an Charme verloren. Heute befindet sich hier das Playboy Casino. Dahinter erreicht man die Odós Kos, die zum Kap führt.

Aquarium (15)

Vor dem Hotel Cactus (16) beginnt ein Fußweg, der durch eine kleine Grünanlage zum Aquarium führt. Auch dieses Gebäude hinterließen die Italiener auf Rhódos. Es wurde 1934–36 erbaut. In den letzten Jahren wurde immer wieder Kritik am Aquarium laut, denn unter artgerechter Tierhaltung versteht man heute einfach etwas anderes. **Fische, Krebse** und anderes Seegetier sind in sehr kleinen Becken im Keller des Rundbaus zu besichtigen. In einem der oberen Räume sind tote Tiere ausgestellt: Teils in Alkoholgläsern eingelegt, teils schlecht präpariert sind Schildkröten, Haie, Robben und andere Meeresbewohner zu betrachten.

Wer im Meer schnorchelt, sieht meist nicht viel, daher lohnt sich ein Besuch durchaus.

- **Öffnungszeiten:** täglich 9–16.30 Uhr, im Sommer bis 20.30 Uhr, Eintritt 3,50 €, ermäßigt 1,50 €

Denkmal der Frau von Ro

Hinter dem Aquarium kann man am Kiesstrand noch bis zur Nordspitze der Insel weitergehen. Auf dem Rückweg führt unser Weg geradeaus über die Odós Kassou zur **Platía V. Pavlou.** Dort steht ein Denkmal für die „Frau von Ro". Nicht nur griechische Männer, auch griechische Frauen können zu patriotischen Volkshelden werden. Die Bäuerin *Despina Achladioti* war mit ihrem Mann in der Zeit, als die Dodekanes-Inseln italienisch waren, von der kleinen Insel Kastellorizo auf die unbewohnte, noch kleinere **Insel Ro** übergesiedelt. Die beiden züchteten dort Ziegen. Der Bauer verstarb bald und als die Inseln zu Griechenland kamen, versuchte die Türkei alle unbesiedelten Eilande zu ihrem Gebiet zurückzubekommen. Aber Ro war besiedelt. *Despina* hisste täglich die griechische Flagge, und die griechischen Schiffe grüßten sie mit Hornsignal, sehr zum Ärger der Türken.

In den 1960er Jahren wurde die Frau von Ro, wie *Despina* jetzt überall genannt wurde, alt und siedelte nach Kastellorizo über. Sie starb 1982, mit Orden und Ehrungen von der griechischen Regierung bedacht. In Kastellorizo wurde ihr ein Denkmal gesetzt, ebenso wie hier auf Rhódos. Die Türken versuchten, nachdem *Despina* ihre Insel verlassen hatte, Ro immer wieder den Griechen streitig zu machen – bisher ohne Erfolg. Heute leben auf Ro griechische Ziegen und Schafe.

Platía V. Pavlou

Nun geht es weiter über die langgestreckte Platía V. Pavlou und am Ende des Platzes links in die Odós Kastellorizou hinein. Die Gebäude, die sich rechts am Platz aneinander reihen, bauten die Italiener, die auf der linken die Griechen. Leider haben die Dodekanes-Inseln mit der Zugehörigkeit zu Griechenland in baulicher Hinsicht einen Schritt rückwärts getan, wie hier deutlich wird.

Die Straße führt auf eine **alte Windmühle** zu. Auch hier stehen rechts wieder einige alte Gebäude der Italiener, die zwischen griechischer Einheitsarchitektur eingepfercht wurden. Folgt man nun der Odós Papanikolaou nach links an der Vorderseite des Casinos vorbei, erreicht man wieder den Gouverneurspalast.

Hafeneinfahrt

Dieses Mal führt der Weg an der Rückseite des Gouverneurspalastes entlang. Mitten auf dem Platz erhebt sich ein **Denkmal** für „die Toten aus dem Zweiten Weltkrieg, die zur Befreiung der Dodekanes-Inseln beigetragen haben", wie auch auf Deutsch hier zu lesen steht.

Hinter der Evangelismos-Kirche erblickt man die bronzenen Wahrzeichen von Rhódos, „Elafos kai Elafina", **Hirsch und Hirschkuh,** die hier – jeder auf einer Säule stehend – an der Einfahrt zum Mandráki-Hafen die Neuankömmlinge erwarten. Die Hirschkuh – auf der Seeseite der Einfahrt – steht noch nicht so lange, denn die Italiener hatten hier die „römische Wölfin" platziert. Als die Griechen die Insel übernahmen, entfernten sie eiligst die Wölfin. An dieser Stelle soll früher breitbeinig der **Koloss von Rhódos** gestanden haben, was Wissenschaftler aber aus mehreren Gründen in Zweifel ziehen (s. Kapitel „Geschichte").

Die Hirschkuh steht unmittelbar vor der **Festung Ag. Nikólaos (26)** draußen auf dem Pier. Die Festung diente zu Zeiten der Johanniter zur Hafenverteidigung. Sie wurde 1467 erbaut und war bei dem 1480 von den Türken unternommenen Eroberungsversuch heiß umkämpft, bis die Türken schließlich aufgaben. Die Festung wird seit mehreren Jahren renoviert. Ein hübsches Bild geben die **drei alten Windmühlen** auf dem Pier ab. Wenn man weiter am Hafen entlang zurückgeht, erreicht man den Ausgangspunkt der Tour.

- **Öffnungszeiten der Festung:** je nach Stand der Bauarbeiten, keine festen Zeiten, Eintritt frei

Rhodische Villa (11)

Etwas abseits des Rundgangs liegt in einem **schönen Park** die „Rhodian Villa". Sie wurde 1937 als Sitz des italienischen Gouverneurs erbaut und später vom griechischen König als Residenz genutzt. Jetzt ist sie im Besitz der Stadt Rhódos und beherbergt eine **Musikschule** und eine **Bibliothek.** Letztere ist öffentlich zugänglich. Die Villa lohnt trotz des renovierungsbedürftigen Zustands einen Besuch. Der Park ist eine **Oase der Ruhe** mitten in der lebendigen Stadt. Es gibt auch Kinderspielplätze dort. Die Parkeingänge liegen etwas versteckt, die Villa ist nicht markiert. Ein Eingang liegt in der El Venizelou, unterhalb des Restaurants Wonder, mehrere Eingänge liegen in der Al. Diakou, z.B. führt ein Weg neben dem Barockcafé an einem Sportplatz vorbei in den Park.

● **Öffnungszeiten:** Mo–Sa 8.30–13, 17–22 Uhr, Eintritt frei

Die Akropolis auf dem Monte Smith

Die antike Stadt Rhódos, die 408 v. Chr. nach Plänen von *Hippodamos von Milet* errichtet worden ist, muss recht groß gewesen sein. Die Straßen verliefen als Raster, überwiegend rechtwinklig, was für diese Zeit fortschrittlich war.

Im **Bereich der Neustadt** ist die antike Stadt vollflächig überbaut worden und es gibt so gut wie nichts mehr von ihr zu sehen. Die Johanniter, die die **Altstadt** erbauten, beseitigten auch sehr viele Reste der antiken Stadt. Heute sind dort nur noch die spärlichen Überbleibsel eines Aphrodite-Tempels zu finden. Die Johanniter benutzten allerdings die alten Straßen teilweise als Basis für ihre Festung. Die noch heute existierende Ritterstraße wurde während der Antike angelegt. Damals führte sie weiter nach oben auf den Monte Smith. Der obere Teil der alten Straße verlief dort, wo heute die Odós Pindou verläuft.

Auf dem **Monte Smith** im Westen der Stadt sind noch heute die Reste der antiken Akropolis zu bewundern. Man kann vom Zentrum aus zu

Fuß hinauf gehen. Dieser Spaziergang bietet eine herrliche Aussicht auf Rhódos-Stadt. Auch mit dem Bus ist der Hügel erreichbar: Stadtbus Nr. 5 fährt vom Mandráki-Hafen auf den Monte Smith.

Fußweg auf den Monte Smith

Man beginnt den Fußweg am **Tor d'Amboise.** Nach dem Verlassen der Altstadt führt der Weg zunächst über eine Brücke über den Burggraben. Direkt dahinter wählt man den Weg nach links (am Weg, der nach rechts führt, stehen zahlreiche Händlerinnen mit Handarbeiten, vor dem ersten Stand geht es nach links). Nach Überqueren der stark befahrenen Odós Dimokratías geht es die Odós Navarinou entlang. Auf einem Schild sind hier die „Ancient Storehouses" markiert.

Hinter der Odós Riga Fereou liegt rechter Hand das Parkhotel. Wenige Meter dahinter gabelt sich die Straße. Rechts geht es in die **Odós Pindou** hinein und dann immer geradeaus. Hier stehen

039rh Foto: vb

noch einige schöne **Villen aus italienischer Zeit.** Zwischen diesen hübschen alten Häusern nehmen sich leider die üblichen Bauten nach griechischem Geschmack nicht gut aus. Nun überquert man nacheinander die Odós Pavlou Mela, die Odós Sofouli und die Odós Kennedy. Recht weit oben in der Odós Pindou steht ein altes **Bürgerhaus (9)**, das nach Absprache besichtigt werden kann. Dort ist Mobiliar der Stadtbürger aus dem 19. und frühen 20. Jh. ausgestellt.

Sehenswürdigkeiten

In Verlängerung der Odós Pindou führt eine kleine Gasse geradeaus den Hang hinauf. Man erreicht bald eine Straße, auf deren gegenüberliegender Seite etwas hangabwärts das **Nymphäum (8)** aus dem 2. Jh. v. Chr. liegt. Betreten werden kann die Anlage nur in Absprache mit dem Archäologischen Dienst. Aber man kann auch von oben ganz einfach hineinschauen, die Kultkammern sind nach oben offen. Hangabwärts der Straße befindet sich der Eingang in Form einer offenen Vorhalle. Dort kann man in einer Nische noch Farbreste einer originalen Bemalung erkennen. Unter der Straße führt ein Tunnel zum oberhalb der Straße gelegenen **Hauptkultraum.** Auch der ist von oben her einzusehen. Geländer sichern, dennoch ist Vorsicht geboten. Hier befand sich ein **Wasserbecken** in der Mitte, das heute trocken liegt. Vom Nymphäum aus gab es vermutlich eine unterirdische Wasserleitung in die antike Stadt. In den Nischen standen zahlreiche **Statuen,** von denen allerdings nicht viele gefunden wurde. Südlich davon befindet sich ein weiterer rechteckiger Kultraum mit Apsiden an der Stirnseite, den man von oben allerdings nicht gut einsehen kann. Von hier aus besteht eine Verbindung zu einem kleinen Raum, der wohl den Priestern vorbehalten war. Er ist mit Pflanzen überwuchert, und man sollte sich ihm von oben nicht nähern.

Der Apollon-Tempel auf dem Monte Smith

Man folgt der Straße nach rechts den Berg hinauf. Am Straßenrand wurden junge Palmen gepflanzt, aber bis man unter ihnen flanieren kann, gehen wohl noch ein paar Jahre ins Land. Hier oben stehen immer wieder Bänke an der Straße. Der Weg bietet eine herrliche **Aussicht auf die Küste** zwischen Rhódos-Stadt und Kritiká. Links am Straßenrand liegen die spärlichen Reste des **Zeus-Athene-Tempels (6)**.

Schon von Weitem erblickt man vier Säulen. Sie gehören zum dorischen **Apollon-Tempel (2)**, der oben auf dem Monte Smith steht. Hinter dem Tempel führt eine Treppe neben den spärliche Resten des etwas tiefer gelegenen **Artemistempels (3)** nach unten. Hier beginnt rechts ein Trampelpfad, der am alten **Stadion (1)** entlangführt und schließlich an den Treppen der Zuschauerränge endet. Das Stadion stammt aus dem 2. Jh. v. Chr., ist 35 Meter breit und 192 Meter lang. Es wurde von den Italienern restauriert. Heute wird es von Joggern gerne benutzt.

Gleich neben dem Stadion liegt das **Odeon (4)**, ein kleines Theater. Manchmal werden hier oben **antike Dramen** aufgeführt (beim EOT-Büro erhält man Informationen). Das Odeon ist ein rechtwinkliger Bau und fasst gerade mal 800 Leute, was als Theaterbau für eine antike Stadt von der Größe des alten Rhódos wenig ist. Wissenschaftler vermuten daher, dass es früher als **Diskussionsforum** und nicht als Theater genutzt worden ist. Vielleicht befand sich hier auch im 1. Jh. v. Chr. die **Rhetorikschule** von Rhódos, die alle wichtigen Römer von *Cicero* bis *Cäsar* besuchten. Ein Schüler dieser Schule wurde der Stadt allerdings zum Verhängnis: *Cassius,* der hier längere Zeit verbrachte, studierte nicht nur Rhetorik, sondern auch die Stadt selbst, so dass er sie später mühelos erobern konnte. Das Odeon wurde wie das Stadion von den Italienern restauriert.

Unterhalb der Straße ist unweit des Odeons eine kostenlose **Ausstellung** über den Monte Smith untergebracht. Es wird auf Griechisch und Englisch über die Nutzung des Geländes als Schule und über den Sport in der Antike informiert.

Abstecher zu den Grabanlagen St. John's

Wer noch nicht genug gesehen hat, kann von hier aus noch einen Abstecher zur sehr interessanten **Totenstadt** St. John's Grave/Ag. Ioannis machen. Man folgt der Straße, unter der sich die Ausstellungsräume befinden, abwärts und biegt dann nach rechts in die Odós Kennedy ein. Dieser folgt man bis zu ihrem Ende. Sie mündet in die Odós Parthenopis. Hier geht man nach links und erreicht eine kleine Kreuzung. Man wendet sich hier nach rechts und erreicht nach wenigen Metern in der Odós Tsaldari den Eingang zu den alten Grabhöhlen. Man kann diese auch mit dem Stadtbus Nr. 6 erreichen, der zum Krankenhaus hoch fährt.

Ein Teil der Grabanlage ist nur für Fachbesucher nach Konsultation des Archäologischen Dienstes möglich. Ausgestellt sind Kopien der Funde, die man hier in den Gräbern gemacht hat. Die Originale werden bald im Archäologischen Museum zu sehen sein. Die Grabungen waren zum Zeitpunkt der Recherche noch nicht abgeschlossen. Auf Schrifttafeln, die allerdings unter der Feuchtigkeit der Höhlen leiden, wird auf Englisch und Griechisch erläutert, was da so zum Vorschein kam. Die Grabkammern wurden im 19. Jh. entdeckt, sie werden auf die späte hellenistische und römische Zeit datiert. Es wurden hier u.a. zahlreiche Skelette mit Goldmünzen im Mund gefunden. Während der Ritterzeit diente diese Ecke als Steinbruch für Baumaterial, daher wurden zahlreiche Gräber in dieser Zeit zerstört. Die Funde belegen alte Handelsbeziehungen zwischen Rhódos, Zypern und Marsala (Italien). Auch gut erhaltene Grabplatten aus dem 3.–2. Jh. v. Chr. wurden gefunden. Wichtigen Personen wurden Opfertiere mit beigesetzt, die teilweise auf den Platten abgebildet sind.

● **Öffnungszeiten** Grabhöhlen Ag. Ioannis Di–So 8.30–14.30 Uhr, Eintritt frei

Rückweg Man geht von den Gräbern zurück zur Kreuzung, folgt der Odós Parthenopis links hoch, zweigt bei der ersten Möglichkeit nach rechts in die Odós Kennedy ein, biegt in die Odós Diagoridon links ein und geht zurück zur Einfahrt zum Stadion.

Wer den oben genannten Abstecher nicht machen möchte und direkt vom Stadion her kommt, trifft genau hier auf die Straße. Auf der gegenüberliegenden Straßenseite, unterhalb des kleinen Parkplatzes, beginnt die Odós Dynaneon. Sie endet bald und geht in einen Fußweg über, der zwischen Ruinen hellenistischer Häuser entlang führt und bald wieder in eine Straße übergeht. Dann kreuzt die Odós Pindou, der man nach links hoch folgt. Kurz darauf trifft man auf eine breite Querstraße, die man überquert, dem Fußweg geradeaus folgt und unweit des Nymphäums wieder auf die Straße trifft, der man nach rechts hoch folgt. In der nun folgenden scharfen Kurve zweigt ein Fußweg nach rechts abwärts ab. Er trifft in der Kurve auf die Odós Voriou Ipirou. Diese geht man nun geradeaus abwärts weiter. Sie ist stärker befahren, der Verkehr biegt aber bald schon links ab. Der Rückweg führt nun geradeaus in die kleine Straße hinein, die auf die Odós Riga Fereou mündet. Geht man hier nach rechts, kommt man am **Sitz des Bischofs** der Insel vorbei (linker Hand). Hinter der Villa links in die Odós Navarinou abbiegend, geht man geradewegs auf das **Tor d'Amboise** zu, den Ausgangspunkt des Spaziergangs.

Das Rodini-Tal

Das Rodini-Tal ist eine weitläufige **Parkanlage** in den südöstlichen Randgebieten von Rhódos-Stadt und ein beliebtes Ausflugsziel. Am Wochenende trifft man hier zahlreiche griechische Familien. Touristen sind eher in der Minderheit. Mit Stadtbus Nr. 3 erreicht man das Rodini-Tal.

Hat man die hässlichen Betonbauten der Vorstädte hinter sich gelassen, findet man sich in dem tief eingeschnitten Tal in einer anderen Welt wieder. Wenn nicht gerade das alljährliche Weinfest die Ruhe stört, ist das Rodini-Tal eine kühle, stille Oase. In der Antike befand sich hier die **Totenstadt** von Rhódos. Den Park durchziehen Pfade mit Holzgeländerchen und ein Bach, über den eine von den Italienern angelegte Brücke führt.

040rh Foto: vb

Ende August findet im Rodini-Tal das **Weinfest** statt, das trinkfeste Urlauber in Massen zu schätzen wissen. Das Fest hat unangenehme Nebeneffekte auf den Verkehr ringsum, denn viele der Weinfestbesucher setzen sich stark angeheitert ans Steuer.

Rundgang

Man beginnt den Rundgang an der baulich wenig gelungenen **Gaststätte,** die gleich neben der Straße am linken Talrand steht. Davor finden sich unter Bäumen **Wasserbassins** mit Springbrunnen und Parkbänke. Einige Pfauen hüpfen von Bank zu Bank, meist auf der Suche nach Keksresten.

Kurz dahinter erblickt man ein kleines **Aquädukt,** das quer über das Tal hinweg führt. Ein Fußpfad verläuft an der linken Talseite entlang; von ihm zweigen immer wieder Pfade auf die andere Seite ab. Man bleibt auf der linken Talseite, bis der Weg aus dem Tal hinausführt.

Erholung vom städtischen Trubel im Rodini-Tal

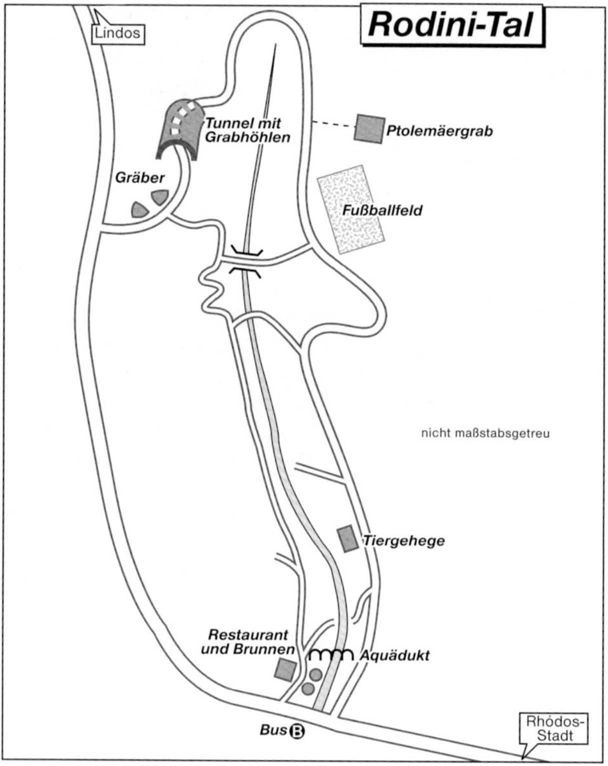

Es geht nun nach halblinks den Berg hinauf bis zu einer kleinen Asphaltstraße, der man nach rechts folgt. Neben der Straße liegen alte **Grabkammern.** In dieser Gegend befand sich in der Antike die **Totenstadt.** Zahlreiche alte Gräber finden sich heute noch unterhalb des Tales entlang der Küstenstraße.

Die kleine Straße führt dann durch einen **Tunnel** unter der Hauptstraße hindurch. Auch hier liegen alte Grabkammern. Kurz vor dem Ende des Tunnels befindet sich rechts eine Kammer mit einem Tisch und einer Rundbank, wo vermutlich früher Kulthandlungen abgehalten wurden.

Die Straße führt wieder zurück ins Tal auf die andere Seite hinüber. Hier zweigt links ein Pfad zum **Ptolemäergrab** ab. Die Rhodier pflegten Handelsbeziehungen zu den Ptolemäern, die nach dem Tod *Alexander des Großen* das Diadochenreich in Ägypten regierten (s. „Geschichte"). Ob hier jedoch Ptolemäer begraben sind, ist fraglich.

Der Weg führt weiter an der Straße entlang. An einem Fußballfeld (auf der linken Seite) zweigt unter Pinien am rechten Straßenrand ein schmaler Pfad ab. Er führt ins Tal hinunter über eine kleine Steinbrücke, dahinter geht es links weiter. Bald schon zweigt erneut ein Pfad links ab und führt durch das Bachbett, das hier relativ wasserarm ist. Folgt man diesem Pfad, gelangt man am Hang entlang wieder zu der kleinen Straße am Talrand. Diese windet sich schließlich nach rechts das Tal hinunter an einem **Tiergehege** vorbei, und bald schon erreicht man wieder die Hauptstraße.

STRÄNDE

Stadtstrand Zefiros

Der Stadtstrand liegt mitten in der Stadt unweit des Frachthafens, oberhalb befinden sich Häuser und ein Friedhof. Boote liegen vor Anker. In der HS gut besucht, in der NS relativ ruhig. 100 m lang und 40 m breit, Sand, kein Seegras, teils Felsen im Wasser, steiler abfallend, sonnig. Der Strand ist leider teilweise durch Baumaßnahmen zerstört; was sich daraus entwickelt, bleibt abzuwarten.

- **Service:** Dusche, WC in der Taverne, Telefon, Strand wird gesäubert, Liegen und Schirme, Tretboote, Basketballfeld hinter dem Strand
- **Anfahrt:** Zu erreichen per Bus; die Straße führt hinter dem Strand entlang, wenig Parkmöglichkeiten

041rh Foto: vb

Stadtstrand Ost

Der östliche Stadtstrand reicht bis an die Nordspitze. Er liegt vor dem Kasino, dem Aquarium und einigen Hotels. Tavernen finden sich nah in der Neustadt. Auch in der NS voll. 800 m lang, 30 m breit, Sand mit Kies, sonnig, kein Seegras, keine Felsen, steiler abfallend, Sprungturm im Wasser.

- **Service:** Dusche, WC, Umkleidehaus, Telefon, Strand wird gesäubert, viele Kioske, Schirme und Liegen, Tretboote, Wasserski, Ring, Crazy Banana, Paragliding, Ausflüge mit einem Glasbodenboot nach Kallithéa
- **Anfahrt:** Am besten zu Fuß vom Busbahnhof aus zu erreichen; kaum Parkmöglichkeiten. Die Straße führt hinter dem Strand entlang, von dort geht es über Treppen hinunter.

Stadtstrand West

Westlich der Nordspitze an einer Straße gelegen, dahinter große Hotelbauten. In der HS voll, in der NS gut besucht. 1–2 km lang, 30–40 m breit, Kies, sauberes Wasser, viel Wind, im Wasser teils Felsen, kein Seegras, steiler abfallend, sonnig.

Die Stadtstrände sind fast immer überfüllt

- **Service:** Dusche, WC, Umkleidehaus, Telefon, Strand wird gesäubert, Kioske, Liegen und Schirme, Bootsanlegesteg
- **Anfahrt:** Zu erreichen per Bus; wenig Parkmöglichkeiten

Am Ende des Strands führen Fußpfade um die Felsen herum, dort liegen mehrere kleine **Kiesbuchten** unterhalb der Straße. Oben wachsen Agaven. Sonnig, Felsen im Wasser, steil abfallend, mit hoher Brandung. Eine schöne Ecke, gut besucht, aber etwas ruhiger als vorne. Keine touristischen Einrichtungen, auch keine Strandsäuberung. Der Weg ist besonders schön während des Sonnenuntergangs.

Kritiká

Direkt an der Straße zwischen Rhódos-Stadt und Triánda. Hinter dem Strand kleine Palmen an der Straße, dahinter liegen kleine Wohnhäuser vor mit Büschen bewachsenen, steilen Hängen. Sehr langer Kiesstrand, 10–20 m breit, klares Wasser, steil abfallend, kein Seegras und keine Felsen, relativ ruhig, sonnig.

- **Service:** Dusche, Telefon, keine Strandsäuberung, keine touristischen Einrichtungen
- **Anfahrt:** Per Bus zu erreichen; Parkmöglichkeiten vorhanden

AUSFLUGSTOUREN

In den Reisebüros und am Hafen werden zahlreiche Ausflüge angeboten. Informationen erhält man im EOT-Büro. Es werden z.B. für den Abend organisierte **Nachttouren** durch die Clubs von Faliráki, Moonlight-Bootstrips rund um Rhódos-Stadt oder Busausflüge zur Weinprobe nach Embonas angeboten. Tagsüber gibt es **Stadtführungen** durch die Altstadt mit Besuch des Großmeisterpalastes oder des Archäologischen Museums und **Busfahrten** zu den Hauptattraktionen der Insel, z.B. zum Kloster Filérimos, ins Petaloúdes-Tal, nach Altkámiros, zur Festung Monólithos, auf den Profítis Ilías oder zu den Eptá Pigés.

Auch kann man zahlreiche **Bootstouren,** z.B. nach Kallithéa Thérme, an der Küste entlang bis nach Líndos, nach Marmaris in die Türkei, auf die Nachbarinsel Sými oder einen Tagesausflug nach Kos buchen. Dabei sind die Preisunterschiede der einzelnen Anbieter groß. Man sollte die Angebote am Hafen mit denen der Reisebüros vergleichen.

Bootsausflug zur Insel Sými

Ein Besuch der kleinen Insel Sými lohnt sich auf jeden Fall. Wer die Insel richtig kennen lernen will, sollte mehrere Tage dort verbringen. Man kann über einen Tagesausflug immerhin einen ersten Eindruck bekommen. Die Bootsausflüge kosten rund 15 €. Das erste Ziel ist meist das **Kloster Panormítis.** Dort wird rund 40 Minuten Pause gemacht, in denen man das Kloster besichtigen kann. Danach fährt das Boot weiter und legt im Hafen von **Sými-Stadt** an. Dort hat man dann meist zwei bis drei Stunden Zeit. Manche Bootsausflüge sind mit einer Führung verbunden, bei anderen hat man die Möglichkeit, den Ort selbst zu erkunden (s. auch Kapitel „Sými").

Bootsausflug nach Marmaris/Türkei

Ein Ausflug nach Marmaris sei denjenigen empfohlen, die gerne einkaufen und bummeln gehen. Die Tour macht ein wenig den Eindruck einer „Butterfahrt". Per Boot geht es zum Hafen von Marmaris. Dort holen Busse die Ausflügler ab. Die Fahrt führt zunächst zu einem **Aussichtspunkt** und danach geht's zu einer Schmuckfabrik, zu einem Teppichhändler, in ein Ledergeschäft, auf den Bazar ...

Am Ende hat man noch zwei Stunden Zeit zur freien Verfügung, die die meisten Urlauber für weitere Einkäufe nutzen. Dann holt der Bus die Gruppe an einem vereinbarten Treffpunkt ab und fährt wieder zum Hafen. Wer Badesachen dabei hat, kann sich in der freien Zeit an den übervollen **Strand** von Marmaris legen.

Einen Blick ist der **Hafen** wert - Bootsliebhaber bekommen hier etwas zu sehen. Während im Mandráki-Hafen von Rhódos meist ganz normale Jachten liegen, dümpeln in Marmaris wunderschöne, große Motorboote und Segelboote aus Holz, meist liebevoll gepflegt.

Der **Altstadtkern** mit Burg direkt hinter dem Hafen ist zwar klein, aber recht nett. Das Kástro und das Museum sind montags geschlossen.

Der Preis, der für einen solchen Ausflug verlangt wird, ist hoch: 40 € pro Person.

Ausflüge per Mietfahrzeug

Für einen Ausflug auf eigene Faust per Mietwagen von Rhódos-Stadt aus bieten sich viele Möglichkeiten. Man bedenke aber die Entfernungen. Orte, die südlich von Embonas, dem Profítis Ilías oder Líndos liegen, sollte man bei einer ersten Erkundungstour nicht ansteuern. Man unterschätzt die Entfernungen auf Rhódos leicht.

Praktische Tipps

Information

- **EOT Rhódos,** Ecke Odós Makariou/Odós Papagou unweit des Busbahnhofs, Tel. 22410-23255, 21921, 20245, Fax 26955, eotrodos@otenet.gr. Geöffnet Mo–Fr 8–14 Uhr. In der Touristen-Information spricht man Deutsch, und es gibt kostenlos Infomaterial wie Stadtplan, Bus- und Schiffsfahrpläne sowie Unterkunftsverzeichnis. Man informiert über Öffnungszeiten und Preise von Museen, Taxis etc.
- **Städtisches Informationsbüro,** Zweigstelle des EOT-Büros am Rimini-Platz, Tel. 22410-35945. Geöffnet täglich, Juni-September, 8–21 Uhr. Auch hier spricht man Deutsch, und es gibt vieles kostenlos.

042rh Foto: vb

Verkehrsverbindungen

Busse

In der Stadtregion um Rhódos ist der Transport kein Problem. Zahlreiche Busse fahren in die Vorstädte. Die Fernbusse werden unterteilt: Diejenigen zur Ostküste, also z.B. nach Líndos, fahren vom **Busbahnhof Platía Rimini** ab. Die Busse zur Westküste, also z.B. zum Flughafen nach Paradísi, fahren in der **Odós Averof** ab, rund 50 m vom anderen Busbahnhof entfernt. Beide Busbahnhöfe befinden sich hinter der Néa Agora.

Die **Stadtbusse** fahren am Mandráki-Hafen ab. Linie 3 fährt zum Rodini-Tal, Linie 5 zum Monte Smith und nach Ag. Ioánnis, Linie 6 zum Krankenhaus und zu den Grabhöhlen Ag. Ioannis.

Der **Busfahrplan** hängt aus, Kopien werden kostenlos vom EOT-Büro verteilt. In der NS ändert sich der Fahrplan. Man frage am besten an einem der Fernbusbahnhöfe, ob der ausgehändigte Plan aktuell ist. An jedem der beiden Busbahnhöfe gibt es einen Schalter, der den ganzen Tag über besetzt ist. Die Damen und Herren sprechen meist Englisch, teilweise auch Deutsch.

Blick von der Stadtmauer ins türkische Viertel

Taxis

Der große **Taxistand** befindet sich am Mandráki-Hafen neben der Néa Agora, Tel. 22410-27666. Der EOT gibt eine Liste mit Taxipreisen heraus. Manche Taxifahrer verlangen von Neuankömmlingen am Flughafen einen zu hohen Preis. Sie können dies dem EOT melden, benötigen dafür aber die Zulassungsnummer des Taxis. Sie können ein Taxi telefonisch rufen unter: 22410-68701 oder 68702. Das Radio Taxi erreicht man unter 64712, 64734 oder 64778.

Mietfahrzeuge

Mietfahrzeuge werden vor allem in der Neustadt angeboten. **Mofaverleiher** finden sich vor allem in der Odós Oktovriou und Odós Alexandrou Diakou. Hier werden Autos, Motorräder und Mofas vermietet. **Tankstellen** gibt es genügend in der Stadt. Im Zentrum der Neustadt werden teilweise **Parkgebühren** verlangt. Politessen halten Ausschau nach Parksündern.

Die **Altstadt** ist für den Verkehr **gesperrt.** Derzeit werden nur die Fahrzeuge der ständigen Bewohner eingelassen. Mietfahrzeugen und auch Taxis ist die Zufahrt verwehrt. Aber auch so ist der Verkehr in den schmalen Gassen der Altstadt im türkischen Viertel noch viel zu stark.

Unterkunft

Altstadt

Der Standard der Hotels und Pensionen der Altstadt ist einfach. Das Preisniveau liegt aber ziemlich hoch. Vor allem während der HS wird recht viel verlangt und nicht allzu viel geboten. Trotzdem sind fast alle Pensionen zwischen Juni und September belegt.

- **Pension Nikis,** Odós Sofokleous 39, Tel. 22410-25115, www.nikishotel.gr. Einfache, saubere, teilweise kleine DZ mit Bad, teils AC, teils Ventilator, Kühlschrank; sehr schöne Gemeinschafts-Dachterrasse mit herrlicher Aussicht über die Stadt, *Michaelis* spricht gut Englisch, DZ 30–55 € ohne Frühstück
- **Pension Sofía,** Odós Aristofanous 27, Tel. 22410-30990, Fax 36181. Einfache DZ mit Bad, Gemeinschaftsterrasse, sauber, viele Stammgäste, AC, Kühlschrank, TV, DZ ohne Frühstück 25–35 €
- **Pension Delasera,** Odós Thiseos 38, unten beim Hafen im Judenviertel, wurde vom Hotel Cava d'Oro übernommen und renoviert und ist auch über das Hotel zu buchen (s.u.). Altes Haus, ruhig gelegen, gepflegt, mit vielen Blumen. DZ mit Bad, meist mit Balkon 50–65 € mit Frühstück im Cava d'Oro
- **Pension Minós,** Odós Omirou, Tel. 22410-31813, Fax 28360, minospns@otenet.gr, www.minospension.com. Sehr schöne Lage, Café auf der Dachterrasse mit herrlicher Aussicht über die Stadt, unten kleiner, schattiger Hof mit Zitrusbäumen, einfache, saubere DZ und Dreibettzimmer,

teils mit schönem Blick aber laut, teils mit sehr bescheidenem Blick, dort aber leiser. Im OG ist es im Sommer recht warm. Preise zwischen 45 und 90 € pro Zimmer ohne Frühstück, Frühstück 6 €; Einzelreisenden wird nur sehr wenig Rabatt eingeräumt.

● **Pension Eleni,** Odós Dimosthenous, Tel. 22410-73282 oder 36690 oder 29148, unweit vom Hafen. Sehr beliebt, sauber, einfache DZ mit Bad ohne Frühstück 35–55 €, Kaffee gibt's gratis.

● **Hotel Isole,** Odós Efdoxou 75, Tel. 22410-20682, 33684, Handy 6937580814, hotelisole@hotmail.com, www.hotelisole.com. Altstadthaus mit zentral gelegenem Aufenthaltsraum, alles in Griechischblau gehalten, nette Holländerin, einfache DZ mit Frühstück 30–55 €

● **Hotel La Luna,** Odós Orfeou, Ierokleous 21, Tel./Fax 22410-25856 oder 25023, styrou@infotec.gr. Altes, schönes Haus mit antiker Einrichtung, knarrende Fußböden, ein Hamam mit Kuppel als Gemeinschaftsbad, großer hübscher Innenhof, ruhig gelegen, sehr beliebt. Besitzer ist ein deutsch-griechisches Ehepaar. Ohne Frühstück, DZ 25–30 €, EZ 15–20 €, Frühstück 5 € pro Person

● **Pension Pink Elefant,** Odós Irodotou 42, Tel./Fax 22410-22469, www.pinkelephantpension.com. Gepflegte, sehr unterschiedliche DZ mit Bad, die Zimmer am Eingangsbereich sind eng und laut, angenehmer sind die hinten im Hof; Garten, sehr beliebt. DZ 25–50 €, EZ 22–32 €

● **Pension Via-Via,** Odós Pythagoras 45, Tel./Fax 22410-77027, viavia@rho.forthnet.gr. Hübsch eingerichtete sehr unterschiedliche DZ und Dreibettzimmer, schöne Dachterrasse mit Oleanderbüschen und Aussicht auf eine Moschee, nette belgische Besitzerin, DZ 55–90 €, Preise siehe www.hotel-via-via.com

● **Hotel Andreas,** Odós Omirou 28d, Tel. 22410-34156, Fax 74285, andreasch@otenet.gr, www.hotelandreas.com. Sehr schöne Lage, schöne Aussicht. Die Zimmer sind sehr unterschiedlich, teils sehr klein, die Wände sind leider recht dünn, Gemeinschaftsbäder, DZ ohne Frühstück 40–60 €, ein Zimmer oben im Turm mit Bad 95–105 €, EZ 30–40 €, Frühstück 6 € pro Person, sehr beliebt, Frühstücksbar auf der Gemeinschaftsterrasse. Zimmervermietung auch im Winter möglich

● **Hotel Cava d'Oro,** Odós Kistiniou 15, Tel. 22410-36980, Fax 77332, hotel@cavadoro.com, www.cavadoro.com, unweit des Hafens. Sehr beliebt und oft voll, netter Innenhof, von deutsch-griechischem Ehepaar betrieben. Kleine, schön eingerichtete DZ mit Bad, AC, TV, Safe, mit Frühstück 60–75 €, EZ 50–60 €

● **Ferienwohnungen** werden in Rhódos-Stadt nur wenige angeboten. Sehr schöne findet man unter **www.rhodes4u.com** im Internet, rechtzeitige Buchung ist ratsam. Diese Wohnungen kann man auch im Winter mieten.

Neustadt

In der Neustadt liegen zahlreiche größere Hotels, die meist über Pauschalanbieter gebucht werden. Die meisten dieser Anlagen liegen im Standard höher, sind mit Klimaanlage ausgerüstet, aber auch teurer. In der Neustadt findet das Nachtleben von Rhódos statt, und in manchen Unterkünften ist es daher nachts laut. Ein Hotel hat uns wegen seiner Lage beeindruckt:

●**Hotel Cactus,** Odós Kos 14, Tel. 22410-26100, 26088 oder 22219, Fax 23376, manager@cactus-hotel.gr, von Mai bis Oktober geöffnet. Das siebenstöckige Hotel liegt direkt am Stadtstrand von Rhódos, ganz vorn an der Nordspitze am Aquarium. Es bietet 177 Zimmer mit Bad, Telefon, Fernseher und Kühlschrank. Die meisten haben einen sehr schönen Meerblick, außerdem gibt's einen Swimmingpool. Einige Zimmer sollen sich auch für Rollstuhlfahrer eignen. Mit Frühstück, AC nur Juni bis September, DZ 40–90 €, EZ 32–76 €

Essen und Trinken

Altstadt

●**Bistrot l'Auberge,** Praxitelous 21, Tel. 22410-34292, geöffnet ab 19.30 Uhr. Das Bistrot liegt etwas versteckt: bei der Windmühle an der Kreuzung Odós Omirou und Odós Pythagoras zweigt neben dem kleinen Supermarkt die Odós Klisthenous ab. Sie macht eine Kurve, dann zweigt eine Gasse links ab. Von dieser Gasse geht wenige Meter weiter die Odós Praxitelous links ab. Sehr gute französische Küche und sehr gute Weine. *Danièle* und *Jean Grelaud* haben im türkischen Viertel ein altes Haus liebevoll restauriert. Man sitzt ruhig in einem sehr schönen Innenhof. Das Essen ist seinen Preis wert.

●**Mandala,** Odós Sofokleous 38, Tel. 22410-38119. Netter Hof, die Bar und die Küche sind im Freien. Preise ok.

●**Nireas,** Odós Sofokleous 22, Tel. 22410-21703. Gutes Fischrestaurant, guter Service

●**Restaurant Myrovolos,** Odós Lachitos 13, die von der Ritterstraße abzweigt, Tel. 22410-38693. In einem schönen alten Haus im OG, sehr gute, griechische Küche, hierher kommen die Rhodier selbst, Touristen sind eher in der Minderzahl, sehr zu empfehlen, Preise gehoben, aber für das, was geboten wird, ok.

●**Café-Bar Marco Polo,** Odós Ag. Fanouriou 40–42. Sehr schön restauriertes Haus mit herrlichem Garten (alter Brunnen und Bananenstauden), eine Ruheoase. Netter Kellner, Kleinigkeiten zu Essen, Kuchen, Preise gehoben. Auch am Abend ist es hier recht gemütlich.

●**Cafenion der alten Männer,** Odós Sokratous 76. Cafenion mit alter Einrichtung, Mosaikfußboden und alten Musikinstrumenten an den Wänden. Es diente bereits als Filmkulisse.

Neustadt

- **To Steno,** Odós Ag. Anargrion 29, unweit des Athanassios-Tors. Man sitzt in einem Hof zwischen Betonneubauten. Hierher gehen viele Einheimische. Ein Stück ursprüngliches Griechenland, klein und sehr beliebt. Sehr gute typisch griechische Speisen, die Preise sind angemessen.
- **To Steki tou Tsima,** Odós Peloponnisou 22, Tel. 22410-74390, unweit vom Kino Metropol in einer ruhigen Straße. Eines der besten Fischrestaurants der Stadt, der Fisch und die Meeresfrüchte sind frisch und von sehr guter Qualität, die Preise höher. Hierher kommen viele griechische Gäste, oft sind alle Tische belegt. Eine der Tavernen, die ursprünglich geblieben ist. Besonders gut schmeckte der Fischsalat.
- **Restaurant Wonder/θαυμα,** Odós El. Venizelou 16-18, Tel. 22410-39805. Sehr schönes altes Haus mit Gartenterrasse, stilvoll eingerichtet. Sehr gute internationale Küche, guter Service, hohe Preise.
- **Café Aktaion** am Mandráki-Hafen hinter der Néa Agora in Richtung Evangelismos-Kirche. Terrasse mit schattigen Bäumen, viele griechische Gäste. Hier lesen üblicherweise die Herren Zeitung, die Frauen passen auf die Kinder auf, denn dahinter liegt ein kleiner Spielplatz. Preise hoch.

Nachtleben und Unterhaltung

Abends und nachts bietet Rhódos-Stadt mehr als genug Unterhaltung – zur Freude der einen, aber auch zum Leid der anderen. Ruhige Nächte kann man in Rhódos-Stadt nicht überall verbringen. **Informationen** darüber, was wann wo geboten wird, gibt's beim **EOT.** Hier erhält man auch das Kinoprogramm und Informationen über Theateraufführungen (meist antike Dramen).

- **Musik:** Häufig werden Abende mit griechischer Musik angeboten (EOT informiert). Klassische Musik und Jazz sind eher Mangelware.
- **Volkstanztheater,** Odós Andronikou 7, Tel. 22410-20157 oder 29085. Sehr beliebt, Karten sollte man rechtzeitig besorgen. Vorstellungen finden Mo, Mi und Fr je nach Jahreszeit ab 21 Uhr statt. Geöffnet Juni bis Oktober. Eintritt ca. 12 €
- **Kasino:** in der Albergo della Rosa am Strand in der Neustadt
- **Bouzoukia** (griechische Tanzlokale): Café Chantant, Odós Aristotelous 42, Altstadt; Club Romeiko (ehemals Elli), am Mandráki-Hafen hinter dem türkischen Friedhof; Melody Club, Odós Riga Fereou 12; Synodos, am unteren Ende der Sokratous; Risalto, Ecke Platanos/Eurifidou
- **Diskotheken, Clubs, Bars, Cafés:** in der Odós Orfanidi in der Neustadt. Nähere Informationen erhält man über das Büro des EOT. Auch Taxifahrer beraten gerne ihre Kunden auf der Suche nach bestimmten Bars. Ein angenehmes

043rh Foto: vb

Café für den Abend ist das **Besara,** Odós Sofokleous 11–13, Tel. 22410-30363. Eine Bar mit schöner Aussicht ist die unweit der Ibrahim-Pascha-Moschee gelegene **Ionos Bar,** Odós Platonos 18.

Einkaufen

In Rhódos-Stadt bekommt man alles, was man braucht. Während sich in der Altstadt vor allem Läden mit Souvenirs, Schmuck, Leder und Pelzen niedergelassen haben, kann man in der Neustadt Waren für den täglichen Bedarf und Kleidung kaufen. Eines haben aber alle Geschäfte der Stadt gemeinsam: Sie sind **teuer.**

Ikonen als Souvenir

Einen Bummel durch die Läden von Rhódos-Stadt sollte man in der Neustadt an der Néa Agora beginnen. In den Straßen um die Platía Kiprou herum finden sich z.B. viele **Geschäfte mit Kleidung, Fotoläden** und **Optiker.** Auch die großen Ketten sind hier vertreten.

Souvenirgeschäfte haben sich vor allem in den lebendigen Gassen der Altstadt niedergelassen. Viele **Pelz-, Leder- und Schmuckgeschäfte** sind hier in der Vergangenheit aufgrund von Steuervergünstigungen eröffnet worden. Früher konnten sie günstige Angebote machen, inzwischen liegen aber die Preise recht hoch. In der Türkei kann man beispielsweise viel preiswerter einkaufen (s. „Ausflugstouren: Bootsfahrt nach Marmaris"). Ein Ort für Schnäppchenjäger ist Rhódos jedenfalls nicht mehr.

- **Kunst:** Marco Polo Gallery, Odós Fanouriou 76; schöne Aquarelle. Hartofilis, Odós Sokratous. Handgemalte Ikonen, die beim Zoll keine Probleme machen, da sie neu sind.
- **Spirituosen:** Cellar of the Knights, Platía Ippokratous und The Cellar beim Archäologischen Museum. Lohnend ist auch ein Abstecher in den kleinen Laden Nikólaos, Odós Pythagoras. Hier wird der Schnaps teilweise selbst gebrannt.
- **Teppiche:** Gallery, Odós Ippodamou; geknüpfte und gewebte Teppiche
- **Kopien von antiken Skulpturen** werden neben dem Archäologischen Museum angeboten.

Nützliche Adressen

Medizinische Versorgung

- **Notruf erste Hilfe:** Tel. 22410-80000
- **Apotheken:** In Rhódos-Stadt sind manche Apotheken rund um die Uhr geöffnet. Es gibt Nacht- und Sonntagsdienst. Welche geöffnet ist, steht bei den meisten Apotheken an der Tür.
- **Ärzte:** Wer einen Arzt sucht, kann sich auch an das EOT-Büro wenden, das hilft gerne weiter. Dort empfiehlt man u.a. den Zahnarzt *K. Ioannou,* Tel. 22410-26775, und den praktische Arzt *K. Michalakis* in der Odós Oktovriou.
- Das neue **Krankenhaus** findet man am Stadtrand, gut 5 km außerhalb, oberhalb von Triánda, Tel. 22410-80000

Polizei

- **Polizei-Notruf:** Tel. 100. Die **Touristenpolizei** sitzt im gleichen Gebäude wie das EOT-Büro und ist telefonisch zu erreichen unter 22410-27423 oder 23329. Dort sprechen einige Polizisten auch Deutsch.

Geld

- Man findet sowohl in der Altstadt (beim Archäologischen Museum) als auch in der Neustadt **Banken,** häufig mit Geldautomaten. Am Mandráki-Hafen befindet sich die Bank of Greece, an der Platía Kiprou die National Bank, dort auch Automat. Außerdem bieten zahlreiche **Wechsel-**

stuben und Reisebüros ihre Dienste an, aber dabei wird natürlich eine höhere Provision fällig.

Wäschereien

Preisgünstige, gute Wäschereien gibt es in der Stadt mehrere:

- **In der Altstadt:** Laundromat, Odós Platanos 33, Tel. 22410-76047.
- **In der Neustadt:** unweit vom Busbahnhof Westküste liegt in der Fußgängerzone das Wash House Star, Tel. 22410-32007. Waschen und Trocknen in zwei Stunden täglich, auch sonntags, außer an Feiertagen, 7.30–23.30 Uhr und wenige Meter weiter: *Express Laundry*, Tel. 22410-22514, auch hier ist die Wäsche nach 2 Stunden fertig, geöffnet täglich 8–23 Uhr.

Internetcafés

In der Altstadt:

- **Mango-Bar,** Platía Dorieos 3, Tel. 22410-36957, karelas@hotmail.com, geöffnet während der Saison täglich 10–23 Uhr
- **Cosmonet Internetcafé,** Platía Martyrou Evreou 45 B, Tel. 22410-36951, cosmonet@aias.gr, cosmonet69@hotmail.com

In der Neustadt:

- Die preisgünstigste Variante, ins Internet zu gelangen, ist die im OG des Cafés **El Divino.** Man findet dieses bei der griechischen Jugend sehr beliebte Café an der Ecke Odós Diakou/Odós Fanouraki, an den Stadtpark angrenzend. Im ruhigen OG findet man einen Automaten, an dem man Tickets mit Codes ordern kann, über die man dann eine Woche lang seine Zeit im Netz verbraten kann.

Sonstiges

- **Fundbüro:** Tel. 22410-23294
- Ein **Tierheim,** das sehr gerne Tiere vermittelt: Tel. 22410-69224. Streunende Hunde und Katzen sind auf Rhódos ein Problem. Alljährlich müssen viele Tiere, die keine neuen Besitzer finden können, eingeschläfert werden. Man freut sich sehr über Interesse an den Tieren.
- **Mountainbikes** und normale **Räder** werden vermietet vom Bicycle Center, Odós Griva 39, Tel. 22410-28315, Handy 6932107343 oder 6974734243.

051rh Foto: vb

DIE NÖRDLICHE
OSTKÜSTE

Tipps für die Region

Verkehrsmittel

●**Busse:** Fast alle Orte an der nördlichen Ostküste und in deren Hinterland sind problemlos per Bus zu erreichen. Da diese Gegend aber von den meisten Urlaubern der Insel besucht wird, sind die Busse fast immer voll. Die Orte Koskinoú, Kallithéa Thérme, Faliráki, Afándou, Kolímbia-Hauptstraße, Archángelos, Malóna und Másari werden alle ein bis zwei Stunden oder öfters angefahren. Zu den Stränden Kolímbia-Beach, Tsambíka-Beach, Stegná, Ladikó und nach Charáki bestehen nur zwei Busverbindungen pro Tag. In Afándou fährt eine „Bimmelbahn" vom Dorfplatz am Golfplatz vorbei zum Strand. Auch in Faliráki fährt eine Bahn von einem Ortsende zum anderen. Zu den Eptá Pigés besteht keine Busverbindung.

●**Mietfahrzeuge:** In allen Touristenorten werden Autos, Motorräder und Mofas vermietet. Tankstellen findet man entlang der Küstenhauptstraße in dichter Folge.

●**Taxis:** Taxistände gibt's in Faliráki, Tel. 22410-85444, Afándou, Tel. 22410-51777, und Archángelos, Tel. 22440-24111. Das Radiotaxi ruft man unter Tel. 22410-69600.

Nützliche Adressen

●**Ärzte, Apotheken:** in den Dörfern Faliráki, Tel. 22410-85555, Afándou, Tel. 22410-51393, Kalithiés, Tel. 22410-85209, und Archángelos, Tel. 22440-22400 oder 22255, gibt es Ärzte. Im Notfall kann man sich an Rhódos-Stadt wenden, Tel. 22410-80000. Apotheken finden sich in den meisten Dörfern.

●**Geld:** Banken mit Automaten gibt es in Faliráki und Archángelos. Weitere Geldautomaten findet man auch in Kolímbia und Afándou. Wechselstuben gibt es in fast allen Touristenorten an der Küste.

●**Polizei:** Afándou, Tel. 22410-51111, Archángelos, Tel. 22440-22160. Wenn man Hilfe braucht, kann man sich auch an die Touristenpolizei in Rhódos-Stadt wenden, Tel. 22410-27423.

●**Reisebüros:** in fast allen Küstenorten, vor allem in Faliráki

Vorhergehende Seite:
Der Strand von Kallithéa Thérme

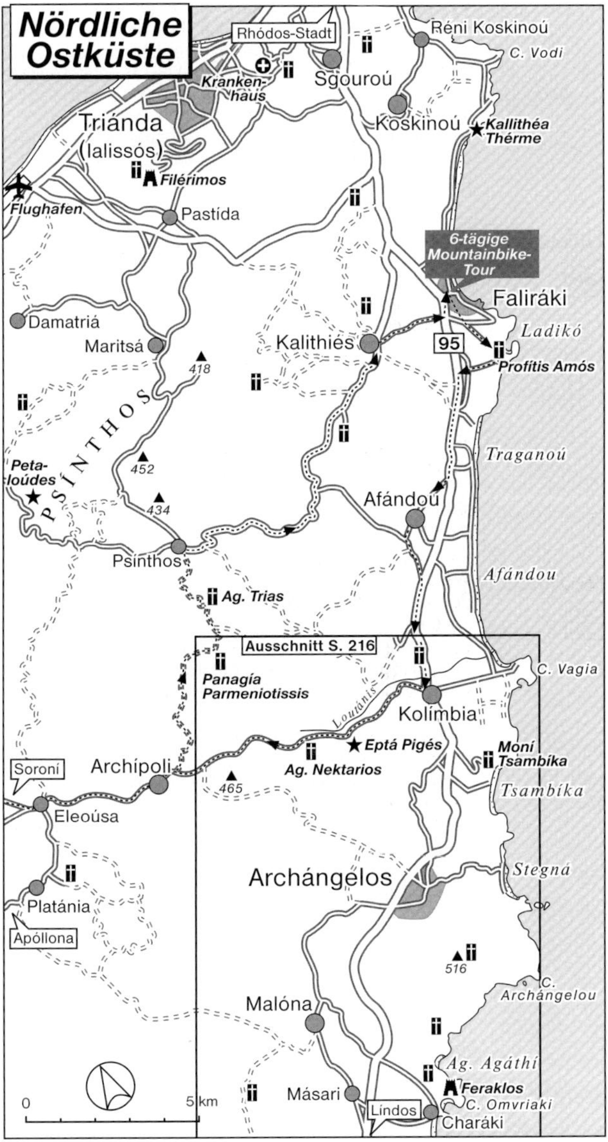
Nördliche Ostküste
Rhódos-Stadt
Réni Koskinoú
C. Vodi
Kranken-haus
Sgouroú
Triánda
(Ialissós)
Koskinoú
Kallithéa Thérme
Filérimos
Flughafen
Pastída
6-tägige Mountainbike-Tour
Faliráki
Ladikó
Damatriá
Maritsá
Kalithiés
95
Profítis Amós
418
PSÍNTHOS
Traganoú
452
Peta-loúdes
434
Afándou
Psínthos
Afándou
Ag. Trias
Ausschnitt S. 216
C. Vagia
Panagía Parmeniotissis
Kolímbia
Loutanis
Eptá Pigés
Moní Tsambíka
Ag. Nektarios
Soroní
Archípoli
465
Tsambíka
Eleoúsa
Stegná
Archángelos
Platánia
Apóllona
516
C. Archángelou
Malóna
Ag. Agáthi
Feraklos
0
5 km
Másari
Líndos
C. Omvriaki
Charáki

●**Wäscherei:** Faliraki's Launderette, gegenüber vom Hotel Sun Palace an der Straße nach Kallithéa Thérme zweigt die Odós Timokreonta ab, hier ausgeschildert, Tel. 22410-86883, Mo–Sa 9–21 Uhr, So 11–13 Uhr, Afándou Laundry Center, Odós Kon. Pal/gou & Pernou 2, Tel. 22410-53224, Mo–Sa 9–21 Uhr, So 9–17 Uhr
●**Internetcafés:** Hiervon gibt es mittlerweile recht viele, z.B. Charlie's Cafébar & Internet, in einer Gasse bei der Odós Ermou in Faliráki, Tel. 22410-85507.

Einkaufen

Die Einkaufsmöglichkeiten in den Dörfern sind begrenzt. In touristisch geprägten Orten wie Faliráki bekommt man natürlich alles, auch jede Menge Souvenirs. Für einen Bummel empfiehlt es sich, nach Rhódos-Stadt zu fahren.

Schöne Souvenirs werden auch in Archángelos angeboten. Dort werden im Dorf **Stickereien und Teppiche** hergestellt. Doch Vorsicht, nicht alle Produkte sind handgemacht, es werden auch Industriewaren angeboten!

An der Küstenstraße befinden sich einige **Keramikfabriken.** Dort werden die Waren hergestellt, die später in der Altstadt von Rhódos zu kaufen sind. In der Fabrik ist die Auswahl groß und die Preise sind meist günstiger als in der Stadt. Auch eine **Schmuckfabrik** macht an der Straße mit Schildern auf sich aufmerksam.

Nachtleben

Wer nachts lieber unterwegs als im Bett ist, sollte sich auf den Weg nach **Faliráki** machen. Da die Besucher dieser Stadt mehrheitlich aus dem britischen Raum kommen, haben in den letzten Jahren zahlreiche **Irish Pubs** hier ihr festes Plätzchen gefunden. Auch wer nach Diskotheken sucht, wird sie hier finden. Überall herrscht feuchtfröhliche Stimmung.

Das Nachtleben von **Archángelos** ist da von ganz anderer Natur. Die Einheimischen gehen hier abends bummeln: *Volta* nennt man den Abendspaziergang, der hier auch per Fahrzeug bewältigt werden kann.

Im ansonsten ruhigen **Stegná** werden in der Taverne Tradition immer wieder griechische Abende veranstaltet. Viele Griechen kommen erst zu später Stunde, wenn sich die Touristenbusse wieder zurückziehen.

052rh Foto: vb

KOSKINOÚ

Das Dorf Koskinoú liegt acht Kilometer von Rhódos-Stadt entfernt auf einem Hügel im Landesinneren. Es wurde während des Osmanischen Reichs gegründet. Vermutlich leitet sich der Name von *Kösk,* dem türkischen Wort für „Gartenhaus", ab. Früher wurde das Dorf überwiegend von Türken bewohnt, heute ist es fest in griechischer Hand.

Während an der Küste unterhalb des alten Dorfes Hotels in wenig ansprechender Bauweise entstanden sind, steht der alte Dorfkern unter Denkmalschutz. Schön sind die **Türen und Portale** der alten Häuser.

Museum

In einem alten Gebäude, das nur aus zwei Räumen besteht, ist ein kleines Museum untergebracht. Sehr schön sind die **Kieselmosaiken** auf dem Fußboden. Im Haus befinden sich mehrere Einbauten aus Holz, in denen man früher Lebensmittel und andere Dinge aufbewahrte, darauf wurde geschlafen. Eines der **Schlafgemächer** ist ganz in weiß gehalten. Diese Nische war nur für die Hochzeitsnacht bestimmt. Sie wurde danach erst wieder benutzt, wenn in der nächsten Generation jemand heiratete. Zu sehen gibt es weiterhin Teller, Stickereien, Hausratsgegenstände und auch einen Webstuhl.

- **Öffnungszeiten:** Mo–Fr 10–13 und 17–20 Uhr, 1 €

Feste

Am 17.7. feiert man in Koskinoú das Kirchenfest der Kirche Ag. Marína, und am 27.9. werden meist Volkstänze im Dorf aufgeführt.

Essen und Trinken

- **Taverne Ioannis,** stimmungsvoll in einer engen Gasse unweit des Museums gelegen, gute griechische Küche, mittelhohe Preise

Strände

Ag. Marína

Das Umland ist nicht sehr ansprechend, die Bucht selbst aber nett. Oberhalb des Strandes befinden sich ein Elektrokabel- und ein Tanklager. Auf dem Nachbarkap liegt ein Großhotel. Auch in der HS ist der Strand relativ ruhig. 150 m lang und 5 m breit, Sand, felsige Kaps und Felseninsel, kein Seegras, Felsen im flach abfallenden Wasser. Schnorcheln ist möglich.

- **Service:** Dusche, WC, Umkleidehaus, Kiosk mit Terrasse und Garten, Papierkörbe, Strand wird gesäubert, Liegen und Schirme
- **Anfahrt:** Der Bus hält an der Hauptstraße, von dort geht es rund 500 m auf einer Asphaltstraße bis zum Parkplatz, dann über Treppen zum Strand.

Réni Koskinoú

In unmittelbarer Nähe liegen zahlreiche Großhotels, daher auch in der NS sehr voll. 200 m lang und 20–30 m breit, kein Schatten, Sand und Kies, flach abfallend. Die Wasserqualität dieses Strandes wurde bei Tests beanstandet.

- **Service:** Dusche, WC, Tavernen, Papierkörbe, Schirme und Liegen, Wasserski, Crazy Banana, Ring, Bootsanleger
- **Anfahrt:** Bus fährt bis zur Hauptstraße, dort zweigt eine Straße ab, die zwischen den Hotels zum Strand führt; kein Parkplatz.

Alex/ Kavourakia

Neben „Alex Beach" liegen Großhotels und eine Taverne. In der NS ruhig, in der HS voll. Der Strand besteht aus zwei Abschnitten, je 50 m lang und 5–10 m breit. Im hinteren Teil 4 m hohes Schilf, das nachmittags etwas Schatten gibt. Kies, flache Felsen, flach abfallend.

- **Service:** Dusche, WC in Taverne, Liegen und Schirme, Papierkörbe, kleiner Hafen; für Leute mit Gehbehinderungen einfach zu erreichen
- **Anfahrt:** Kleine Asphaltstraße geht von der Hauptstraße ab; kleiner Parkplatz

KALLITHÉA THÉRME

Die **Badeanlage** Kallithéa Thérme wurde von den Italienern angelegt. Reizvolle Felsen mit netten Buchten bestimmen die Landschaft. Die Anlage mit ihren grünen Palmen und hübschen Kuppelgebäuden wirkt wie eine Oase. Jahrelang verfielen die malerischen Ruinen des Thermalbades. Dann wurde mit Bauarbeiten begonnen, aber diese wurden nach einigen Jahren wieder eingestellt, und die Anlage verfällt weiter. Ein großer Teil des Geländes ist wegen Einsturzgefahr abgesperrt. Was sich dort nun entwickelt – man wird abwarten müssen. Hoffentlich nicht so lange, bis es für die Gebäude entgültig zu spät ist. Mit dem Bus kann man Kallithéa Thérme von Rhódos-Stadt aus problemlos erreichen.

053rh Foto: vb

Strände

Kallithéa Thérme

Hinter der alten Badeanlage befinden sich betonierte Terrassen, Felsen sowie ein Palmenwald mit sehr schönen weiteren Pflanzen. Eine große Hotelanlage ist auf dem Nachbarkap am Horizont sichtbar. Der Strand ist in der NS gut besucht, in der HS recht voll. 20 m lang und 3 m breit, Sand und Felsen, relativ schattig, Felsen auch im Wasser. Gut geeignet zum Schnorcheln und Tauchen. Man gelangt einfach über den Sandstreifen ins Wasser, teilweise führen auch Leitern über die Felsen hinein.

● **Service:** Dusche, Umkleidehaus, WC, Telefon, Strand wird gesäubert, Kiosk und Tavernen oben am Eingang, Schirme und Liegen, Verleih von Schnorcheln und Flossen, Bootsanlegesteg, an dem Taucherausflugsboote anlegen

Am Parkplatz befindet sich in einem Campingmobil ein Imbiss. Dort verkauft ein sehr netter älterer Herr gute Gyros pita zu anständigen Preisen.

● **Anfahrt:** Busse von Rhódos-Stadt; Parkplatz am Eingang der Anlage, von dort führen Treppen zum Strand hinunter.

Felsstrände

Hinter Kallithéa Thérme liegen unterhalb des Pinienwäldchens bizarre Felsstrände. Früher war diese Ecke sehr beliebt bei Strandschläfern. Heute werden sie nicht mehr geduldet, stattdessen gibt es einige Tavernen. 100 m lang und 20–40 m breit, kein Schatten, Sand, am Wasser nur Felsen, man kommt nur über Leitern ins Meer.

● **Service:** Dusche, Umkleide, WC, Papierkörbe, Schirme und Liegen, Taverne, Kiosk am Parkplatz (s.o.)

Felsenkaps südlich von Kallithéa

An den Felsenkaps, die sich südlich von Kallithéa Thérme anschließen, finden sich mehrere landschaftlich sehr schöne Strände mit bizarren Felsen. Die Strände selbst sind sauber, aber oben auf dem Kap im Pinienwald liegt Müll. Klares Wasser, Sand und Felsen (auch im Meer). Mit Stegen und Leitern geht's ins tiefere Wasser, hier können Badeschuhe nicht schaden. Bei der Taverne Oasis befindet sich eine Höhlenkirche.

● **Service:** Dusche, WC in Tavernen, Schirme und Liegen, teils auch auf den Felseninseln. Camping ist ausdrücklich verboten.

● **Anfahrt:** Bus bis Kallithéa Thérme, dann noch rund einen Kilometer zu Fuß. Parkplatz oben im Wald

Die Badeanlage von Kallithéa Thérme

FALIRÁKI

Faliráki ist einer der **Haupttouristenorte** der Insel. Hier entstanden in den vergangenen Jahren zahlreiche Großhotels, die mit ihren 10 bis 15 Stockwerken nicht zu übersehen sind und sich über mehrere Kilometer am Strand entlang ziehen. Wer in Faliráki seinen Urlaub zu verbringen gedenkt, sollte wissen, dass er in einer Hotelstadt und nicht in einem griechischen Dorf landet. Südlich des Zentrums geht es noch etwas ruhiger zu. Hier finden sich auch der einzige **FKK-Strand** der Insel.

Faliráki ist zum Synonym für eine problematische Entwicklung des Tourismus auf Rhódos geworden. Es gibt eben alles: Neben Einrichtungen, die Familien in ihrem Urlaub sehr zu schätzen wissen, sind viele Bars, Nachtclubs und Etablissements der zwielichtigen Sorte entstanden. Wer hier morgens mit einem Fahrzeug unterwegs ist, sollte auf die angeheiterten Barbesucher achten, die oft erst gegen 9 Uhr nach durchzechter Nacht den schlingernden Heimweg antreten und Autos meist übersehen. Die Trinkfreudigkeit mancher Urlauber, die Freizügigkeit, der Drogenkonsum, die Prostitution: All das lässt viele Einheimische den Ort meiden, wenn keine zwingenden Gründe sie hierher verschlagen; sie lassen kein gutes Haar an Faliráki.

Der Ort ist recht groß geworden, und so gibt es andererseits auch zahlreiche Ecken, für die diese Vorwürfe ganz und gar nicht zutreffen. Manche Bereiche von Faliráki sind gerade bei Familien mit Kindern sehr beliebt, denn der Sandstrand fällt flach ab, und vielerorts ist man auf Kleinkinder recht gut eingestellt.

Die Geschäftsleute von Faliráki versuchen natürlich, auf die Bedürfnisse der Touristen einzugehen. Und da der Ort in den letzten Jahren überwiegend von Urlaubern besucht wird, die „action and fun" suchen, wird solches auch geboten. Neben zahlreichen **Wassersportarten** ist es möglich, an einem Kran **Bungee-Jumping** zu machen, außerdem gibt es eine **Gokart-Bahn,** ein **Riesenrad** und **Minigolf** - der Urlauber soll sich nicht langweilen.

Kloster Profítis Amós

Ein hübsches Fleckchen ist Moní Profítis Amós. Der Weg zum Kloster, das südlich von Faliráki liegt, ist ausgeschildert. Zahlreiche Pfauen stolzieren auf dem Kirchhof zwischen den Tischen des kleinen Ausflugscafés herum. In der Kirche, die noch aus byzantinischer Zeit stammt, befinden sich Reste sehr alter **Fresken.**

Vom Klösterchen führt ein Fußpfad hoch auf einen Berg, dessen Gipfel vom Militär vereinnahmt wird. Der Pfad führt auf der anderen Seite hinunter zur **Anthony-Quinn-Bucht** (s.u.).

Unterkunft

- **Hotel Danae,** Tel. 22410-85981 oder 23340, Fax 86130, danae_htl@hol.gr, liegt ruhig und etwas außerhalb am südlichen Ende der Bucht. 100 m bis zum Meer, von hier aus ist die FKK-Bucht auch zu Fuß zu erreichen, hübscher Garten, Swimmingpool, Tennisplätze; teils Pauschalurlauber. Schöne DZ mit Bad und Balkon, das Preis-Leistungsverhältnis ist für Rhódos recht gut, 28–49 € ohne Frühstück, Frühstück 4,50 € pro Person, AC-Nutzung 15 € pro Tag.

Essen und Trinken

- **Taverne Victoria**, am Strand unweit vom Hotel Danae am südlichen Ende von Faliráki, schöne Terrasse mit Bäumen, große Auswahl guter einfacher griechischer Gerichte.

Wasserpark

- Hinter den Großhotels am Hang liegt ein **Wasserpark,** ausgestattet mit Bars und Rutschbahnen. Der Park ist sehr beliebt und gut besucht, mit seiner bunten Ausstattung wirkt er teilweise sehr grell und laut. Tel. 22410-84403, Fax 84406, info@water-park.gr, www.water-park.gr

Geöffnet April–Oktober 9.30–18 Uhr, Juli und August 9.30–19 Uhr, Eintritt 20 €, Kinder 3–12 Jahre 15 €, Kleinkinder gratis, kostenloser Bustransfer stündlich vom Busbahnhof Rhódos aus

Strände

Amouthes

Amouthes ist der nördliche Teil des sehr langen Faliráki-Strandes, er liegt direkt vor der Küstenstraße nördlich der Großhotels. Blick auf Faliráki, kahle Hügel hinter dem Strand; 40 m breit, Sand, klares Wasser, teils Felsen im Wasser, kein Seegras, flach abfallend, kein Schatten. Fast immer gut besucht.

- **Service:** Dusche, WC, Umkleide, Telefon an der Straße, kein Wassersport, Schirme und Liegen, Kiosk, Strand wird gesäubert. Einfach zu erreichen für Leute mit Gehbehinderungen
- **Anfahrt:** Per Bus zu erreichen, Parkmöglichkeiten vorhanden

Faliráki Nord

Hinter dem Strand liegen zahlreiche Großhotels, die den Landstrich prägen, die Küstenstraße führt hinter den Hotels entlang. Mehrere Kilometer lang und 40 m breit, Sand, kein Seegras, keine Felsen im Wasser, flach abfallend, kein Schatten. In der NS voll, in der HS sehr voll.

- **Service:** Dusche, WC, Umkleide, Telefon, Tavernen, Bars, Strand wird gesäubert, Liegen und Schirme, Wasserski, Crazy Banana, Wassermotorrad, Ring, Surfbretter
- **Anfahrt:** Per Bus zu erreichen; kaum Parkmöglichkeiten

Faliráki Zentrum

Hinter dem Strand Hotels, Pensionen und Tavernen. Sehr lang und 40 m breit, Sand, keine Felsen und kein Seegras im Wasser, flach abfallend, viele Kinder. Auch in der NS sehr voll.

- **Service:** Dusche, WC, Umkleide, Telefon, Kioske, Supermarkt hinten an der Straße, Strand wird gesäubert. Leicht zu erreichen für Leute mit Gehbehinderungen. Schirme und Liegen, Volleyballnetz, Tretboote, Wasserski, Crazy Banana, Ring, Wassermotorrad, Surfbretter, Paragliding, Bootsanlegesteg, Ausflugsboote
- **Anfahrt:** Bushaltestelle direkt hinter dem Strand; wenige Parkplätze

Faliráki Süd

Das Hinterland des südlich des Ortes gelegenen Strandes ist flach und grün; hier liegen mehrere kleinere Hotels und Pensionen. Felsige, aber flache Kaps, rund 20 m breit, Sand, teils auch Kies, klares Wasser, teils Felsen im Wasser, flach abfallend, kein Schatten, Schnorcheln möglich. In der NS relativ ruhig, in der HS sehr gut besucht.

- **Service:** Dusche, WC, Telefon, Taverne, Strand wird gesäubert, Liegen und Schirme, kein Wassersport
- **Anfahrt:** Bus bis Faliráki-Zentrum, von dort noch 1–2 km der kleinen Straße Richtung Profítis Amós folgen, aber unten am Strand bleiben. Parkmöglichkeiten vorhanden

FKK-Bucht

Der einzige offizielle FKK-Strand von Rhódos liegt in einer schönen Bucht mit kleinen Bäumchen und vorgelagerten Inseln. 400 m lang und 5–20 m breit, kein Schatten, keine Bebauung, klares Wasser, Sand, teils flache Felsen, kein Seegras. In der NS ruhig, in der HS gut besucht.

- **Service:** Dusche, WC, Kiosk, Liegen und Schirme, kein Wassersport, Strand wird gesäubert
- **Anfahrt:** keine Busverbindung; mit dem Fahrzeug von Faliráki aus nach Süden, dann ausgeschildert. Eine schlechte Piste führt hoch auf ein Kap, dort kann man parken. Ein Fußweg führt zu der versteckten Bucht.

054rh Foto: vb

Anthony-Quinn-Bucht

Südlich von Faliráki führt eine Straße zu der Bucht von Ladikó und zur Anthony-Quinn-Bucht. Früher ließen sich hier oft Wildcamper am Strand nieder, aber diese Zeiten sind vorbei. Die Anthony-Quinn-Bucht ist wohl eine der schönsten Buchten auf Rhódos. Sie war Kulisse zu dem Film „Die Kanonen von Navarrone". Die Militärjunta schenkte *Anthony Quinn,* der in diesem Film mitwirkte, die Bucht. Als Griechenland dann einige Jahre später wieder eine demokratische Regierung bekam, wurde die Schenkung wieder rückgängig gemacht. Die Bucht trägt seither nur noch den Namen des Schauspielers, sie ist heute bei Urlaubern sehr beliebt.

Der Strand ist 100 m lang und 5 m breit. Steile Felsenkaps rahmen die Bucht ein, Kiefernwald, teils schattig. Kies, klares Wasser mit Felsen und teils auch Seegras, mal steiler, mal flach abfallend; immer gut besucht, in der HS sehr voll.

- **Service:** Dusche, WC, Strand wird gesäubert, Telefon, Taverne, Liegen und Schirme, Crazy Banana, Bootsanlegesteg
- **Anfahrt:** Bushaltestelle ca. 1 km entfernt, Busse nur während der HS. Der Fußweg von Faliráki über Profítis Amós ist ausgeschildert. Eine Asphaltstraße führt über Ladikó bis zum kleinen Parkplatz, danach geht es über Treppen zum Strand hinunter.

Ladikó

Von der felsenumrahmten Bucht hat man einen schönen Blick auf ein Felsenkap. Ein Hotel ist ca. 500 m entfernt, Strand: 100 m lang und 10 m breit, Kiesel, klares Wasser mit Felsen, flach abfallend. Immer gut besucht, in der HS sehr voll.

- **Service:** Dusche, WC, Strand wird gesäubert, Telefon, Taverne, Crazy Banana, Bootsanlegesteg; einfach zu erreichen für Leute mit Gehbehinderungen
- **Anfahrt:** Bushaltestelle ca. 500 m entfernt, Busse nur während der HS. Eine Asphaltstraße führt bis zum Parkplatz hinter dem Strand.
- **Unterkunft:** Hotel Ladikó, Tel. 22410-85536 oder 855636, Fax 85560, Handy 6932377540, ladiko@columbia net.gr, www.hotelladiko.com, oberhalb der Bucht von Ladikó gelegen. Kleinere Bauten mit vielen Bäumen, Zimmer

mit Bad, Balkon, AC, Fernsehraum, Bar, Kinderspielplatz, Tischtennis; auch Pauschalurlauber. DZ mit Frühstück 60–90 €, EZ 45–60 €

Traganoú

An die 200 m lange und 50 m breite Bucht schließt sich ein sehr langer Kiesstrand an, der aus weißen, runden Kieseln besteht. Seitlich der Bucht liegen schöne Felsen, hinten eine Höhle und bizarre Felswände, die der Bucht teilweise Schatten spenden. Neben der Bucht befinden sich eine Taverne und auch eine Kaserne.

Klares Wasser, aber Teer und Strandgut am Strand, steiler abfallend, kein Seegras. In der NS ruhig, in der HS gut besucht.

- **Service:** Dusche, Umkleide, WC, Kinderspielplatz, Liegen und Schirme, ab und zu liegen Ausflugsboote vor Anker.
- **Anfahrt:** Bus an der Hauptstraße; von dort führt eine Piste über ca. 800 m zum Strand; großer Parkplatz.

Afándou

In alten Zeiten lag in der Gegend des Hauptstrandes von Afándou eine Stadt am Meer. Im 5. Jh. n. Chr. wurde eine frühchristliche **Basilika** errichtet. Als aber in den folgenden Jahrhunderten Überfälle vom Meer her den Bewohnern zu schaffen machten, gründeten diese landeinwärts eine neue Siedlung, die den Namen Afándou erhielt, übersetzt „die Unsichtbare". In die Ruinen der alten Basilika hinein wurde im 12. Jh. das Katholikon, eine kleine Kirche, gebaut.

Beliebter als die Kirchenreste ist bei den meisten Besuchern das Dorfzentrum von Afándou. Eine **„Bimmelbahn"** verbindet Dorf und Strand regelmäßig miteinander. Sie fährt auch zum **Golfplatz,** der außerhalb des Ortes liegt.

Strände

Golfplatz

Zwischen Traganoú und Afándou beim Golfplatz liegen wenig besuchte Kiesstrände; sehr lang und 30 m breit, Kies und Sand, klares Wasser, keine Felsen und kein Seegras im Wasser, steil abfallend.

● **Service:** Dusche, Kiosk, Liegen und Schirme, Strand wird gesäubert, kein Wassersport, kein Schatten. Leicht zu erreichen für Leute mit Gehbehinderungen
● **Anfahrt:** Von Afándou aus fährt eine kleine Bahn zum Strand. Hinter dem Strand verläuft eine kleine Straße, Parkplatz vorhanden.

Hauptstrand

Obwohl der Afándou Beach nicht so schön ist wie die Buchten weiter nördlich, finden sich auch hier zahlreiche Urlauber ein. Der Strand ist allerdings recht lang; wer Ruhe sucht, wird diese auch finden. 30–40 m breit, kein Schatten, Sand, klares Wasser, kein Seegras und keine Felsen im Wasser, steiler abfallend. Auch in der NS gut besucht.

● **Service:** Dusche, WC, Kiosk, Liegen und Schirme, Strand wird gesäubert, Wassermotorräder. Alle anderen Wassersportmöglichkeiten nur für die Hotelgäste, die in einem nahegelegenen Clubhotel Urlaub machen. Einfach zu erreichen für Leute mit Gehbehinderungen
● **Anfahrt:** Die kleine Bahn fährt von Afándou hierher; Parkmöglichkeiten vorhanden.

Taverne Vassílis

Bei der Taverne Vassílis ist der Strand 30 m breit, hinter der Straße stehen kleine Tamarisken. Sand, im Wasser auch Kies, klares Wasser, keine Felsen und kein Seegras, steiler abfallend, kein Schatten.

● **Service:** Dusche, WC, Telefon, Taverne, Kiosk, Liegen und Schirme, Strand wird gesäubert, Kinderspielplatz, Parkplatz; leicht zu erreichen für Leute mit Gehbehinderungen

Psínthos

Das Dorf Psínthos liegt im Hinterland von Afándou am Rande des gleichnamigen Höhenzuges und ist per Bus zu erreichen. Um den großen Platz herum gruppieren sich mehrere Tavernen, die auf Ausflügler eingerichtet sind. In Psínthos besiegten 1912 die Italiener die Osmanen. Damit ging nach knapp 400 Jahren die Herrschaft der ungeliebten Nachbarn auf Rhódos zu Ende.

Essen und Trinken/ Unterkunft

- Zahlreiche **Tavernen** am Platz, auch etwas weiter in Richtung Archípoli noch zwei Tavernen. Es werden die üblichen Kleinigkeiten angeboten, Preise ok. Bekannt und beliebt ist die Taverne **Artemida,** die an der Straße in Richtung Archípoli liegt. Man spricht gut Deutsch, hat einen Swimmingpool und vermietet auch Zimmer. Sehr gute Küche und familiäre Atmosphäre, beliebtes Ausflugsziel, Tel. 22410-50003 oder 50095

Kolímbia

Kolímbia wurde in den 1920er Jahren von den Italienern gegründet. Heute werden einige der Gebäude aus dieser Zeit als Altersheime genutzt. Leider ist der Zustand der alten Häuser nicht der beste. Kolímbia und Umgebung sind heute stark touristisch geprägt. Am Strand hat sich ein Hoteldorf gebildet, das man über eine breite, beidseitig von Eukalyptusbäumen flankierte Straße erreicht.

Essen und Trinken

- **Andy & Hilde,** gute deutsche und österreichische Küche, in der Eukalyptusallee, sehr nette Leute

Strände

Kolímbia Nord

Strand mit kleinem Hafen und Felseninseln im Wasser. Am südlichen Ende stehen große Tamarisken, dort gibt es etwas Schatten, ansonsten sonnig. Hinter dem Strand liegen Hotels, teils auch Schilf. 250 m lang und 10 m breit, Sand und feiner Kies, weiter nördlich gröberer Kies, klares Wasser,

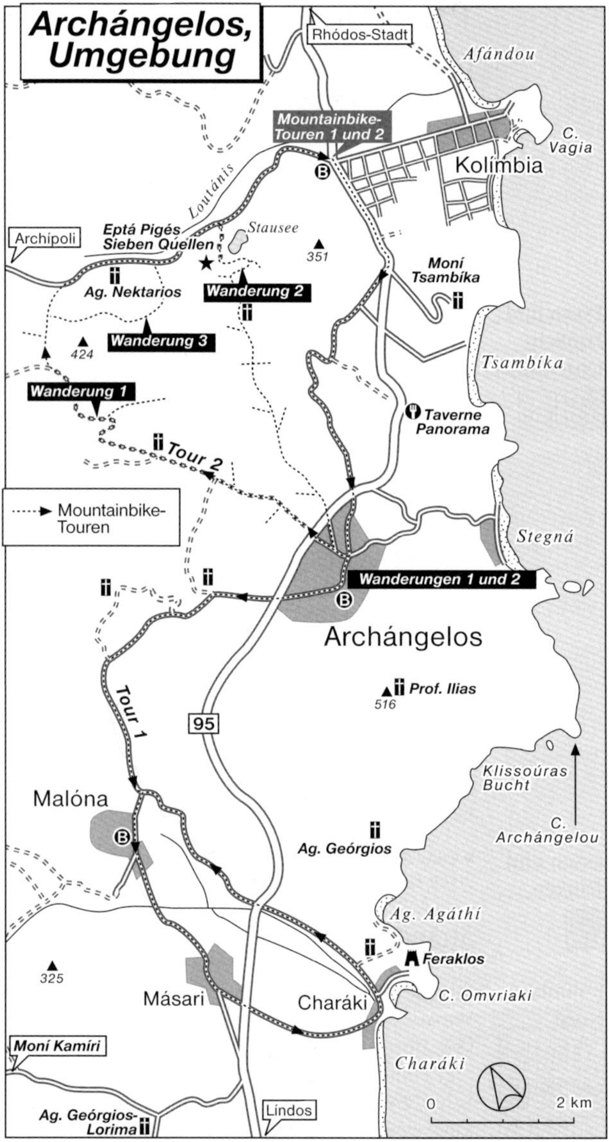
Archángelos, Umgebung
Rhódos-Stadt
Afándou
Mountainbike-Touren 1 und 2
C. Vagia
Kolímbia
Loutánis
Stausee
Eptá Pigés Sieben Quellen
Archípoli
351
Moní Tsambíka
Ag. Nektarios
Wanderung 2
Wanderung 3
424
Tsambíka
Wanderung 1
Taverne Panorama
Tour 2
Mountainbike-Touren
Stegná
Wanderungen 1 und 2
Archángelos
Prof. Ilias
516
Tour 1
95
Klissoúras Bucht
C. Archángelou
Malóna
Ag. Geórgios
Ag. Agáthí
Feraklos
325
C. Omvriaki
Másari
Charáki
Charáki
Moní Kamíri
0
2 km
Líndos
Ag. Geórgios-Lorima

flach abfallend, Felsen im Wasser, kein Seegras. In der NS relativ ruhig, in der HS sehr gut besucht.

● **Service:** Dusche, WC, Umkleide, Telefon, Tavernen, Strand wird gesäubert, Supermarkt oben auf dem Kap, Liegen und Schirme, Tretboote, Crazy Banana, Ring, Wasserski, Surfbretter. Schnorcheln beim Kap am Hafen möglich. Einfach zu erreichen für Leute mit Gehbehinderungen
● **Anfahrt:** Bushaltestelle oben auf dem Kap (Busse fahren allerdings selten). Eine Asphaltstraße führt bis zum Strand, ca. 3 Kilometer von der Hauptstraße entfernt. Parkplatz vorhanden

Kolímbia Mitte

Kleine, sonnige Bucht mit Blick auf kahle Felsenkaps. 50 m lang und 5 m breit, Hafen, Sand, klares Wasser, kein Seegras und keine Felsen im Wasser, flach abfallend. In der NS gut besucht, in der HS voll.

● **Service:** Dusche, WC in Taverne, Telefon, Strand wird gesäubert, Liegen und Schirme, Schnorcheln gut möglich, hinter dem Strand Teerplatz mit Basketballfeld; leicht zu erreichen für Leute mit Gehbehinderungen
● **Anfahrt:** Bushaltestelle 500 m oberhalb (s.o.); Parkplatz vorhanden

Kolímbia Süd

Der Hauptstrand liegt in kahler Umgebung, am südlichen Kap ist es bergig. Mehrere Großhotels liegen hinter dem Strand. Gut 1 km lang, 10–30 m breit, kein Schatten, Sand, klares Wasser, keine Felsen und kein Seegras im Wasser, steiler abfallend. In der NS gut besucht, in der HS sehr voll.

● **Service:** Dusche, WC, Telefon, Taverne und Supermarkt oben auf dem nördlichen Kap, Strand wird gesäubert, Schirme und Liegen, Tretboote, Crazy Banana, Ring, Wasserski, Surfbretter, Paragliding; Schnorcheln am Kap möglich, Ausflugsboote
● **Anfahrt:** Bus auf dem Kap (s.o.); Parkplatz vorhanden

Moní Tsambíka

Moní Tsambíka liegt auf einem 240 Meter hohen Berg oberhalb der gleichnamigen Bucht. Von hier oben hat man eine sehr schöne Aussicht. Eine Aus-

055rh Foto: vb

flugstaverne erwartet die vielen Besucher, die regelmäßig nach oben keuchen.

Das Klösterchen wurde im 16. Jh. erbaut, die Fresken sind allerdings in ziemlich schlechtem Zustand. Eine Marienikone soll kinderlosen Paaren zu Nachwuchs verhelfen, weswegen auch viele junge Pärchen hierher pilgern. Die Kinder, deren Eltern hier um gesunden Nachwuchs baten und deren Wünsche in Erfüllung gingen, taufen die Kinder oft aus Dankbarkeit *Tsambíka* oder *Tsambíkos.* Zahlreiche Inselbewohner tragen diesen Vornamen. Das Kirchenfest findet am 8.9. statt.

Anfahrt

Südlich von Kolímbia erreicht man auf der Küstenstraße die Kreuzung, von der aus eine Betonpiste zum Moní Tsambíka hinaufführt. Wer motorisiert ist, kann bis auf halbe Höhe fahren und dort parken.

Spaziergang

Wer Lust auf einen **Spaziergang** hat, der kann das Kloster von Kolímbia aus über einen schönen, aber steilen, Pfad auch zu Fuß erreichen. Der Weg ist mit Steinmännchen markiert und beginnt am südlichen Ende von Kolímbia. Für den Auf- und Abstieg des kurzen, aber schweißtreibende Spazierganges benötigt man rund eine Stunde.

Tsambíka-Bucht

Gleich neben dem Klosterberg liegt die wunderschöne, große Sandbucht von Tsambíka. Die von Felsenkaps umgebene Traumbucht ist während der HS allerdings sehr voll. Hinter dem Strand führt parallel zum Meer eine Staubpiste entlang, dort ist alles zugeparkt. Weiter hinten stehen Büsche und Bäume, vorne gibt es keinen Schatten. Rund 1 km lang und 40–50 m breit, Sand, klares Wasser, kein Seegras, Felsen nur am Buchtrand, flacher abfallend, viele Kinder. Die Wasserqualität wurde in den letzten Jahren zeitweise beanstandet.

- **Service:** Dusche, WC, Umkleide, Telefon, Supermarkt, Kiosk, Liegen und Schirme, Strand wird gesäubert. Hinten am Strand eine Wasserrutschbahn (nur in der HS in Betrieb), Volleyballnetz, Tretboote, Crazy Banana, Wasserski, Ring, Paragliding. Einfach zu erreichen für Leute mit Gehbehinderungen
- **Anfahrt:** Bus fährt 2–3-mal täglich bis zum Strand; von der Hauptstraße zweigt eine kleine Straße ab, die bis zum Strand führt.

Essen und Trinken

- **Taverne Panorama,** an der Straße nach Archángelos gelegen. Herrliche Aussicht auf die Tsambíka-Bucht, sehr hübsch angelegter Garten, griechische Küche

Der Ausblick von Moní Tsambíka lohnt die Mühen des Aufstiegs

Eptá Pigés

Vier Kilometer landeinwärts von Kolímbia aus entspringen oberhalb einer Taverne im üppig grünen Tal die Eptá Pigés, **Sieben Quellen.** Im Sommer sind sie teilweise ausgetrocknet. Die grüne Oase ist sehr gut besucht, aber der Abstecher lohnt sich trotzdem.

Die Attraktion ist ein 150 Meter langer **Tunnel.** Mit eingezogenem Nacken kann man durchs kalte Wasser zum anderen Ende hindurchwaten. Dort liegt ein kleiner Stausee. Ganz so tollkühn, wie sich das vielleicht anhört, ist das Unternehmen nicht, denn diesen Trip unternehmen täglich Hunderte. Man geht im Tunnel ganz bestimmt nicht verloren. Wenn zu viele Leute sich im Tunnel aufhalten, wird die Luft schlecht, und das kann den Spaß verderben.

Ein Fußweg führt oben über den Hügel. Hier gelangt man zum oberen Ende eines Licht- und Luftschachtes, durch den man mit den Leuten im Tunnel Kontakt aufnehmen kann.

Spaziergang

Es bietet sich eine kleine Rundwanderung von rund 30 Minuten an. An einer Stelle erfordert der Weg Trittsicherheit, Vorsicht mit Kindern! Von der **Taverne** folgt man dem Fussweg durch das Tal den Hang hinunter am Tunneleingang vorbei. Nach 5 Minuten erreicht man die Hauptstraße, auf der man rund 50 m nach rechts geht. Rechter Hand beginnt ein Pflasterweg. Er führt nach rechts durch den Wald am Talrand hinauf und endet an einer **Brückenruine.** Diese ist nicht ohne Gefahr zu betreten. Daher sollte man über einen Trampelpfad nach rechts zum Bachbett hinunter gehen und dieses über einige Steine überqueren, was bei normalem Wasserstand des Bachs möglich ist.

Der Pfad führt nun links von einem Felsen wieder steil hoch. Achtung: hier kann man leicht ausrutschen, wenn es feucht ist. Oben angekommen geht es nach rechts weiter ans untere Ende des

Stausees. Seitlich der Staumauer führt eine Treppe nach oben, wo der Pfad zum **Tunnelausgang** weiterführt. Dort windet sich nach rechts hoch ein Treppenpfad. Er führt zu einer kleinen Straße, die man überquert. Neben der Straße trifft man auf den Belüftungsschacht des Tunnels. Geradeaus führt der Pfad wieder zur Taverne zurück.

Anfahrt

Hinter dem Altersheim in Kolímbia zweigt von der Hauptstraße eine Asphaltstraße zu den Sieben Quellen ab. Von der Bushaltestelle hinter Kolímbia zu den Eptá Pigés sind es vier Kilometer. Die Straße verläuft durch ein grünes Tal. Dort zweigt dann ein Fahrweg links ab, den Hang hinauf. Man kann mit dem Fahrzeug bis hoch auf den Parkplatz der Taverne fahren.

Mountainbiketour 1: Von Kolímbia nach Charáki

Eine schöne Mountainbike-Tour führt von Kolímbia über Archángelos, Malóna und Másari nach Charáki und wieder zurück. Streckenlänge: 40 km, davon 11 km fallend, 21 km relativ eben oder leicht steigend und 8 km steiler steigend. Höhenunterschied insgesamt rund 400 m.

Von Kolímbia geht es zunächst auf der Hauptstraße in Richtung Líndos. Nach rund zwei Kilometern zweigt rechts eine alte Straße ab. Sie ist wenig befahren und führt hoch nach **Archángelos.** Kurz vor Archángelos stößt sie wieder auf die Hauptstraße, der man nach rechts folgt. Nach wenigen Metern zweigt nun links eine kleine Straße ab, die in den Ort hineinführt (die Hauptstraße führt um Archángelos herum). Auf dieser geht es in Richtung Malóna weiter.

Die alte Straße kreuzt bald schon wieder die Hauptstraße und führt danach in Serpentinen durch ein grünes Tal hinunter nach **Malóna.** An einer Ampel auf einer Brücke kurz vor dem Dorf geht es nach rechts. Von Malóna fährt man weiter nach **Másari.** Von dort führt eine kleine Straße, die Hauptstraße kreuzend, nach **Charáki,** das sich für einen Badestopp anbietet. Charáki am anderen Ortsende verlassend, folgt die Tour nun einer kleinen Straße direkt nach Malóna und überquert dabei die Hauptstraße. Kurz vor Malóna biegt man, das Dorf zur Linken, rechts ab. Nun geht es die Serpentinen hinauf wieder durch das grüne Tal, über Archángelos zurück nach Kolimbía zum Ausgangspunkt der Tour.

Mountainbiketour 2: Von Kolímbia zu den Eptá Pigés

Diese Tour ist nicht ganz so anstrengend wie die erste. Sie ist 22 km lang, davon 5 km steigend, 4 km fallend und 13 km eben oder leicht steigend. Höhenunterschied insgesamt ca. 350 m. Sie verläuft teils auf Sträßchen, teils auf Schotterpisten.

Der Weg von Kolímbia bis zum Ortseingang von **Archángelos** ist derselbe wie bei Tour 1. Anstatt ins Dorf hinein zu fahren, bleibt man jedoch auf der Hauptstraße, die hier abfällt. Rechts zweigt bald eine kleine Straße ab, auf der die Sieben Quellen („7 Pigés") markiert sind. Auf der Hauptstraße bleibend, fährt man noch ein kleines Stück weiter. Dann zweigt wieder eine Straße rechts ab. Sie führt am Hotel Ampela vorbei und geht in eine Piste über.

Die Tour führt geradeaus weiter an einem links abbiegenden Weg vorbei. Nach knapp einem Kilometer zweigt von der Piste zunächst ein Weg rechts und kurz darauf einer links ab. Es geht geradeaus weiter an einem Brunnen vorbei. Dann geht ein Weg links ab und kurz darauf gabelt sich die Piste. Man fährt nun rechts weiter und sieht schon bald rechter Hand eine **kleine Kirche.** Hier finden sich rote Markierungspunkte an den Bäumen.

Die Piste führt nun nach rechts, macht bald eine scharfe Linkskurve und zieht sich den kahlen Berghang empor. Der Blick von hier aus auf die Ebene und Archángelos ist beeindruckend. Oben gabelt sich der Weg, man hält sich links. Die Piste führt nun hinunter in ein Tal. Relativ weit unten verzweigt sich der Weg. Man hält sich rechts und fährt durch das Tal abwärts, bis man auf eine Straße trifft. Dieser folgt man nach rechts und erreicht nach wenigen Minuten die **Kirche Ag. Nektários.** Weiter auf der Straße entlang geht es zu den **Eptá Pigés,** den Sieben Quellen (siehe oben). Die Straße führt weiter durchs Tal bis nach Kolímbia.

Archípoli

In schönen Wäldern, in denen viel Militär stationiert ist, liegt das Binnendorf Archípoli. Beim Versuch diese Gegend zu ergründen, landet man leicht im militärischen Sperrgebiet. Die Straße von Archípoli nach Psínthos entpuppt sich als wilde Schlaglochpiste; über diese Route erreicht man jedoch zwei nicht sehr oft besuchte Kirchen: Sechs Kilometer von Archípoli entfernt liegt die Kirche **Panagía Parmeniotissis** mit Freskenresten aus dem 14. Jh. Ebenfalls unweit dieser Straße findet sich **Ag. Trias,** in der es neben Fresken aus dem 18. Jh. einen antiken Altarblock zu bewundern gibt. Er stammt vermutlich aus einem antiken Tempel, der hier früher einmal gestanden hat, und ist sehr schön mit Stierköpfen verziert.

Archángelos

Südlich von Kolímbia an der Hauptstraße, ein paar Kilometer von der Küste entfernt, liegt Archángelos. Das „Dorf des Erzengels Michael" wartet mit einer schönen Kirche und einer Johanniterfestung auf. Archángelos ist einer der größten Orte der Insel. Um den Ort herum auf der Hochebene liegen zahlreiche Olivenhaine.

056rh Foto: vb

Das Städtchen mit seinen weißgetünchten Häusern ist relativ ursprünglich geblieben: Viele Bauern ziehen nach wie vor mit dem Esel aufs Feld, alte Frauen tragen Kopftücher, und Mofas knattern durch die Gassen. Wer zeigen will, dass er es zu etwas gebracht hat, kauft sich keinen Mercedes, sondern ein japanisches Pickup-Fahrzeug mit dröhnender Stereoanlage. Abends ist viel los in Archángelos, denn die Bauern aus der Umgebung kommen und bereichern das dörfliche Nachtleben.

Kirche

Die Kirche von Archángelos wurde erst in den 1930er Jahren erbaut. Der Kirchplatz ist mit schönen **Kieselmosaiken** ausgelegt und ein **weißer Kirchturm** im „Zuckerbäckerstil" erhebt sich über dem Hofeingang. Er ist zum Wahrzeichen von Archángelos geworden. Im Kircheninneren finden sich weitere Mosaiken am Boden. Die Säulen aus buntem Marmor enden in korinthischen Kapitellen, auf denen ein Kreuzrippengewölbe ruht. Die Kanzel ist bunt bemalt und reich verziert.

Johanniterfestung

Hinter der Kirche beginnt der Weg zur alten Festung. Sie ist als „Akropolis" gekennzeichnet. Die Festung wurde von den Johannitern 1460 errichtet. Die Großmeisterwappen sind noch gut zu erkennen. In die Festung hineingebaut wurde die **Kapelle Ag. Ioánnis.** Der 20-minütige Aufstieg zur Festung ist recht sonnig, aber er lohnt sich vor allem wegen der schönen Aussicht auf Archángelos und das felsige Umland.

Unterkunft

- **Pension Tsambíka,** Tel./Fax 22440-22020. Sehr beliebt, Reservierung notwendig, da viele Stammgäste. Nettes Haus hinter dem Fußballplatz, viele Blumen, familiäre Atmosphäre, sauber; DZ mit Bad, Balkon, Küche, AC 30–40 €
- **Tsambíka Sun Hotel,** Tel. 22440-22568, Fax 22074, Handy 6974715784. Größere Anlage, die einfachen Zimmer gruppieren sich um den Pool, am Ortsrand gelegen, *Panajotis* spricht gut Deutsch, oft Wandergruppen zu Gast, DZ, Bad, Terrasse oder Balkon, AC, Pool, ohne Frühstück 30 €, EZ 25 €

Essen und Trinken

- **Taverne Mavrios,** einfache Taverne mit echt griechischer Atmosphäre; sehr beliebt und oft voll; sehr gute, große Fleischgerichte vom Grill, preisgünstig. Der Zustand der WCs ist allerdings auch recht einfach.

Blick auf Archángelos von der Festung

Wanderung 1: Von Archángelos nach Ag. Nektários

- **Route:** Archángelos – Kirche Ag. Nektários
- **Strecke:** breite Staubpiste, einfach zu finden, teils mit roten Punkten markiert; am Ende der Tour Ausflugstaverne und Quelle (s. Karte S. 216)
- **Dauer:** 2 Std.
- **Ausrüstung:** Sonnenschutz, Wasser
- **Organisation:** Den Startpunkt Archángelos erreicht man schon früh morgens recht einfach per Bus. Man sollte möglichst am frühen Morgen starten, da es sonst sehr heiß werden kann. Am Endpunkt gibt es keinen Bus, aber Telefon (Taxi nach Kolímbia) und viele Ausflügler mit Mietfahrzeugen, die man um Mitnahme bitten kann.

Diese Tour führt über breite, recht sonnige Pisten durch Olivenhaine zur hübschen Kirche Ag. Nektários, die in einem üppig grünen Tal liegt. Man hat unterwegs eine schöne Aussicht auf die Berge. Starten sollte man früh am Morgen, sonst gerät man mächtig ins Schwitzen. Unterwegs kann man kein Wasser auftanken, erst am Ende der Tour gibt es einen Brunnen und eine nette Ausflugstaverne.

Startpunkt ist die **Bushaltestelle von Archángelos.** Von hier geht es zunächst auf der Straße entlang in Richtung Tsambíka und an der Straße, die nach Stegná führt, vorbei über eine Brücke. Hinter der Brücke biegt man links in eine kleine Asphaltstraße ein, die sich kurz darauf gabelt. Links geht es wieder über eine kleine Brücke und weiter an einem Fußballplatz entlang, der sich hinter einer hohen Mauer links der Straße verbirgt.

Die Straße windet sich dann nach links und kurz darauf nach rechts; nach insgesamt rund 15 Minuten erreicht man die Ortsumgehungsstraße. Nach deren Überquerung folgt man der kleinen Straße, die gegenüber beginnt. Sie führt am Hotel Ampela vorbei und geht bald in eine Piste über. Zehn Minuten später zweigt links ein Weg ab, die Wan-

057rh Foto: vb

derung geht aber geradeaus weiter. Nach weiteren zehn Minuten zweigt ein Weg rechts und kurz darauf einer links ab. Es geht wieder geradeaus und bald schon befindet sich rechts ein Brunnen. Zehn Minuten nach der letzten Verzweigung geht links ein Weg ab und kurz darauf gabelt sich der Weg. Hier geht es rechts weiter und bald schon

Der Kirchturm von Archángelos

steht rechter Hand eine **kleine Kirche.** Auch hier sind rote Markierungspunkte an den Bäumen.

Nach weiteren 15 Minuten steht links des Weges ein Haus und die Olivenbäume enden. Die Piste führt nun nach rechts, macht eine scharfe Linkskurve und zieht sich dann den kahlen Berghang hinauf. Der Blick von hier auf Archángelos und die Ebene ist beeindruckend. Nun folgen 20 Minuten Aufstieg durch die pralle Sonne. Oben gabelt sich der Weg. Die Wanderung geht nun links weiter, abwärts durch ein Tal.

Nach 35 Minuten verzweigt sich der Weg wieder, wobei man sich rechts hält und fünf Minuten später bei der nächsten Gabelung ebenfalls dem Weg nach rechts folgt. Der Weg führt durchs Tal und windet sich dann durch den Wald am Hang entlang. An der folgenden Gabelung geht man nach links und erreicht nach fünf Minuten bei einem Gatter die Straße. Folgt man ihr noch fünf Minuten nach rechts, erreicht man die Kirche **Ag. Nektários.** Dort finden sich ein **Brunnen** und eine nette **Taverne.**

Wanderung 2: Von Archángelos zu den Sieben Quellen

- **Route:** Archángelos – Eptá Pigés (Sieben Quellen)
- **Strecke:** Pisten und gut ausgetretene Pfade, teils mit roten Punkten markiert, teils Schilder; am Ende der Tour Ausflugstaverne und Quellen (s. Karte S. 216)
- **Dauer:** 1 Std. 15 Min.
- **Ausrüstung:** Sonnenschutz, Wasser, Handtuch für den Wassertunnel
- **Organisation:** Den Startpunkt Archángelos erreicht man schon morgens früh recht einfach per Bus. Am Endpunkt in Eptá Pigés gibt es keinen Bus, aber Telefon (Taxi nach Kolímbia) und viele Ausflügler mit Mietfahrzeugen. Wir wurden von solchen bis zur Bushaltestelle nach Kolímbia mitgenommen.

058rh Foto: vb

Diese Wanderung verläuft auf breiten Pisten und kleinen Pfaden über eine Hochebene an Olivenhainen und Feldern vorbei in das üppig grüne Tal bei den Eptá Pigés (Sieben Quellen). Hier liegen außerdem ein kleiner Stausee und ein begehbarer Wassertunnel. Die Wege liegen am frühen Morgen meist noch im Schatten, über die Mittagszeit

Am Staubecken bei den Eptá Pigés

wird es recht warm. Quellen findet man unterwegs keine. Am Ende der Tour gibt es eine Ausflugstaverne.

Von der **Bushaltestelle in Archángelos** geht es in Richtung Tsambíka, an der Straße, die nach Stegná führt, vorbei und über die Brücke. Dahinter folgt man der nach links abzweigenden kleinen Straße. Bei der Gabelung nach wenigen Metern geht es rechts weiter. Nach insgesamt 15 Minuten erreicht man die Ortsumgehungsstraße und überquert sie.

Auf der gegenüberliegenden Seite beginnt eine kleine Straße. Hier steht ein Schild, auf dem die „7 Pigés“ markiert sind. Dann geht die Straße in einen Feldweg über. Es zweigen daraufhin mehrere Wege vom Hauptweg ab, aber Schilder weisen den Weg.

Nach rund 45 Minuten sieht man rechter Hand eine **kleine Kirche** liegen. Auch im folgenden Verlauf ist die Strecke gut markiert. Der Weg führt steil nach rechts hinunter in ein Tal und windet sich dann nach links, nach weiteren 20 Minuten erreicht man eine kleine Straße, der man wenige Meter nach rechts folgt. Am linken Straßenrand befindet sich ein Betonschacht mit Dach. Dies ist der **Lüftungsschacht des Tunnels,** der von den Quellen zum Stausee führt (s. „Eptá Pigés“ bei der Ortsbeschreibung „Kolímbia“). Hier biegt man links in den Fußweg ein, der zur **Taverne** bei den Quellen führt. Vor der Taverne beginnt ein Pfad, der sich am Bachbett entlang bis zur Straße das Tal hinunter zieht. Auf dieser Nebenstraße verkehrt kein Bus. Die nächste Bushaltestelle befindet sich vier Kilometer entfernt in Kolímbia an der Hauptstraße. Man kann versuchen, bis dorthin mitgenommen zu werden.

Wanderung 3: Rundwanderung um Ag. Nektários

- **Route:** Rundwanderung um die Kirche Ag. Nektários zwischen Kolímbia und Archípoli
- **Strecke:** über eine breite Piste und ein kleines Stück entlang der Straße, nicht markiert, aber einfach zu finden (s. Karte S. 216)
- **Dauer:** 45 Min.
- **Ausrüstung:** Sonnenschutz, Wasser
- **Organisation:** Anfahrt per Mietfahrzeug zum Parkplatz bei der Kirche

Die kleine Rundwanderung führt von einem grünen Tal durch Kiefernwald und an Felsen entlang zu einem schönen Aussichtspunkt hinauf.

Von der Kirche **Ag. Nektários** folgt man zunächst der Straße fünf Minuten in Richtung Eptá Pigés. Dann zweigt rechts ein Waldweg von der Straße ab. Er zieht sich den bewaldeten Hang hinauf an **Bienenkästen** vorbei. Oben kommt man aus dem Wald heraus. Nun wird der Weg eben und führt unterhalb **schroffer Felsen** entlang, mit Blick über das ganze Tal.

Danach windet sich die Piste wieder den Hang hinunter. Nach 25 Minuten gabelt sich der Weg. Es geht rechts weiter und bald schon mündet der Weg bei einem Gatter auf die Straße. Auf dieser geht es noch einige Minuten nach rechts und 15 Minuten nach der Gabelung hat man die Kirche Ag. Nektários wieder erreicht.

Essen und Trinken

- In der **Taverne** an der Kirche Ag. Nektários, zwischen Archípoli und den Eptá Pigés, werden gute griechische Speisen angeboten; Preise ok.

152rh Foto: ws

STEGNÁ

Von Archángelos aus ist die nahe gelegene Küstensiedlung Stegná mit Strand, Tavernen und Pensionen leicht zu erreichen. Zwischen den beiden Stränden des angenehmen Ortes liegt ein kleiner Hafen. Von Archángelos fährt morgens ein Bus nach Stegná und am Nachmittag wieder einer zurück.

Unterkunft

- **Sergios Apartments Tilla,** Tel. 22440-22244 o. 22954, Fax 22194, Handy 6977793201, sergiosapartments@yahoo.com, www.sergios.gr. Neues Haus direkt am Strand. Schöne große Zimmer, Bad, Balkon, Küchenecke, TV, AC tgl. 6 € extra; Meerblick, sauber, sehr beliebt; ohne Frühstück, DZ 25–40 €, Dreibettzimmer 32–52 €, Vierbettzimmer 39–64 €
- **Charoula Rooms,** Tel./Fax 22440-24036, Handy 69784 24554, georgekoufos2004@yahoo.gr, www.appartmentsharoula.gr. Hinten im Tal gelegen. Viel Schilf, schattig, aber auch viele Mücken, daher Moskitonetze an den Fenstern; ruhig, bunter Garten; einfache kleine Zimmer mit Bad teils Küche, sauber, ab 25–35 €

Am Anlegesteg von Stegná

● **Athina Rooms,** Tel./Fax 22440-23730 oder 22106, Handy 6948545961, info@athinastudio.gr, www.studiosathina.gr. Hinten im Tal bei der Straße, ruhig, sauber, netter Garten, DZ, Bad, Balkon, Küchenecke, 25–40 € mit Frühstück
● **Poseidon Rooms**, Tel./Fax 22410-23258 oder 23805. Liegt hinten im Tal, einfache DZ, Bad, Balkon, Küchenecke, Garten, teils mit TV und AC, 35–50 €

Essen und Trinken

● **Taverne O Tsambíkos,** Fischtaverne, bei Stammgästen sehr beliebt
● **Taverne Lousitania,** am Nordstrand, frischer Fisch direkt vom Fischer

Strände

Die Wasserqualität hier wurde in den letzten Jahren zeitweise als nicht zufriedenstellend beurteilt.

Stegná Nord

Im Hinterland des Nordstrandes finden sich einige Pensionen. 200 m lang und 5–15 m breit, Feinkiesel, klares Wasser, kein Schatten, kein Seegras, Felsen nur am Kap im Wasser, steiler abfallend; in der NS ruhig, in der HS gut besucht.

● **Service:** Dusche, Umkleidehaus, WC in Taverne, Telefon, Strand wird gesäubert, Schirme und Liegen, Tretboote, Kanus
● **Anfahrt:** Bus zweimal täglich; Parkmöglichkeiten vorhanden; Trampen von Archángelos aus gut möglich

Stegná Süd

Vom Südstrand hat man einen schönen Blick auf das Felsenkap. Den Strand begrenzend, verläuft die Uferpromenade mit Bäumen und Bänken; dort liegen Tavernen, Pensionen und kleinere Hotels. Am hinteren Strandende stehen große Tamarisken, die Schatten spenden. 500 m lang und 10–20 m breit, Sand mit Kies, klares Wasser, kein Seegras, flache Felsen und Felsinseln im Wasser, teils flach und teils steiler abfallend, schön zum Schnorcheln. Trotz Papierkörben leider Zigarettenkippen am Strand. In der NS ruhig, in der HS gut besucht.

● **Service:** Dusche, WC in Taverne, Supermarkt, Telefon, Volleyballnetz, Schirme und Liegen, während der HS Crazy Banana, Wasserski, Paragliding, Ring
● **Anfahrt:** s.o.

Malóna und Másari

Die Dörfer Malóna und Másari liegen abseits der Hauptstraße im Hinterland. Leider haben großflächige Waldbrände die einstmals schöne Gegend nördlich der Dörfer ziemlich entstellt, so dass Spaziergänge in Richtung Platánia heute keine Freude mehr machen.

Oberhalb von Malóna liegen im Tal üppig grüne Felder, in denen das Wasser kräftig plätschert. Hier werden vor allem Zitrusfrüchte angebaut.

Malóna ist ein hübsches, ruhiges Bauerndorf. Die meisten Gebäude sind einfache Einraumhäuser, viele noch aus dem 19. Jh. Vor dem Haus liegt meist ein Hof, von dem aus man zum Toilettenhäuschen und in die Küche mit Kamin gelangt. Auffällig sind die alten Schornsteine, die in diesem Dorf noch zu finden sind.

Másari ist ein sehr einfaches Dorf mit einem kleinen Platz, das wenig besucht wird.

Um die beiden Dörfer herum sind zahlreiche **alte Kapellen** mit teilweise schönen alten Fresken zu entdecken. Unweit der Straße, die von Malóna nach Charáki führt, liegt noch vor der Hauptstraße rechts zwischen Olivenbäumen das Kreuzkuppelkirchlein **Ag. Iríni** aus dem 16. Jh. Die Fresken wurden 1728 gemalt.

Moní Kamíri

Von Másari lässt sich ein Abstecher zum Kloster Moní Kamíri unternehmen. Kunstgeschichtliche Raritäten hat das heute verlassene Klösterchen zwar nicht zu bieten, dafür aber einen **schönen Innenhof** mit Kieselmosaiken, in dem viele Blumen wachsen. Man muss beim Besuch die Eingangstür wieder sorgfältig verschließen, denn die Ziegen der Umgebung sind immer hungrig und machen auch vor dem Klosterhof nicht halt. Das Kirchenfest findet am 17./18.7. statt.

059rh Foto: vb

Man erreicht das Kloster, wenn man von Másari aus der alten Straße in Richtung Líndos folgt. Am Flussbett zweigt hinter der Brücke rechts eine kleine Straße ab, die wieder in eine Piste übergeht und zum Kloster hochführt.

Wenn man auf dem Rückweg wieder auf die alte Straße zurückkehrt und ihr weiter folgt, erreicht man nach 500 Metern die Kapelle **Ag. Geórgios Lorima.** Sie stammt aus dem 14. Jh., ihre Fresken sind vermutlich auch aus dieser Zeit.

Charáki

Charáki war lange Jahre eine Art Geheimtipp unter Kennern der Insel. In den letzten Jahren hat sich dies allerdings geändert. Der einstmals ruhige Ort wurde vor kurzem von Pauschalanbietern entdeckt und jetzt bereichern auch einige Bars das Nachtleben – sehr zum Ärger der Stammgäs-

Alte Häuser in Malóna

te, die diesen Ort der Ruhe wegen schon seit Jahren immer wieder besuchen. Charáki ist aber immer noch ein relativ ruhiger Küstenort. Kleine Boote dümpeln in der Bucht und Kinder plantschen im Wasser. Die beinahe kreisrunde Bucht ist von Betonhäuschen, wie sie die Griechen mögen, umgeben.

Festung Feraklos

Oberhalb der Bucht erhebt sich die Johanniterfestung Feraklos. Sie entstand bereits in **byzantinischer Zeit,** wurde aber von den **Johannitern** 1306 eingenommen. Später bauten die Ritter die Festung zu einem Verbannungsort für ungehorsame Ordensbrüder aus. 1470 wurde sie von den Osmanen überfallen und stark beschädigt, so dass die Johanniter kräftig renovieren mussten.

Heute sind hier oben nur noch ein paar Steinmauern zu sehen. Die Festung Feraklos ist nur durch einen schweißtreibenden Fußmarsch zu erreichen, der sich aber allemal lohnt: Von oben hat man einen sehr schönen Blick auf das Umland.

Hinter der Festung liegt in der nächsten Bucht der beliebte Agáthi Beach. Hinter dem Strand befindet sich die **Höhlenkirche Ag. Agáthi** aus dem 12. Jh. mit alten Freskenresten. Hier lebten früher viele Jahre lang Einsiedler. Vor der Höhle lädt ein hübsches Plätzchen mit Schatten spendenden Bäumen zur Rast ein.

Auf dem Bergrücken bei der Festung zweigt ein kleiner Pfad zu der weithin sichtbaren **Kapelle Ag. Nikólaos** aus dem 16. Jh. ab, deren Fresken in deutlich besserem Zustand sind.

Unterkunft

In Charáki wird viel gebaut, und es entstehen immer mehr kleine Pensionen am Strand. Die Häuser sind 3-geschossig und haben meist 2–3 Zimmer pro Stockwerk. Die kleinen Pensionen sind oft belegt.

- **Charaki Studios,** Tel. 22410-51942, Fax 60463, Handy 6977910380, info@harakivillage.gr, www.harakivillage.gr. Am Ortsrand, hat auch Zimmer in zweiten Reihe, nach den vorderen fünf Zimmern muss man fragen, nette DZ, großer Balkon, Küchenecke, Bad, TV, AC, 35–50 €, auch Zimmer mit Galerie für vier Personen, 40–60 €; empfehlenswert

154rh Foto: ws

- **Skizenas Rooms,** Tel. 22440-51618 oder in Rhódos 22410-32558 oder Handy 6937530948, am Strand gelegen. Beliebt und oft voll; Balkon mit Blick aufs Meer, Wohnzimmerchen mit Küchenecke und Sofabett, Bad mit Wanne, nach hinten raus Schlafzimmer mit Moskitonetz am Fenster; Eingang von hinten, 30–55 € ohne Frühstück
- **Rooms George,** Tel. 22440-51013 oder 51476, Handy 6978377137, auch direkt am Strand; ähnlich wie Skizenas
- **Steve,** Tel. 22440-51649 oder 51590, auch direkt am Strand
- **Alia Rooms,** Tel. 22410-51065, Fax 51359, auch an der Uferpromenade, mit AC, 25–40 €

Restaurant in Charáki direkt am Meer

155rh Foto: ws

Strände

Agáthi Beach

Die Umgebung der Agáthi-Bucht nördlich von Charáki ist kahl, aber man hat einen schönen Blick auf die Festung Feraklos. 300 m lang und 40 m breit, Sand, klares Wasser, kein Schatten, flach abfallend; in der NS gut besucht, in der HS sehr voll.

- **Service:** Dusche, WC, Taverne und Kiosk, Strand wird gesäubert, Liegen und Schirme, Volleyballnetz, Tretboote, Crazy Banana, Wasserski, Ring; am Strand Holzbohlenwege, für Leute mit Gehbehinderungen einfach zu erreichen
- **Anfahrt:** Bus bis Charáki, von dort aus 2 km über eine Piste; Parkplatz vorhanden

Charáki Hauptstrand

In der runden Bucht liegen viele Boote vor Anker, um sie herum verläuft eine Uferpromenade, an der Tavernen, Cafés und Pensionen liegen. Blick auf Festung Feraklos und auf bizarre Felsen am Kap. 300 m lang und 5–10 m breit, Kies und Sand, ein paar Bäume spenden nachmittags Schatten, kein Seegras, flacher abfallend; in der NS ruhig, in der HS voll.

060rh Foto: vb

Nördliche Ostküste

- **Service:** Dusche, WC in Taverne, Telefon, Schirme und Liegen
- **Anfahrt:** Bushaltestelle am Dorfrand; Parkplatz ist vorhanden

Charáki Süd

Hinter dem Kap beginnt ein sehr langer, 20 m breiter Strand. Sand und Kies, steiler abfallend, kein Schatten, kein Seegras, Felsen nur am Kap im Wasser; in der NS ruhig, in der HS gut besucht, vor allem von griechischen Familien.

- **Service:** Dusche, Taverne, Schirme und Liegen, Papierkörbe vorhanden, aber teils auch Strandgut
- **Anfahrt:** Bushaltestelle am Dorfrand; Parkplatz ist vorhanden

Blick auf Charáki und die Festung Feraklos im Hintergrund

Die Reste der Festung Feraklos

044rh Foto: vb

DIE MITTLERE OSTKÜSTE

TIPPS FÜR DIE REGION

Verkehrsmittel

●**Busse:** Die mittlere Ostküste wird regelmäßig von zahlreichen Bussen befahren. Von Rhódos-Stadt nach Líndos fährt alle ein bis zwei Stunden ein Bus. Die Busse nach Líndos sind aber häufig überfüllt. Nach Lárdos, Péfki, Kiotári und Gennádi fährt der Bus 5-mal täglich. Láerma und Asklipío per Bus zu erreichen ist ein Problem.
●**Mietfahrzeuge:** Überall an den touristischen Küstenorten werden Mietfahrzeuge angeboten, z. B. in Líndos, Péfki, Lárdos und Kiotári. Tankstellen gibt es bei Kálathos, Lárdos und Kiotári (wo die Straße nach Asklipío abzweigt).
●**Taxis** sind vor allem rund um Líndos zahlreich zu finden. Neben der Bushaltestelle am Dorfeingang ist eine Taxistation, an der fast immer Wagen auf Kunden warten. Tel. Taxi Líndos: 22440-31466, Lardos Taxi Tel. 22440-44047.

Nützliche Adressen

●**Ärzte, Apotheken:** In Líndos gibt es mehrere Ärzte: an der Kirche eine Praxis, die vormittags geöffnet ist, Tel. 22440-31224, außerdem einen Arzt an der Hauptgasse, Tel. 22440-31643 oder 31452. Auch Lárdos hat eine kleine Arztpraxis, die aber nur vormittags geöffnet ist. Im Notfall wende man sich nach Rhódos-Stadt, Tel. 22410-80000. Apotheken gibt es in Líndos.
●**Information:** Ein städtisches Informationsbüro der Gemeinde findet man beim Brunnen an der Bushaltestelle in Líndos, Tel. 22440-31900 oder 31227.
●**Geld:** Banken, auch mit Automat, gibt es in Líndos. In Lárdos ist es möglich, im Reisebüro zu wechseln; an der Hauptstraße unweit der Tankstelle befindet sich ein Automat. Ein weiterer Automat steht in Kiotári, neben den neuen Läden an der Hauptstraße.
●**Polizei:** Líndos, Tel. 22440-31223. Ansonsten ist die Touristenpolizei in Rhódos-Stadt zuständig, Tel. 22410-27423.
●**Reisebüros:** in Líndos gibt es zahlreiche Reisebüros, z.B. Pallas Travel, pallas.rsh@forthnet.com, Tel. 22440-31494, Fax 31595, und Savaidis Travel, Tel. 22440-31347, Fax 31451, info@savaidis-travel.gr, www.savaidis-travel.gr, die neben Zimmern Mietfahrzeuge und Ausflüge anbieten. Beide haben auch Niederlassungen in Péfki. In Lárdos bietet das Reisebüro Zorbas seine Dienste an.
●**Wäscherei:** In Líndos gibt es unweit des Reisebüros Pallas Travel eine Wäscherei. Dort werden auch Second-Hand-Bücher ge- und verkauft. Geöffnet Mo–Sa 9–20 Uhr, NS bis 18 Uhr, Tel. 22440-31443.
●**Internetcafés:** Líndos Internetcafé, unweit der Post, Tel. 22440-32100, Líndos Lindianet Café, beim Chinarestaurant, Tel. 22440-32142 geöffnet 14–22 Uhr, Lárdos Café-Bar Iguana, am Ortseingang, täglich 9-23 Uhr, Tel. 22440-44508

Einkaufen

Die Einkaufsmöglichkeiten in den Dörfern sind eher bescheiden. Läden mit Strandartikeln finden sich in Líndos, Péfki und Kiotári. In Líndos werden sehr viele Souvenirs angeboten, allem voran Stickereien. Auch hier gilt: Man achte unbedingt darauf, ob es sich um eine Handarbeit oder um ein maschinell erstelltes Teil handelt; Handarbeiten sind – zu Recht – teurer.

Líndos

Líndos ist nach Rhódos-Stadt die zweite große Touristenattraktion der Insel. Tagsüber strömen die Besucher durch die Gassen. Von den schönen Häusern ist dann leider fast gar nichts mehr zu sehen, sie verschwinden unter Souvenirs. Einige Händler brachten es fertig, die schönen, mit Steinreliefs verzierten Portale der Häuser mit Metallhaken zu durchlöchern, damit die „I love Greece"-T-Shirts hier baumeln können. Dass viele Besucher lieber die Häuser vor Augen hätten, wurde dabei nicht bedacht.

Líndos ist trotzdem einen Besuch wert, aber am besten am frühen Morgen. Die schönste Zeit in Líndos ist morgens zwischen 6 und 9 Uhr und dann wieder abends zwischen 18 und 22 Uhr. Wenn die ersten Busse aus Rhódos-Stadt und Faliráki eintreffen, ist das Dorf nur noch mäßig erträglich.

Geschichte

Líndos war bereits zur Bronzezeit besiedelt. In einer Höhle unterhalb der Akropolis wurden Spuren einer Kultstätte aus dem 2. Jahrtausend v. Chr. entdeckt. In der Antike entwickelte sich die Stadt unter dem Einfluss dorischer Einwanderer zur wich-

Vorhergehende Seite:
typische Landschaft der mittleren Ostküste

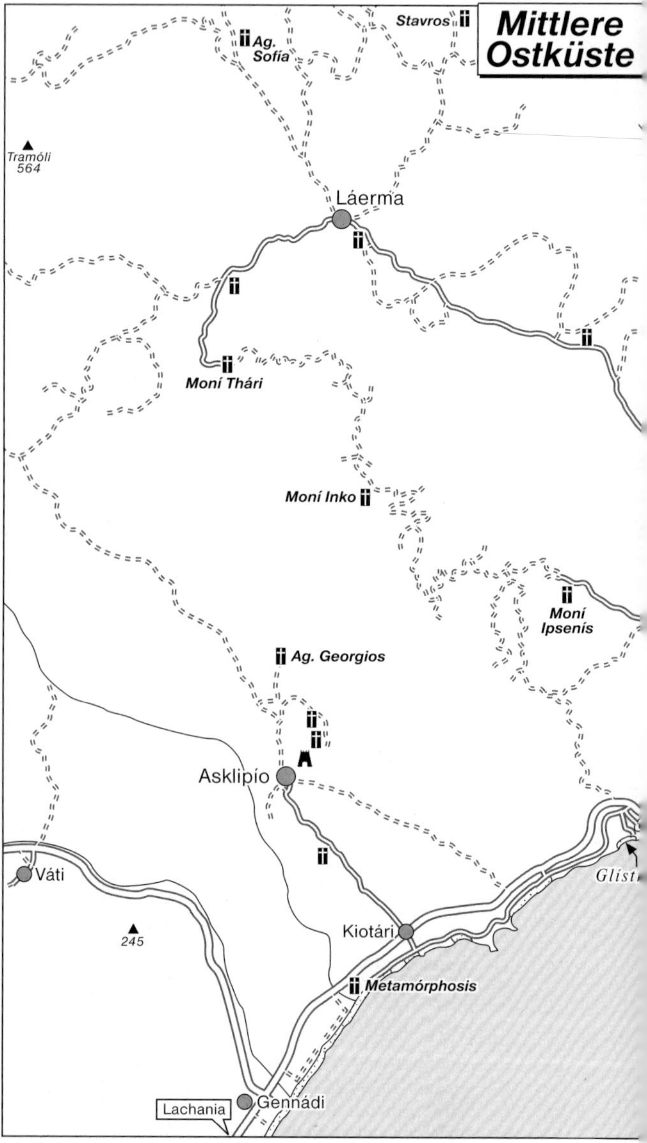
Mittlere Ostküste
Stavros
Ag. Sofia
Tramóli 564
Láerma
Moní Thári
Moní Inko
Moní Ipsenís
Ag. Georgios
Asklipío
Váti
245
Kiotári
Metamórphosis
Lachania
Gennádi

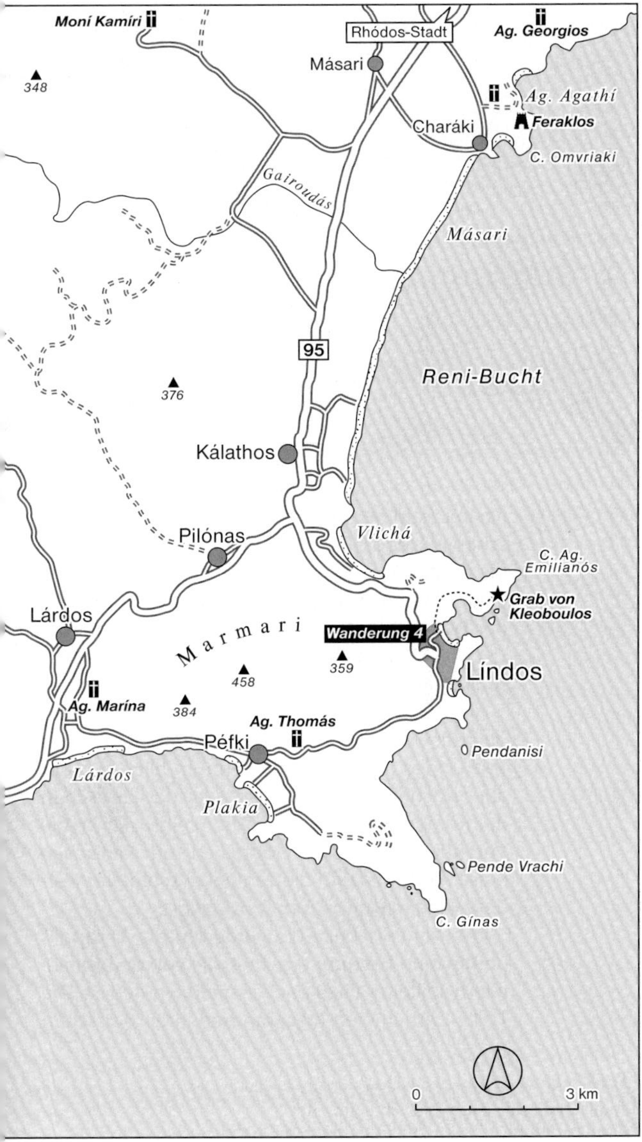
Moní Kamíri
Rhódos-Stadt
Ag. Georgios
348
Másari
Ag. Agathí
Charáki
Feraklos
C. Omvriaki
Gairoudás
Másari
95
Reni-Bucht
376
Kálathos
Vlichá
Pilónas
C. Ag. Emilianós
Grab von Kleoboulos
Lárdos
Marmari
Wanderung 4
359
458
Líndos
Ag. Marína
384
Ag. Thomás
Péfki
Pendanisi
Lárdos
Plakia
Pende Vrachi
C. Gínas
0
3 km

045rh Foto: vb

tigsten Stadt der Insel. Damals lebten 17.000 Menschen in Líndos. Bereits im 9. Jh. v. Chr. wurde hier die Göttin Athene verehrt. Die Blütezeit des alten Líndos lag im 6. Jh. v. Chr. Zu dieser Zeit regierte der **Tyrann Kleoboulos** die Stadt, der als einer der „Sieben Weisen" bekannt war. Unter seiner Herrschaft ging es der Stadt recht gut.

Als 408 v. Chr. die antike Stadt Rhódos im Norden der Insel gegründet wurde, nahm der Einfluss von Líndos ab. Religiöses Zentrum blieb der Ort aber noch längere Zeit. Erst unter der Herrschaft der Römer ging es bergab. Als im 4. Jh. n. Chr. die Verehrung der antiken Gottheiten vom römischen Kaiser verboten und die Tempel geschlossen wurden, verkam Líndos zum Provinznest.

In byzantinischer Zeit wurde um die Akropolis herum eine **Festung** errichtet, die von den Johannitern später ergänzt und verstärkt worden ist. Die Türken errichteten hier während ihrer Herrschaft

Líndos und seine Akropolis sind einer der Hauptanziehungspunkte für Touristen auf Rhódos

eine Moschee, von der heute allerdings nichts mehr steht.

Das Dorf Líndos, das unterhalb der Festung entstand, wurde 1610 bei einem **Erdbeben** fast vollständig zerstört. Heute sind nur noch die Kirchen und ein Herrenhaus mit dem Entstehungsdatum 1599 aus der Zeit vor dem Erdbeben erhalten.

Schon im Mittelalter waren viele Einwohner von Líndos zur See gefahren, denn die Landschaft hier ist kahl, und von Landwirtschaft allein konnten die Bewohner nicht leben. Die Kenntnisse und Erfahrungen, die die Seeleute im Laufe der Jahre sammelten, wurden zusammengetragen und von Generation zu Generation weitergegeben und ergänzt, so dass die **Seefahrer von Líndos** bald bekannt und hochgeschätzt waren. Sie ließen sich ihre Popularität und Kenntnisse gut bezahlen, und die Kapitäne wurden im Laufe der Zeit nicht nur reich an Erfahrungen, sondern auch an Geld. Schon vor dem Erdbeben müssen ihre Häuser prächtig gewesen sein, und als das Dorf 1610 in Trümmern lag, hatten die Bewohner ausreichende Mittel, um es wieder aufzubauen. In den folgenden Jahrzehnten entstanden zahlreiche **Herrenhäuser,** die heute noch das Dorfbild prägen.

In späterer Zeit mischten sich **klassizistische Elemente** ein, aber gegen Ende des 18. Jh. war es vorbei mit dem Reichtum der Einwohner von Líndos. Viele wanderten damals aus, und die prächtigen Häuser verfielen. Die Auswanderer kamen aber großteils gegen Ende des 19. Jh. wieder in ihre Heimat zurück – die meisten von ihnen recht wohlhabend –, und nun wurden viele der alten Kapitänshäuser gründlich renoviert. Damals entstanden zahlreiche Eingangsportale im klassizistischen Stil.

Líndos erlebte ähnlich wie Rhódos-Stadt schon zu Zeiten der Italiener eine erste Berührung mit dem **Tourismus.** Inzwischen leben die Einwohner nicht schlecht von den Fremden. Líndos ist im Vergleich mit anderen Orten auf Rhódos ein

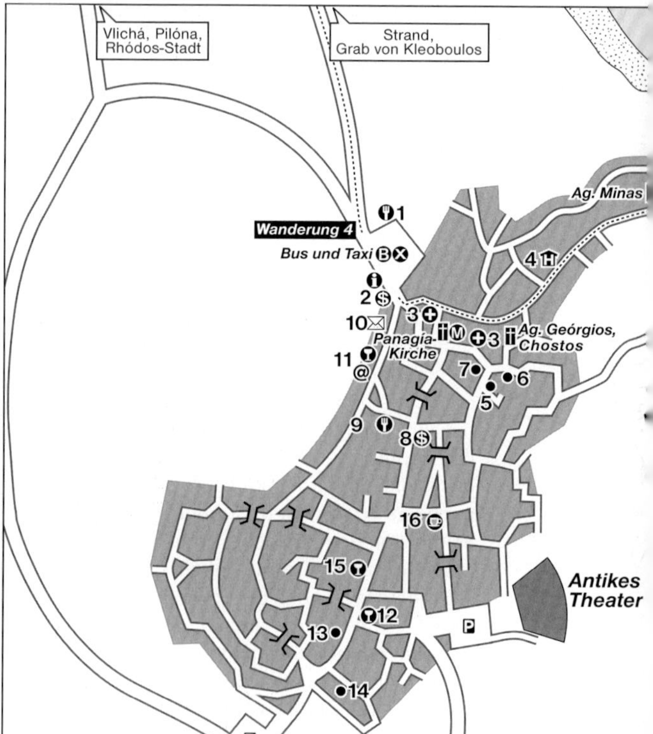

teures Pflaster. Aber der Preis, den die Bewohner dafür zahlen, dass sie nun gut vom Tourismus leben können, ist hoch, denn die Hälfte des Jahres können sie das Dorfleben nicht mehr in Ruhe genießen, Líndos gehört dann den Fremden.

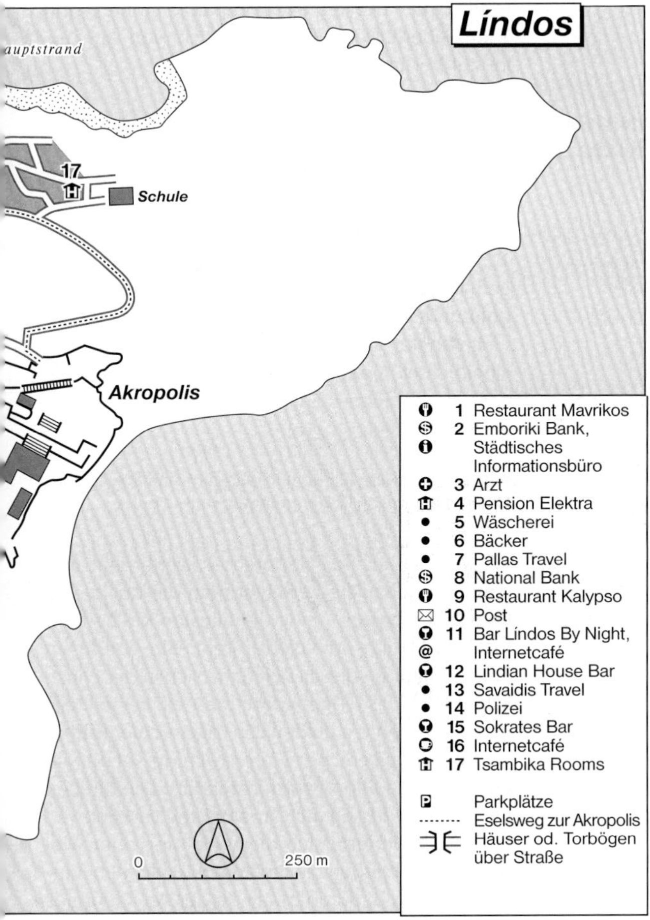

Sehenswertes

Der Bus hält an der Hauptstraße, und ein kleiner Bus fährt noch bis an den Dorfrand hinunter. Auch wer per Mietfahrzeug ankommt, muss am Dorfrand parken. Kostenlose Parkplätze stehen rund 1 km außerhalb oberhalb der Bucht von Ag. Pavlos zur Verfügung.

Panagía-Kirche

Schon nach wenigen Metern erreicht man die Panagía-Kirche. Sie gehört zu den schönsten Kirchen der Insel. Sie wurde im 14. Jh. errichtet und um 1484–90 von den Johannitern ausgebaut und renoviert. Die **Fresken** entstanden in den Jahren 1775–80 und wurden von einem Mönch aus Sými gemalt. Auch der **Mosaikfußboden** und die **vergoldete Altarwand** (Ende 17. Jh.) sind sehenswert.

Hinter der Kirche wurde ein kleines **Museum** eingerichtet. Gezeigt werden Ikonen, Freskenteile und sakrale Gegenstände aus den letzten Jahrhunderten.

- **Öffnungszeiten:** Kirche und Museum sind von Juni bis Oktober, täglich 9–15 Uhr geöffnet, Eintritt 1,50 €

Kirche Ag. Geórgios Chostos

Wenn man auf der Hauptgasse weitergeht und dann links abzweigt, erreicht man die Kirche Ag. Geórgios Chostos – eine der ältesten Kirchen der Insel, die noch unversehrt steht. Sie wurde im 8. Jh. erbaut. Zu dieser Zeit hatte sich in der christlichen Welt das Dogma durchgesetzt, keine Heiligenbilder mehr zu dulden. Ein regelrechter **Bildersturm** mit kaiserlicher Unterstützung setzte ein, und alle alten Bilder wurden zerstört. Die Kirchen wurden stattdessen mit Ornamenten verziert.

Im 9. Jh. änderte sich diese Haltung aber wieder, und oft wurden die einfachen, schlichten Fresken aus dem 8. Jh. übermalt. In der Ag. Geórgios wurde allerdings nichts übermalt, so dass man hier teilweise noch die alten Fresken aus der Bilderstürmerzeit vorfindet. In der Apsis finden sich figürliche Darstellungen. Diese Fresken stammen aus dem 12. Jh. Einige der Fresken wurden entfernt, sie werden jetzt im Kirchenmuseum der Panagía-Kirche gezeigt.

047rh Foto: vb

Akropolis Die Hauptgasse führt zwischen zahllosen Spitzendecken, Wollpullovern, Teppichen und Nippesfigürchen hindurch zum Aufgang zur Akropolis. Um hinauf zu gelangen, gibt es übrigens auch eine vierbeinige Variante: Man kann zur Akropolis mit dem **Esel** reiten. Die Tiere warten gleich neben der Bushaltestelle. Zum Abschluss der Tour werden die Reiter fotografiert, in der Hoffnung, dass sie diese Fotos dann kaufen.

Hinter dem Kassenhäuschen der Akropolis erreicht man einen Platz mit den Resten der **Zisternen.** Die zinnenbekrönte Mauer unterhalb wurde von den Johannitern im 15. Jh. erbaut. Eine Treppe führt nach oben, vorbei am **Trierenrelief** aus dem 2. Jh. v. Chr. Vor diesem stand früher eine Statue des Admirals *Hegesandros*. Das Relief stellt ein Kriegsschiff, *Triere* genannt, aus dieser Zeit dar,

Auf der Akropolis

auf dem der Admiral erfolgreich war. Gefertigt wurden die Plastiken vom Bildhauer *Pythokritos,* einem berühmten Künstler dieser Zeit.

Oben befindet sich der eigentliche Eingang zur Johanniterfestung mit dem Wachhaus nebenan. Gleich daran anschließend liegt die **Johanneskirche,** die noch zu byzantinischer Zeit im 13. Jh. entstanden ist.

Es geht nun weiter in einer Linkskurve hoch zur **Stoa.** Einige Säulen der u-förmigen Stoa, einer 87 Meter langen Säulenhalle aus dem 3. Jh. v. Chr., haben Archäologen wieder aufgebaut. Die Stoa diente als eine Art Portal, durch das man den Tempel betrat. In antiker Zeit erreichte man sie von unten, nicht wie heute von der Seite. Damals betrat man zuerst die unterste Terrasse.

Dort steht heute noch die **Exedra,** der halbrunde Hintergrund einer Statue, die nicht mehr aufzufinden ist. Die Statue stellte wahrscheinlich den Priester *Pamphilidas* dar. Halb rechts, in der Ecke der Terrasse, befand sich ein römischer Tempel aus dem 3. Jh. n. Chr.

Die Treppe in der Mitte der Stoa führt zum Haupttempel hinauf. Säulenhalle und Treppe bildeten einen recht beeindruckenden Eingangsbereich. Über die Treppe geht man an den Resten der **Propyläen,** der eigentlichen Eingangshalle, vorbei zum Tempel und zum Hof davor, auf dem geopfert wurde. Treppe und Propyläen entstanden im 3. Jh. v. Chr. Der Haupttempel befindet sich links in der Ecke.

Die ganze Anlage hat einen überwiegend symmetrischen Aufbau, aber das wichtigste Gebäude, der **Tempel** selbst, lag nicht in der Achse, obwohl er dort Platz gehabt hätte. Das, was man heute hier vorfindet, ist die Rekonstruktion des Tempels, die die Italiener zu Beginn dieses Jahrhunderts vorgenommen haben. Auch in den letzten Jahren arbeiteten die Archäologen daran.

An dieser Stelle befindet sich seit dem 9. Jh. v. Chr. ein Kultplatz der **Athene.** Unterhalb in einer Grotte befand sich der alte Kultplatz für die Göttin **Lindia.** Diese wurde sehr früh schon hier oben verehrt, aber im 9. Jh. verschmolzen der Kult um Lindia und die Verehrung der Athene miteinander. Damals wurde hier ein Tempelgebäude errichtet, von dem aber gar nichts mehr übrig ist. Um 550 v. Chr. ließ dann *Kleoboulos,* der damalige Herrscher von Líndos, hier einen neuen Tempel errichten. Dieser brannte 342 v. Chr. aus und wurde dann wieder aufgebaut und noch etwas erweitert. Die Rekonstruktion dieses Tempels findet man heute hier vor. Im Tempel muss die Statue „Athena Lindia" gestanden haben, die seit mehreren Jahrhunderten verschollen ist.

●**Öffnungszeiten:** tgl. 8–19 Uhr, Einlass bis 18.40 Uhr; außerhalb der Saison Mo geschlossen. Eintritt 6 €

Herrenhäuser

Auf dem Rückweg von der Akropolis kommt man an typischen alten Herrenhäusern vorbei. Die meisten dieser Häuser entstanden im 17. Jh. Die Kapitänshäuser von Líndos haben einen eigenen Stil herausgebildet, ein Gemisch von Elementen aus byzantinischer Zeit und Einflüssen der arabischen Ornamentik. In den herrschaftlichen Häusern sind alle Räume um einen mit Kieselmosaiken gepflasterten, **offenen Innenhof** gruppiert und zur Straße hin geschlossen.

Man betritt die Häuser durch einen überdachten Eingangsbereich und erreicht so den Hof. An dessen Ende liegt die **Sala,** der größte Raum des Anwesens, die gute Stube, in der früher die Gäste willkommen geheißen wurden. Die Fassade der Sala repräsentiert den Wohlstand des Erbauers und ist mit **Reliefs** reich verziert, die arabische Einflüsse erkennen lassen.

Die Holzbalkendecken der Sala einiger Häuser sind teilweise reich bemalt und mit Schnitzereien verziert. An der einen Hofseite befinden sich die Räume, die früher als Lager- und Wohnräume benutzt wurden.

Oft haben Herrenhäuser an der anderen Seite eine Treppe, die auf die **Dachterrasse** führt, von der aus das **Kapitänszimmer** zu erreichen ist. Es hat als einziger Raum Blick auf die Straße; im Gegensatz zu den anderen Räumen des Hauses öffnet sich das Kapitänszimmer nach außen. Das Haus ist ansonsten auf den Hof ausgerichtet. Man bekommt in Líndos daher von den meisten Herrenhäusern kaum etwas zu sehen. Die Bewohner können sich optimal vor den Touristenströmen in ihre Privatsphäre zurückziehen.

Einige Kapitänshäuser sind zu Cafés und Bars umgebaut worden, und die ursprüngliche Raumanordnung ist teilweise kaum mehr zu erkennen. Wer das Glück, hat in eines der nicht völlig umgebauten Häuser zu gelangen, sollte es sich ansehen.

Antikes Theater

Am Dorfrand, in Richtung der Bucht Ag. Pávlos, liegen die Reste des antiken Theaters. Es entstand vermutlich im 4. Jh. v. Chr. und fasste 1800 Besu-

046rh Foto: vb

cher. Das Gelände ist eingezäunt und kann nicht betreten werden. Unterhalb des Theaters erstreckt sich die **Bucht Ag. Pávlos.** In diesem landschaftlich reizvollen Naturhafen soll 51 n. Chr. der Apostel *Paulus* gestrandet sein. Seine frohe Botschaft fand in Líndos aber zunächst wenig Echo.

Antike Gräber

Um Líndos herum gibt es die Reste von zwei antiken Gräbern zu besichtigen. Das **Grab des Archokrates** liegt am gegenüberliegenden Hang, mit Blick auf die Akropolis. Das prachtvolle Felsengrab aus hellenistischer Zeit wurde 1841 durch einen Erdrutsch sehr stark beschädigt. *Archokrates* war um 225 v. Chr. ein Priester im Athene-Tempel gewesen.

Das Grab, welches **Grab des Kleoboulos** genannt wird, ist nur nach einer kleinen Wanderung zu erreichen (siehe Wanderung 4). Es ist zwar nach *Kleoboulos* benannt, aber in diesem Grab lag vermutlich jemand anders.

Praktische Tipps

Unterkunft

In den letzten Jahren sind zahlreiche Zimmer und Studios in den alten Häusern von Líndos entstanden. Die meisten sind fest an englische Pauschalunternehmen vergeben. Líndos ist auch während der NS fast immer voll. Wer hier ein Zimmer sucht, hat häufig Pech: alles ausgebucht. Die Reisebüros im Dorf vermitteln Zimmer, aber man kann sie sich meist nicht aussuchen und oft auch nicht vorher ansehen.

Die Bucht Ag. Pavlos bei Líndos

Einige Privatzimmervermieter sprechen in der NS Urlauber an der Bushaltestelle an. Viele dieser Zimmer sind aber sehr einfach und eng. Wer sich in Líndos niederlässt, sollte beachten, dass es nachts nicht immer überall ruhig ist und dass die Preise oftmals höher sind als in anderen Orten auf Rhódos.

- **Zimmervermittlung:** Zimmer kann man über oben genannte Reisebüros Savaidis Travel und Pallas Travel buchen. Für zwei Personen liegen die Preise bei 30–60 €, für vier Personen bei 45–90 € pro Appartement oder Studio mit Bad und Küchenecke. Reservierungen sind notwendig. In der HS liegen die Preise höher.
- Eine angenehme Unterkunft am Dorfrand ist die **Pension Elektra** in der Eselsgasse, Tel. 22440-31266 oder 23285, Handy 6946505976 oder 6948488958. Oft ausgebucht, Reservierung notwendig, DZ teils mit Bad und AC, Kühlschrank, 40–50 €
- **Stavros,** in der Eselsgasse, Tel. 22440-31536, Handy 6932461460, einfache DZ mit Bad, Küchenecke, teils mit AC, 25–45 €
- **Tsambika Rooms,** bei der Schule, Tel. 22440-31559 oder 31777, www.lindostreasures.com. Einfache DZ, Bad, AC, Küchenecke, von der Gemeinschaftsterrasse Aussicht auf die Bucht, ruhige Lage, aber 55–75 €

Essen und Trinken

- **Restaurant Mavrikos,** liegt an der Bushaltestelle und wird von vielen Urlaubern übersehen, dafür ist es bei Einheimischen sehr beliebt. Sehr gute griechische Küche, gehobene Preise, aber trotzdem einen Besuch wert
- **Kalypso Restaurant,** auf einer Dachterrasse mit Blick auf die Akropolis. Griechische Küche mit internationalem Einschlag, große Portionen, Preise gehoben
- In Líndos gibt es eine **italienische Bäckerei.** Die Waren sind gut, aber doch sehr teuer.

Nachtleben

In Líndos wird am Abend einiges geboten: Die Akropolis ist beleuchtet, die Stimmung eher romantisch, aber die Musik in vielen Ecken recht laut. In Líndos gibt es zahlreiche Bars. Zu den ruhigeren gehört die Sokrates Bar. Lauter dagegen sind die Lindian House Bar oder Líndos By Night. In der Gasse, die beim Eselsstand von der Hauptgasse abzweigt und in der auch das Postamt liegt, haben sich zahlreiche Bars mit Blick auf die Akropolis etabliert.

- **Sokrates Bar,** nett gemacht, Musik (Oldies) in erträglicher Lautstärke, Preise gehoben
- **Lindian House Bar,** sehr schönes altes Haus, die Musik ist aber sehr laut, Preise gehoben, nur abends geöffnet.
- **Líndos By Night,** Bar am gegenüberliegenden Hang mit schönem Blick auf die beleuchtete Akropolis. Die obere Terrasse des Cafés befindet sich zwischen Felsen; Preise gehoben, Musik recht laut, nur abends geöffnet.

Strände

Hauptstrand

Der Hauptstrand mit Blick auf Líndos besteht aus zwei Strandabschnitten, denen kahle Felseninseln vorgelagert sind. Der eine Abschnitt ist 100 m lang und 20 m breit, der andere 350 m lang und 20–30 m breit; Sand, klares Wasser, kein Seegras, Felsen nur am Buchtrand im Wasser, kein Schatten, teils flacher, teils steiler abfallend; viele Kinder. Schnorcheln ist am Rand der Bucht möglich. Auch in der NS sehr voll.

- **Service:** Dusche, WC, Umkleide, Telefon, Tavernen, Kiosk, Supermarkt, viele Papierkörbe, regelmäßige Strandsäuberung, aber trotzdem viel Müll, teils auch Bierdosen im Wasser; Schirme und Liegen, Bootsanlegesteg, Tretboote, Kanu, Crazy Banana, Ring, Wasserski, Paragliding, Bootsausflüge. Für Leute mit Gehbehinderungen: Am Bootsanlegesteg ist es einfach, an den Strand zu kommen.
- **Anfahrt:** Bus bis Líndos, Asphaltstraße bis an den Strand, großer gebührenpflichtiger Parkplatz

Ag. Pávlos

Die runde Bucht von Ag. Pávlos ist umrahmt von bizarren Felsen, davor liegt eine Felsinsel. Schöner Blick auf die Rückseite der Akropolis und auf eine kleine Kapelle. Nachmittags verschatten die Felsen Teile der kleinen Bucht; Bäume gibt es um die Kapelle herum. 50 m lang und 5–10 m breit, Sand, seitlich Felsen im Wasser, Seegras im tiefen Wasser, flach abfallend; gut zum Schnorcheln.

- **Service:** Dusche, kein WC, Liegen und Schirme, Papierkörbe vorhanden, aber der Strand ist nicht sehr sauber; Kiosk mit lärmendem Generator; nächster Supermarkt in Líndos
- **Anfahrt:** gebührenfreier Parkplatz vorhanden

Am Dorfrand

Gleich unterhalb von Líndos am hinteren Dorfrand ist eine weitere Badestelle in der Ag. Pávlos-Bucht: eine Kiesbucht ohne Einrichtungen (Dusche vorhanden); kein Schatten; in der NS gut besucht, in der HS voll.

- **Anfahrt:** Bus bis Líndos; gebührenpflichtiger Parkplatz oberhalb

Wanderung 4: Von Líndos zum Grab des Kleoboulos

- **Route:** Líndos – Grab des Kleoboulos – Líndos
- **Strecke:** kleiner, steiniger, sonniger Pfad, unübersichtliches Gelände, aber sehr regelmäßige Markierung
- **Dauer:** 1½ Std. hin und zurück
- **Ausrüstung:** gutes Schuhwerk, Sonnenschutz, Wasser und Proviant
- **Organisation:** Líndos ist häufig per Bus zu erreichen. Der Spaziergang eignet sich für den frühen Abend (nicht in der Dunkelheit!) oder frühen Morgen. Es ist möglich, diesen Spaziergang mit Kindern zu machen, aber es gibt nirgends Geländer!

Dieser Spaziergang führt über einen kleinen Pfad durch kahle Landschaft von Líndos zum Grab des Kleoboulos und wieder zurück. Die **Aussicht** auf Líndos ist herrlich, ein tolles Panorama!

Der sehr steinige Pfad ist regelmäßig mit großen Steinhäufchen markiert. Man benötigt gute Schuhe und viel Wasser, denn er führt durch die pralle Sonne. Er eignet sich vor allem als Abendspaziergang. Man sollte aber darauf achten, bei dieser Tour nicht in die Dunkelheit zu kommen, denn das Gelände ist nicht ungefährlich. Die Felsen der Küste fallen schroff zum Meer ab.

Das Grab als solches ist mäßig beeindruckend. Lohnend ist diese Tour vor allem wegen der herrlichen Aussicht auf Líndos.

Man geht von der **Bushaltestelle** in Líndos auf der Straße, die aus dem Dorf hinausführt, nach oben. Wenige Meter oberhalb des Platzes zweigt rechts die Straße zum Strand hinunter ab. Auf dieser zweigt hinter der ersten Kurve links ein Weg ab. Das Grab ist hier als „Kleoboulos Tomb" markiert. Bald gabelt sich der Weg. Geht man links weiter, erreicht man kurz darauf ein **Denkmal.**

Nun beginnt ein steiniger Pfad, der von **Steinmännchen** markiert wird. Er führt um ein Trocken-

048rh Foto: vb

tal herum auf eine **Windmühlenruine** zu. Danach geht es um eine tief eingeschnittene Felsenbucht halb herum und dann links hoch. Man achte auf die Steinmännchen, denn das Gelände ist recht unübersichtlich und steinig. Der Pfad endet oben auf dem felsigen Berg an der **Grabkammer,** die etwas Schatten wirft. Zurück geht's auf dem gleichen Weg.

Nach einer Dreiviertelstunde hat man das Grab des Kleoboulos erreicht und kann die herrliche Aussicht auf die Bucht von Líndos genießen

VLICHÁ, KÁLATHOS UND PILÓNAS

In Kálathos und Vlichá stehen mehrere Großhotels. Außer gut besuchten Stränden bieten diese Orte nicht viel. Pilónas, das auf dem Weg nach Lárdos neben der Hauptstraße liegt, wird von den meisten Urlaubern unbeachtet gelassen. Die meisten Bewohner arbeiten im nahe gelegenen Líndos. Hinter Pilónas wurden einige **alte Gräber** gefunden (ausgeschildert). Zu sehen ist allerdings nicht gerade viel.

Strände

Kálathos

Vom kilometerlangen Strand von Kálathos aus genießt man den Blick auf die Festung Feraklos am Nordende der Bucht. Das Umland ist kahl; teilweise stehen Hotels im Hinterland. Lange Abschnitte des Strandes sind ohne jegliche touristische Einrichtungen. 30–40 m breit, kein Schatten, Kies, teils auch Sand, kein Seegras, keine Felsen, klares Wasser, steiler abfallend. In der NS ruhig, in der HS gut besucht.

- **Service:** Dusche, WC, Liegen und Schirme, Kiosk, Strand wird gesäubert; einfach zu erreichen für Personen mit Gehbehinderungen
- **Anfahrt:** Bus bis zur Hauptstraße, von dort führen eine Asphaltstraße und einige Pisten bis ans Meer. Parkplätze vorhanden

Vlícha

Hinter dem Strand von Vlícha stehen Großhotels, der Blick fällt auf die kahle Hügellandschaft. Am Strandende stehen einige Bäume, ansonsten kein Schatten; 800 m lang und 20–30 m breit, Kiesel, klares Wasser, kein Seegras, Felsen nur seitlich der Bucht, steil abfallend; in der NS gut besucht, in der HS voll.

● **Service:** Dusche, WC, Umkleide, Kiosk und Taverne, Telefon, Strand wird gesäubert, Schirme und Liegen, Tretboot und Kanu; sonstiger Wassersport nur für Hotelgäste, die Cluburlaub gebucht haben
● **Anfahrt:** Bus bis zur Hauptstraße, von dort führt eine Asphaltstraße ca. 1 km zum Strand hinunter; großer Parkplatz vorhanden.

Péfki

Péfki ist eine Sommersiedlung, die aus zahlreichen Hotels und Pensionen besteht. Der Strand ist die einzige Attraktion des Ortes. Einen alten Dorfkern gibt es nicht. Die meisten Unterkünfte werden pauschal angeboten.

Strände

Hauptstrand

Das Hinterland des Hauptstrandes von Péfki ist kahl. Sandige Bucht, 150 m lang und 5–10 m breit, kein Schatten, klares Wasser, kein Seegras, seitlich Felsen im Wasser, flach abfallend. In der NS gut besucht, in der HS sehr voll.

● **Service:** Dusche, WC, Telefon, Bar, Supermarkt, Strand wird gesäubert; Schirme und Liegen
● **Anfahrt:** Bus fährt bis zur Hauptstraße; Straße bis zum Strand; kleiner Parkplatz

Plakia

Hinter dem Strand liegen zahlreiche Pensionen, dahinter kahle Berge. 200 m lang und 10 m breit, Sand und Kies, klares Wasser, kein Seegras, teils Felsen im Wasser, flach abfallend.

● **Service:** Dusche, WC, Kiosk, Liegen und Schirme, Strand wird gesäubert
● **Anfahrt:** Bus bis zur Hauptstraße, von dort 300 m Piste bis zum Strand; kleiner Parkplatz

LÁRDOS

Lárdos ist im Gegensatz zu Péfki ein **lebendiges griechisches Dorf.** Am Platz reiht sich Taverne an Taverne, alle mit fremdsprachigen Speisekarten gerüstet. Da die Bewohner von Líndos ihre schönen, aber einfachen Unterkünfte zu recht hohen Preisen anbieten und da Líndos meist ausgebucht und auch recht unruhig ist, ziehen manche Urlauber die Zimmer von Lárdos vor. Das Dorf ist allerdings längst nicht so schön wie Líndos und von Neubauten geprägt.

Unterkunft

- **Villa Marietta,** am Dorfrand. Hübsche Doppel- und Dreibettzimmer, neues Haus im Garten, DZ mit Bad, Balkon und Küchenecke 35 €, Viererzimmer 70 €. Zu buchen über Reisebüro Zorbas in Lárdos, Tel. 22440-44218, Fax 44174
- **Spanos Rooms,** Tel./Fax 22440-44306, Handy 693-2774375, basili@acn.gr, neben der Schule in Richtung Láerma. Nette Zimmer mit Kiefernmöbeln, Küche, Bad, Balkon, leider keine allzu schöne Aussicht. Herr *Spanos* ist recht gesprächig und zeigt seinen Gästen gern ein Video über Rhódos. DZ 22–32 €, Dreibettzimmer 27–37 € ohne Frühstück

Essen und Trinken

- **Taverne Loukas,** im Dorfzentrum in einer schönen italienischen Villa, hübscher Garten; große Auswahl an griechischen Gerichten, Preise etwas gehoben, aber angemessen.

Strände

Lothirakia

Der lange Strand liegt unweit der Straße Lárdos – Péfki, dahinter liegen Hotels und Pensionen. 20 m breit, Sand und Kies, klares Wasser, kein Seegras und keine Felsen im Wasser, steiler abfallend, kein Schatten. In der NS gut besucht, in der HS voll.

- **Service:** Dusche, WC, Telefon, Taverne, Strand wird gesäubert, Liegen und Schirme, kein Wassersport, Parkplatz vorhanden

Ag. Geórgios

Auch dieser Strand liegt unweit der Straße Lárdos – Péfki, dahinter stehen mehrere Hotels. Teilweise Bäume hinter dem langen Strand, 20 m breit, Sand und Kies, klares Wasser, kein Seegras und keine Felsen im Wasser, steiler abfallend, kein Schatten.

- **Service:** Dusche, WC, Telefon, Kiosk, Strand wird gesäubert; Liegen und Schirme, Volleyballnetz, Crazy Banana, Wasserski, Ring, Paragliding. Einfach zu erreichen für Leute mit Gehbehinderungen
- **Anfahrt:** Per Bus zu erreichen, Parkplatz vorhanden

Lárdos

Der lange Hauptstrand von Lárdos liegt in kahler Umgebung, am Strandanfang stehen große Tamarisken, die Schatten spenden. Supermarkt und Hotels hinterm Strand, 5–15 m breit, Sand mit Steinen, im Wasser auch Kies, klares Wasser, kein Seegras, am Ende der Bucht Felsen im Wasser, steiler abfallend. In der NS gut besucht, in der HS voll.

- **Service:** Dusche, WC und erste Hilfe (markiert „First Aid") in Taverne, dort auch Telefon; Schirme und Liegen, kein Wassersport, Strand wird gesäubert; einfach zu erreichen für Leute mit Gehbehinderungen
- **Anfahrt:** Per Bus zu erreichen; die Hauptstraße führt seitlich am Strand vorbei, Parkplatz vorhanden

Zwischen Lárdos und Glístra

Der Küstenabschnitt zwischen Lárdos und Glístra ist geprägt von flachen Felsenkaps, von denen aus man mit Plastikschuhen ins Wasser gelangen kann. Die Hauptstraße führt direkt am Wasser entlang, weiter hinten finden sich kahle Felswände. Die Gegend ist gut zum Schnorcheln geeignet. Es gibt keinerlei touristische Einrichtungen.

Glístra

Am Strand von Glístra liegen hinten Dünen mit Büschen, dort gibt es etwas Schatten. 250 m lang und 30 m breit, Sand, klares Wasser, kein Seegras, Felsen nur an den Kaps im Wasser, kleine Felseninseln, flach abfallend; viele Kinder, in der NS voll, in der HS sehr voll. Unweit neue große Hotelanlage.

- **Service:** Dusche, WC, Kiosk, Schirme und Liegen, Strand wird gesäubert; einfach zu erreichen für Leute mit Gehbehinderungen

• **Anfahrt:** Per Bus zu erreichen; Strand liegt 100 m neben der Hauptstraße, kleiner Parkplatz, der oft überfüllt ist

Moní Ipsenís

Unweit von Lárdos liegt das Kloster Moní Ipsenís. Es wurde 1855 erbaut und birgt keine großen kunsthistorischen Schätze. Die recht **hübsche Anlage** ist mehr ein Ort der Stille. Im Hof, der mit einem Kieselmosaikfußboden gepflastert ist, blühen viele Blumen. In den letzten Jahren wurde kräftig gebaut, und jetzt wohnen wieder 15 Nonnen im Kloster. Es werden Souvenirs angeboten, und am Eingang liegen Wickelröcke für „unzüchtig" gekleidete Besucherinnen aus. Vom Kloster aus führt ein Kreuzweg zum **Marmari-Berg** hinauf.

Láerma

Das Dorf Láerma, im Inselinneren nordwestlich von Lárdos gelegen, ist für die meisten Urlauber nur Durchgangsstation auf dem Weg zum Kloster Moní Thári. Im Cafenion und in der Taverne unter der großen Platane sitzen die Einheimischen und beäugen neugierig, wer kommt und geht, denn die Touristen bringen etwas Unterhaltung ins eher eintönige Dorfleben. Leider ist um Láerma herum recht viel Wald abgebrannt. Nördlich des Ortes beginnt die Einöde.

Moní Thári

Moní Thári ist eines der **schönsten Klöster der Insel.** Die Kirche wurde im 9. Jh. erbaut. Sie wurde vom byzantinischen Kaiserhof gespendet – eine byzantinische Prinzessin hatte sich einmal hierher zurückgezogen, um zu sterben. Aber manchmal dauert das Leben eben länger, als man denkt, und anstatt zu sterben, wurde die kranke Prinzessin

050rh Foto: vb

wieder gesund. Aus Dank stiftete sie die Kirche. Mit den Worten „Echis thárri" - was soviel heißt wie „habe Mut" - soll der Erzengel Michael der kranken Prinzessin im Traum erschienen sein.

Die Kirche, wie man sie heute sieht, ist ein buntes Gemisch aus Bauteilen, die in verschiedenen Jahrhunderten entstanden sind. Die An- und Umbauten wurden jedoch so gut integriert, dass dies kaum auffällt. Die Grundmauern aus dem 9. Jh. stehen heute noch. Der **Altarraum** stammt aus dem 12. Jh., die **Fresken** dort und die **Kuppel** kamen im 14. Jh. dazu. Das **Tonnengewölbe** ist um 1600 entstanden; weitere Fresken stammen aus dem 17. Jh.

In den letzten Jahren wurde unterhalb der alten Kirche ein **neues Klostergebäude** gebaut. Hier leben rund 30 Mönche. Das Gebäude ist für Touristen nicht zugänglich, der Klostergarten dagegen schon.

Moní Thári liegt etwa vier Kilometer südwestlich von Láerma und wird häufig von Urlaubern per Mietfahrzeug oder zu Fuß besucht. Man hat sich auf die Touristen eingerichtet, die Kirche ist täglich geöffnet, auch über die Mittagszeit. Es werden Wickelröcke verteilt, für den Fall, dass das Beinkleid etwas zu kurz für den Klosterbesuch ist. Auch kirchliche Souvenirs werden angeboten.

Kiotári

Kiotári war früher nur der Hafen des Bergdorfes Asklipío. In den letzten Jahren wurden nördlich des kleinen Hafens zahlreiche Großhotels gebaut. Die Anlagen, die hier entstanden, fügen sich etwas besser als in Faliráki oder Triánda in die Landschaft ein. Man versucht, die Bausünden der Vergangenheit nicht mehr zu wiederholen.

Südlich der Hotelsiedlung liegt der **alte Hafen.** Ihm vorgelagert ist eine **Felseninsel,** auf der eine neu errichtete Hütte steht. Hinter dem Strand trifft man auf ein kleines Kirchlein mit Ikonen aus dem 19. Jh. Es wurde in den letzten Jahren saniert. Um die **Kirche Metamórphosis** herum finden sich einige alte Marmorteile, die von einer Kirche aus frühchristlicher Zeit stammen, die einmal hier stand. Die Hauptattraktion von Kiotári aber sind die Strände.

In einem Leserbrief wurde uns die Taverne Stefano empfohlen. Sie liegt gegenüber der Felseninsel mit der Hütte direkt am Strand.

Strände

Kiotári Nord

Nördlich von Kiotári liegen mehrere Felsenkaps und dazwischen Buchten mit Sand und Kies. Hinter dem Strand kleine Hügel mit Büschen; mehrere Kilometer lang, 10–20 m breit, an den Kaps Fel-

Der südliche Strand von Kiotári

seninseln, dort auch Felsen im Wasser, kein Seegras, klares Wasser, steiler abfallend, kein Schatten. In der NS ruhig, in der HS gut besucht.

- **Service:** z.T. Liegen und Schirme, Wassersport möglich, auch Großhotels gibt es nun hier.
- **Anfahrt:** Zu erreichen über eine Straße, die parallel zur Hauptstraße am Strand entlangführt, Parkplatz vorhanden

Hauptstrand

Am sehr langen Hauptstrand von Kiotári stehen zahlreiche Großhotels, etwas weiter südlich und nördlich auch Cluburlaubhotels. 40 m breit, Sand, klares Wasser, kein Seegras und keine Felsen im Wasser, steiler abfallend; auch in der NS voll.

- **Service:** Dusche, WC, Umkleide, Telefon, Bar, Strand wird gesäubert; Volleyballnetz, Liegen und Schirme, Wasserski, Paragliding, Surfbretter, Katamaransegelboote (Segelschein notwendig); einfach zu erreichen für Leute mit Gehbehinderungen.

049rh Foto: vb

●**Anfahrt:** Bushaltestelle bei den Hotels; Asphaltstraße führt parallel zur Hauptstraße am Strand entlang, Parkplatz vorhanden

Kiotári Süd

Dem Strand bei der Kirche Metamórphosis – nahe dem alten Hafen – ist eine malerische Felsenhalbinsel mit einer Hütte darauf vorgelagert. Der lange Strand rechts vom Kap ist 30–40 m breit, Kiesel, klares Wasser, kein Seegras, teils Felsen im Wasser, flach abfallend. Angrenzend an den Strand sind einige Gebäude entstanden. Links vom Kap liegen mehrere Buchten mit flachen Felsen, dort keine Einrichtungen. In der NS ruhig, in der HS gut besucht.

●**Service:** Dusche, Umkleide, WC in Tavernen, Kiosk, Telefon, Strand wird gesäubert; Liegen und Schirme, kein Wassersport
●**Anfahrt:** Per Bus zu erreichen; kleine Straße führt parallel zur Hauptstraße am Strand entlang, Parkplatz vorhanden

Kiotári Lighthouse

Vor dem langen Strand am Leuchtturm liegen bizarre Felseninseln; im Hinterland gibt es einige Pensionen. 30–40 m breit, kein Schatten, Sand und Kies, klares Wasser, steiler abfallend. Auch in der HS relativ ruhig.

●**Service:** Dusche, WC in Taverne, Kiosk, Strand wird gesäubert, Liegen und Schirme, Volleyballnetz
●**Anfahrt:** Bus an der Hauptstraße. Eine Asphaltstraße, die gegenüber der Tankstelle zum Strand abzweigt, ist markiert; Parkplatz vorhanden.

Asklipío

Dem Namen nach müsste sich in Asklipío ein antikes Heiligtum befunden haben, aber bis jetzt ist noch keines entdeckt worden. Asklipío ist **eines der schönsten Dörfer der Insel** und wurde bisher vom Tourismus fast übersehen. Wer ein Mietfahrzeug hat, dem sei ein Abstecher hierher empfohlen. Der Ort ist per Bus kaum zu erreichen. In den letzten Jahren finden immer mehr Ausflugsbusse den Weg ins Dorf, allerdings geht es nach der Kirchenbesichtigung schnell weiter zum nächsten Ziel.

Von der Terrasse der Dorftaverne aus kann man sich in Ruhe den Sonnenuntergang ansehen. Oberhalb der einfachen weißen Häuser mit ihren grauen Flachdächern erhebt sich ein **Johanniterkastell,** das im 15. Jh. erbaut wurde. Der Aufstieg lohnt vor allem wegen der Aussicht auf die Umgebung, denn viel mehr als Mauerreste sind vom Kastell nicht mehr übrig. Eine kleine Betonstraße führt zur Festung hoch. Abends ist das Kastell beleuchtet.

Die Hauptattraktion des Dorfs ist die **Kirche I Kimissis tis Theotokou.** Sie wurde in den letzten Jahren sorgfältig renoviert und nach Auskunft des Archäologischen Dienstes im 14. Jh. erbaut. Fresken im Hauptschiff stellen die Schöpfungsgeschichte dar. Sie stammen aus dem 17. Jh. und gehören zu den schönsten auf Rhódos. Über dem Eingang der Kirche ist die Jahreszahl 1060 zu lesen. Diese bezieht sich vermutlich auf eine Renovierung im 17. Jh. Damals beherrschten die Osmanen die Insel, und nach Umrechnung des muslimischen Kalenders handelt es sich dann um das Jahr 1650 n. Chr. Ursprünglich wurde die Kirche in Form eines Kreuzes errichtet. Erst viel später wurden die beiden Kapellen seitlich des Mittelschiffs dazugebaut. Sie werden von einem Kreuzrippengewölbe überspannt und heben sich deutlich vom älteren Teil der Kirche ab, ohne zu stören. Neben der Kirche wurde ein kleines Museum eingerichtet.

- **Öffnungszeiten:** Kirche 9–18 Uhr, Eintritt 1 €. Museum Mo–Sa 9–18 Uhr, So 10–16 Uhr

Unterkunft

- **Rooms Agapitos,** Tel. 22440-47255, sterggeo@hotmail.com. Einfache DZ mit Bad, teils auch Balkon, sauber, unten Taverne, ab 20 €. Wer hier wohnen will, braucht ein Fahrzeug.

061rh Foto: vb

Tipps für die Region

Wer den Süden von Rhódos ergründen will, braucht ein **Fahrzeug.** Die Gegend ist touristisch weit weniger erschlossen als der Rest der Insel. Die Landschaft ist überwiegend kahl und trocken, Waldbrände haben vielerorts die Bäume vernichtet. Wer ruhige Strände sucht, kann in Süd-Rhódos durchaus fündig werden.

Eine **Rundfahrt** durch den Inselsüden beginnt man in Apolakkiá oder in Gennádi, je nachdem, ob man über die Ostküsten- oder über die Westküstenstraße anreist. Wer im Norden der Insel wohnt, sollte die Entfernungen nicht unterschätzen: Von Rhódos-Stadt aus ist man bis zum Ausgangspunkt der Tour schon etwa zwei Stunden unterwegs.

Verkehrsmittel

- **Busse:** Wer diese Gegend erkunden will, kommt ohne Mietfahrzeug nicht weit – die Busse fahren im Allgemeinen bis Gennádi. Alle anderen Orte im Süden per Bus zu erreichen, ist ein Problem.
- **Taxis:** Auch Taxis findet man hier nicht so einfach. Um Líndos herum ist das Geschäft für die Fahrer einfach besser. Die Taxizentrale in Gennádi ist erreichbar unter Tel. 22440-43313.
- **Mietfahrzeuge:** Mietfahrzeuge werden in Kiotári und Gennádi angeboten. Dort vermietet Explorer Mofas und Dimitri Manias (Tel. 22440-43064 oder 43606) Mofas und Mountainbikes; Rentacar Oasis, Gennádi, Tel. 22440-43168, Fax 86615.

Tankstellen gibt es nur in Apolakkiá, Kattavía und zwischen Gennádi und Kiotári an der Küstenstraße. Die Asphaltstraßen im Süden sind gut befahrbar, das Verkehrsaufkommen ist eher gering. Schlechte Wegstrecken gibt es nur zwischen Istrios und Profilía. Die Pisten hinter Mesanagrós (z.B. zum Moní Skiádi) sind auch für Zweiräder nicht einfach zu befahren. Die Straße nach Prasonísi wurde kürzlich asphaltiert. Zu den Stränden südlich von Plimíri führen ebenfalls nur schlechte Staubpisten.

Vorhergehende Seite: Kalkfelsen am Kap Foúrni

Nützliche Adressen

- **Ärzte, Apotheken:** Einen Arzt gibt es in Kattavía, Tel. 22440-91213, und in Gennádi an der Hauptstraße.
- **Geld:** Einen Bankautomaten findet man in Kiotári neben der neuen Ladenzeile an der Hauptstraße und einen in Lárdos an der Hauptstraße. Ganz im Süden gibt es derzeit noch keine Automaten. In Apolakkiá und Prasonísi ist es möglich, in einem Hotel zu wechseln, in Gennádi gibt es eine Wechselstube und ein Postamt.
- **Polizei:** Gennádi, Tel. 22440-43222
- **Einkaufen:** Mehr als Tante-Emma-Läden darf man im Süden nicht erwarten.
- **Wäscherei:** in Gennádi, ausgeschildert
- **Internetcafé:** Am Dorfrand von Gennádi liegt Effie's dre@ms, Tel. 22440-43410, nur abends geöffnet.

GENNÁDI

Gennádi hat sich zu einem Touristenort entwickelt. Es geht hier zwar noch relativ ruhig zu, aber Gennádi hat sich gewandelt und ist vom Bauern- und Fischerdorf zum Urlaubsort geworden.

Unterkunft

- **Dennis Beach Studios,** Tel./Fax 22440-43395, Handy 6976511791, im Winter in Athen 210-5822976, www.dennisbeach.com, am Strand gelegen. Ruhig, ca. 500 m bis nach Gennádi, sehr beliebt. Einfache, große Zimmer mit Bad, Balkon, AC, Küchenecke; schöner Garten, DZ 30–40 €, EZ 25–35 € ohne Frühstück

Strände

Gennádi

Der Hauptstrand ist ca. einen Kilometer vom Dorf entfernt, im Dorf gibt es Pensionen und einen Supermarkt. Boote liegen vor Anker, Blick auf die Halbinsel von Péfki. Sehr lang und 30–40 m breit, grauer Sand, im Wasser Kies, steil abfallend, klares Wasser, keine Felsen und kein Seegras, vorne kein Schatten, hinten Schatten spendende Tamarisken. In der NS relativ ruhig, in der HS gut besucht.

- **Service:** Dusche, WC in Taverne, Telefon, Papierkörbe, Schirme und Liegen; Leute mit Gehbehinderungen erreichen den Strand einfach.
- **Anfahrt:** Bus bis zur Hauptstraße, Asphaltstraße führt bis zum Strand; Parkplatz vorhanden

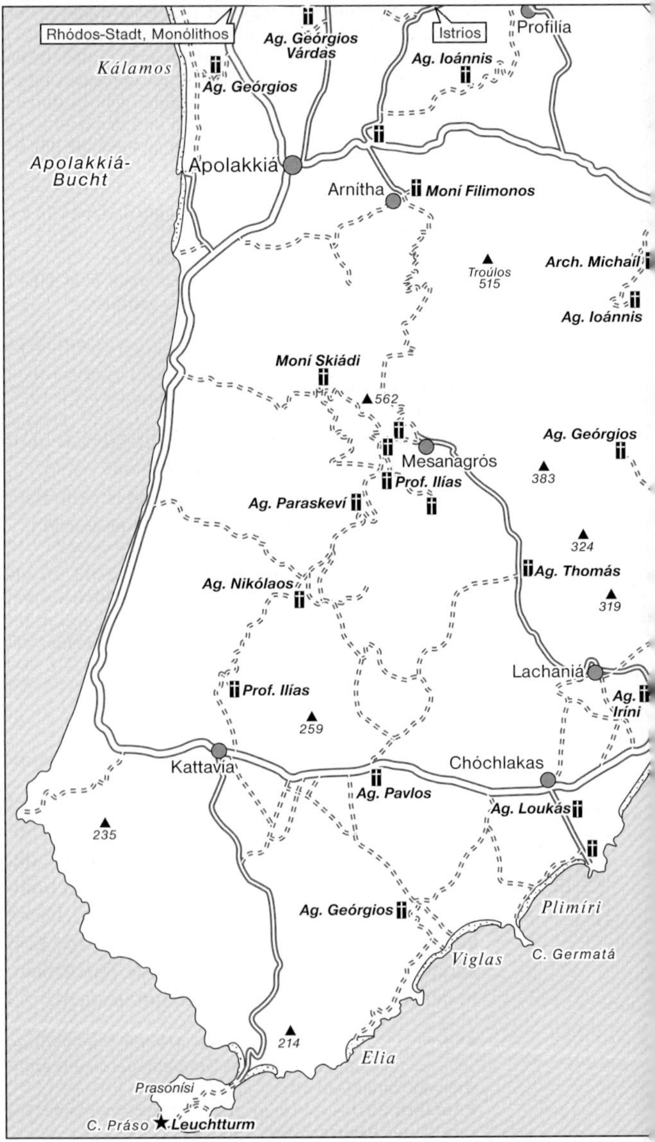
Rhódos-Stadt, Monólithos
Ag. Geórgios Várdas
Istrios
Profilía
Kálamos
Ag. Ioánnis
Ag. Geórgios
Apolakkiá-Bucht
Apolakkiá
Arnítha
Moní Filimonos
Troúlos 515
Arch. Michaíl
Ag. Ioánnis
Moní Skiádi
562
Ag. Geórgios
Mesanagrós
383
Prof. Ilías
Ag. Paraskeví
324
Ag. Thomás
Ag. Nikólaos
319
Lachaniá
Prof. Ilías
Ag. Iríni
259
Chóchlakas
Kattavía
Ag. Pavlos
Ag. Loukás
235
Ag. Geórgios
Plimíri
Viglas
C. Germatá
214
Elia
Prasonísi
C. Práso
Leuchtturm

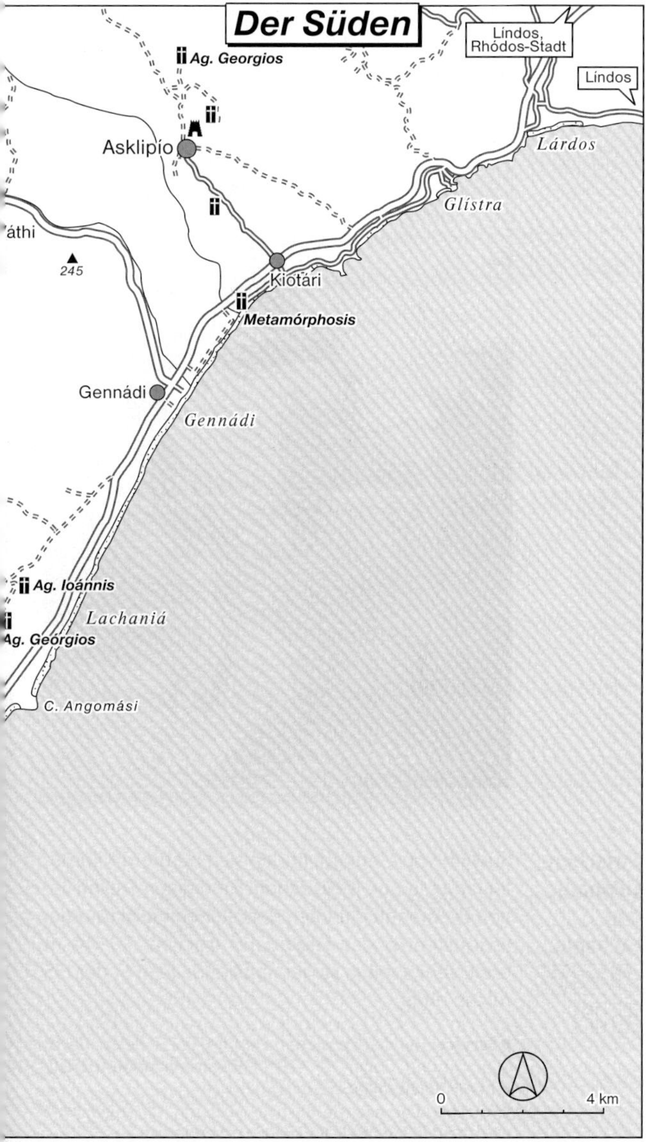
Der Süden
Líndos, Rhódos-Stadt
Líndos
Ag. Georgios
Asklipío
Lárdos
Glístra
áthi
245
Kiotári
Metamórphosis
Gennádi
Gennádi
Ag. Ioánnis
Lachaniá
Ag. Geórgios
C. Angomási
0
4 km

090rh Foto: vb

Zwischen Gennádi und Lachaniá

Südlich von Gennádi finden sich mehrere Kilometer lange, graue Kiesstrände. An einigen Stellen liegen Pensionen dahinter, dort stehen meist Bäume, ansonsten ist das Hinterland trocken. 30–40 m breit, sehr sonnig, steiler abfallend; auch in der HS relativ ruhig.

- **Service:** Bei den Pensionen Dusche, WC, Telefon, davor Schirme und Liegen für Gäste, ansonsten keine touristischen Einrichtungen.
- **Anfahrt:** Die nächste Bushaltestelle, die oft angefahren wird, liegt in Gennádi; Parkplatz vorhanden.

Lachaniá

In Lachaniá, einige Kilometer abseits der Küste, wurden in den letzten Jahren die alten Häuser sorgfältig renoviert. In den 1980er Jahren kauften einige Künstler und Ausländer alte Häuser auf. Das Ergebnis ist ein **renoviertes kleines Feriendorf.** Der zentrale Platz wird von einer alten Platane überragt und ist einen Abstecher wert.

Landschaftlich schön ist das Tal zwischen Lachaniá und **Mesanagrós** im Inland. Es wurde bisher von Waldbränden verschont. Auf dem Weg dorthin liegt rechts der Straße die alte Kapelle **Ag. Thomás.** Ihre Fresken stammen aus dem 14./15. Jh., sind aber in schlechtem Zustand.

Unterkunft, Essen und Trinken

- **Taverne Platanos,** ausgeschildert, bei der alten Platane
- Ein schönes **Haus in Lachaniá** wird über das Internet angeboten, www.ferienhausinlachania.servico.net. Wer Ruhe und Erholung sucht, ist hier gut aufgehoben.

Strände

Lachaniá

Der kilometerlange Strand ist 30–40 m breit, das Hinterland ist trocken. Kein Schatten, runde Kieselsteine, klares Wasser, kein Seegras, keine Felsen, steiler abfallend. Auch in der HS relativ ruhig.

- **Service:** Eine Taverne, dort Dusche, WC, Telefon und Zimmer; keine Strandsäuberung, aber trotzdem relativ sauber, keine touristischen Einrichtungen.
- **Anfahrt:** Bus sehr selten; Parkplatz vorhanden, von dort noch 50 m zu Fuß bis zum Strand hinunter

Lachaniá Süd

Der Strand bei der Taverne Votsas ist mehrere Kilometer lang und liegt vor kahlem Hinterland. 20 m breit, Sand mit Steinen, kein Schatten, klares Wasser, kein Seegras, keine Felsen, steil abfallend.

- **Service:** Dusche, WC in Taverne, dort auch Telefon; Strand wird gesäubert, ruhig, keine touristischen Einrichtungen
- **Anfahrt:** Bus fährt sehr selten; Parkplatz vorhanden, zu erreichen über Staubpisten oder Weg neben der Taverne

Mesanagrós

Mesanagrós, zehn Kilometer nordwestlich von Lachaniá im Inselinneren, ist ein schönes, aber einfaches Dorf mit wenigen, freundlichen Bewohnern. Es wirkt wie ausgestorben. Die Jugend hat Mesanagrós schon lange den Rücken zugekehrt.

In frühchristlicher Zeit war der Ort Bischofssitz, und vermutlich war Mesanagrós damals eine größere Stadt. Im 5. Jh. wurde eine fünfschiffige Kirche erbaut. Ihre Nachfolgerin, die im 7. Jh. entstand, war merklich kleiner. Es wurden nur die mittleren drei Schiffe übernommen und neu aufgebaut. Im 13. Jh. wurde in die Ruinen der beiden alten Kirchen eine neue Kirche hineingebaut, die wieder kleiner ausfiel und die heute noch steht. Es wurde nur das Mittelschiff der alten Kirchen übernommen. In dieser Kirche, der **I Kimissis tis Theotokou,** sieht man noch eingebaute Teile der alten Kirchen. Alte Mosaik- und Mauerreste liegen teilweise auch im Freien. Im Kircheninneren steht ein altes Marmortaufbecken. Die Altarwand aus Holz ist vergoldet und mit zahlreichen alten Ikonen ausgestattet. Kirchenfest ist am 15.8.

Der Schlüssel der Kirche wird im Cafenion O Mike aufbewahrt. Das Café bildet das Zentrum von Mesanagrós.

Weiterfahrt Von Mesanagrós führen mehrere schlechte Pisten weiter, auch eine zum wenige Kilometer westlich gelegenen Kloster **Moní Skiádi.** Es ist jedoch sinnvoll, über die Asphaltstraße nach Lachaniá zurückzukehren und von dort auf der Hauptstraße weiterzufahren. Von der Westküste her ist das Kloster besser zu erreichen.

PLIMÍRI

Südlich von Lachaniá liegt an der Küste der Strand von Plimíri. Die Bucht wurde leider mit einem Bootsanlegesteg aus Beton verschandelt. Hinter dem Strand liegt bei der Taverne eine kleine Kirche aus dem 19. Jh. Das ist alles, was von dem Klösterchen, das früher hier stand, noch übrig ist. In frühchristlicher Zeit befand sich hier eine Basilika, aber von dieser alten Kirche ist so gut wie gar nichts erhalten.

Wer **einsame Strände** sucht und keine Mühen scheut, sollte sich südlich von Plimíri über schlechte Pisten zur Küste durcharbeiten.

Strände

Plimíri

Die relativ ruhige Bucht von Plimíri hat am Rand einen Betonpier. Hinter dem Strand liegen Dünen und Schilf, das Hinterland ist eine kahle Hügellandschaft. Sehr lang und 30 m breit, am Kap felsig, kein Schatten, Sand, klares Wasser, kein Seegras.

● **Service:** Dusche, WC, Taverne, Strand wird gesäubert, keine touristischen Einrichtungen
● **Anfahrt:** Kein Bus; Asphaltstraße führt bis zur Strandtaverne, Parkplatz vorhanden

Viglas

Hinter der mehrere Kilometer langen Sandbucht liegen mit kleinen Büschen bewachsene Dünen und an einer Bachmündung wächst Schilf. Es gibt kaum schattige Ecken. An einem Kap stehen ein paar Häuser. 30–40 m breit, klares Wasser, kein Seegras, Felsen nur am Kap, flacher abfallend; kaum besucht.

● **Service:** Keinerlei Einrichtungen, keine Strandsäuberung, aber relativ sauber
● **Anfahrt:** Kein Bus; mehrere schlechte Pisten führen von der Asphaltstraße an den Strand; genügend Parkmöglichkeiten

Elia

Südlich von Viglas liegt die hübsche Elia-Bucht mit Felsenkaps. Die Dünen hinter dem Strand sind leicht mit Büschen bewachsen. Es wird nackt gebadet, aber da viel Militär in der Gegend ist, ein fragwürdiges Unterfangen. 100 m lang, 30–40 m breit, Sand, klares Wasser, kein Seegras, Felsen nur seitlich an den Kaps, flacher abfallend, sauber, kein Schatten, ruhig; keine touristischen Einrichtungen.

- **Anfahrt:** Eine 5 km lange, schlechte Staubpiste führt von der Hauptstraße hierher, Parkplatz vorhanden.

KATTAVÍA

Südlich von Lachaniá knickt die Hauptstraße in Richtung Westen ab und führt auf Kattavía und die Westküste zu. Ein paar Kilometer hinter dem Abzweig nach Plimíri und zu den anderen südlichen Stränden liegt an der Hauptstraße **Ag. Pávlos.** Schon von weitem sieht man den Kampanile der ruinösen Anlage. Hier hatten die Italiener mal eine Musterfarm angelegt, die jetzt verfällt.

In Kattavía sind die größten Attraktionen die Tankstelle und die Friedhofskirche. Letztere stammt aus dem 14. Jh. und ist mit Fresken aus dem 19. Jh. verziert.

Essen und Trinken

- **Café-Taverne Martines,** nette Taverne, die sich für eine Pause eignet. Bunte Tische stehen in einem sehr hübschen Garten.

PRASONÍSI

Von Kattavía führt eine neue Straße zum **südlichsten Punkt von Rhódos,** der Halbinsel Prasonísi. Die „grüne Insel" präsentiert sich ihrem Namen zum Trotz eher spärlich bewachsen. Das hügelige Fast-Eiland ist nur über einen flachen Sandsteg mit

Rhódos verbunden. Je nach Wind kann dieser Sandsteg auch vom Meer überspült werden. Dann sollte man auf keinen Fall versuchen, die Insel zu erreichen!

Am Strand von Prasonísi hat sich in den letzten Jahren einiges verändert: Der flache Sandstrand zieht zahlreiche Urlauber an. Auch Ausflugsbusse laufen den südlichsten Zipfel der Insel an. Es entstanden Unterkünfte und Tavernen, und Prasonísi mauserte sich zum Eldorado für **Surfer** und **Kiter.** Wind gibt es hier nämlich fast immer. Meist ist das Meer auf der einen Seite des Sandstegs aufgewühlt und eignet sich für Profis, während es auf der anderen Seite weniger stark weht und die Wellen kleiner sind. Das Preis-Leistungs-Verhältnis hat unter dem Ansturm der Gäste leider ziemlich gelitten.

Starker Wind und viel Platz:
Prasonísi wurde zum Surfertreff

Westlich des Strandes, in der Nachbarbucht, sind noch die spärlichen Reste der Stadt **Vroulia** aus dem 7. Jh. v. Chr. zu finden, die aber schon während der Antike wieder aufgegeben wurde.

Unterkunft

● **Light House,** Tel. 22440-91030, 91013 oder 91050, Fax 91071, l_house@otenet.gr, www.lighthouse-hotel.com. Neubau am Strand von Prasonísi. Zimmer und Taverne, die meisten Gäste sind Surfer; ein eigenes Fahrzeug ist hier notwendig; AC, Halbpension pro Person 32–43 €. Nach Zimmern im vorderen Gebäude mit Meerblick fragen.

Strand

Prasonísi

Die beiden Strandabschnitte westlich und östlich des Sandsteges zur Halbinsel sind jeweils rund 800 m lang. Seit nach Prasonísi eine Asphaltstraße führt, ist dieser Strand nicht mehr einsam und verlassen. Sand, klares Wasser, sehr flach abfallend, kein Seegras, Felsen nur am Rand, kein Schatten, Umgebung kahl, oft Wind; Strand ist gut besucht von Surfern.

● **Service:** Tavernen, Telefon, Supermarkt; Strand wird gesäubert; Surfschule, Surfbrettverleih, Kiting
● **Anfahrt:** Bus fährt selten; Asphaltstraße bis zum Strand, Parkplatz vorhanden

Moní Skiádi

Die Küstenstraße entlang geht es nun an Erosionshügeln vorbei nordwärts. Eine holprige Piste zweigt von der Küstenstraße rechts ab zum Kloster Moní Skiádi (ausgeschildert). Ein kleines Stück führt die Piste durch ein Tal, das bisher vom Feuer verschont worden ist, aber bald schon fährt man kahle Hügel hinauf. Verkohlte Stammreste säumen die Piste. Es hat sich Dornengestrüpp angesiedelt, manchem Hügel ist der Boden jedoch weggeschwemmt worden. Ob hier wieder Kiefernwald entstehen wird, wenn man nicht bald großflächig aufforstet, ist fraglich. Zahlreiche Quellen auf Rhódos, die früher viel Wasser lieferten, trocknen langsam aus, da Vegetation und Boden als Wasserspeicher fehlen. Daher verdunstet das Regenwasser mehr und mehr.

Die Kirche des Klosters Skiádi wurde 1861 errichtet, als Erweiterung einer kleineren **Kreuzkuppelkapelle** aus dem 13. Jh., die heute in den Kirchenbau integriert ist. Das Klösterchen wird heute von vier Nonnen bewohnt.

• **Öffnungszeiten:** Das Kloster ist meist über die Mittagszeit geöffnet. Am Eingang werden Wickelröcke zur Beinverhüllung verteilt. Eine Spende wird erwartet.

Marienikone

Die Attraktion von Moní Skiádi ist eine Marienikone. Sie wurde im 9. oder 10. Jh. von Mönchen am Strand gefunden und mitgenommen. Wie so oft in Griechenland, „verschwand" die Ikone und wurde später durch ihr Leuchten an dem von ihr „auserwählten" Platz wiedergefunden. Man sagt, es gefiel ihr an dem ihr zugewiesenen Ort nicht, und so suchte sie sich selbst ihr Plätzchen. Dort wurde dann eine Kapelle für sie errichtet, und im 13. Jh. bekam sie die neue Behausung, die teilweise heute noch steht. Einige orthodoxe Gläubige sind der Auffassung, dass die Ikone eigenhändig vom Evangelisten Lukas gemalt wurde, dem das Holz von Engeln übergeben worden sei.

Die Besonderheit dieser Marienikone ist, dass sie alljährlich um Ostern herum in Süd-Rhódos von Gemeinde zu Gemeinde gereicht wird; sogar zur Nachbarinsel Chálki fährt man sie. Überall finden dann große Kirchenfeste statt. Das **Klosterfest von Moní Skiádi** wird am 8.9. gefeiert, Marias Geburtstag.

064rh Foto: vb

Heimat der „wandernden“ Marienikone:
Das Kloster Moní Skiádi

Apolakkiá

In Apolakkiá, das ein paar Kilometer abseits der Westküste liegt, bildet ein großer Platz mit einigen Tavernen das Zentrum. Hier werden die Inselrundfahrtbusse „bewirtet". Um das Dorf herum liegen zahlreiche **Melonenfelder.** Melonen sind die Haupteinnahmequelle des Ortes; der Tourismus spielt kaum eine Rolle. Die meisten Urlauber ziehen relativ schnell weiter.

Ein Stück weiter nördlich liegt die Kapelle **Ag. Geórgios o Vardos.** Sie stammt aus dem 13. Jh. und wurde wenig später mit Fresken ausgemalt. Die alten Fresken zieren heute noch das Kircheninnere. Ihr Zustand ist relativ gut.

Unterkunft/ Essen und Trinken

• **Hotel Amalia,** Tel. 22440-61365 oder 61366, Fax 61367, am Dorfplatz. Schöne, saubere DZ mit Bad und Balkon, Blick in eine Zitrusplantage; Swimmingpool vorhanden, aber nur während der HS in Betrieb; in der angeschlossenen Taverne viele Tagesausflügler. Ohne Mietfahrzeug kommt man hier aber nirgends hin. DZ ohne Frühstück 20–25 €, mit Frühstück 30–35 €. Dem Hotel ist eine Taverne angeschlossen, die gute Grillgerichte anbietet.

Strände

Pelekanos, Kefali, Aspropetres

Südlich von Apolakkiá gibt es mehrere kilometerlange Strände. Dahinter liegen Dünen mit Phrygana-Bewuchs, die Straße ist ca. 200 m entfernt. 5–20 m breit, Sand, kahl, kaum schattige Fleckchen, klares Wasser, hier und da Felsen, steiler abfallend, kaum Seegras; wenig besucht. Keine Strandsäuberung, aber wenig Strandgut, keinerlei touristische Einrichtungen.

• **Service:** Taverne am Strand, an der Straße 4 km südlich von Apolakkiá
• **Anfahrt:** Kein Bus; von der Küstenstraße gehen immer wieder Staubpisten ab, genügend Parkmöglichkeiten.

Apolakkiá

Vom Strand von Apolakkiá hat man Blick auf die weiße Felswand beim Kap Foúrni im Norden. Trotz einiger Tamarisken wenig Schatten, kleine

Boote am Strand, viel Wind. Sehr lang, 10–30 m breit, Sand, klares Wasser, teils flache Felsen im Wasser, teils Seegras, mal flach und mal steiler abfallend; wenig besucht.

● **Service:** Dusche, kein WC, Papierkörbe, sauber, keinerlei Einrichtungen

● **Anfahrt:** Von der Hauptstraße zweigt bei einer kleinen Betonbrücke südlich von Apolakkiá eine kleine Asphaltstraße ab, die durch ein Bachbett und dann weiter zum Strand führt; 2,2 km von der Hauptstraße entfernt. Parkplatz vorhanden, von dort aus Treppe zum Strand

Kálamos

P

Sehr langer Sandstrand mit großen Sanddünen und Feldern dahinter, teils Büsche, viel Wind, kein Schatten. Schöner Blick auf weiße Felswand beim Kap Foúrni. Klares Wasser, teils Felsen im Wasser, kein Seegras, relativ sauber, keinerlei touristische Einrichtungen, kaum besucht.

● **Anfahrt:** Straße zum Strand von Apolakkiá folgen, dann aber auf der Piste noch ca. 3 km weiter nach Norden fahren; dazwischen immer wieder Bademöglichkeiten, Parkplatz am Pistenrand vorhanden. Die Piste endet an einer sonnigen, kleinen Kieselbucht mit großen Steinen direkt unterhalb der Felswand.

Der Strand von Apolakkiá

Istrios und Profilía

Ein Abstecher von Apolakkiá zu den Dörfern Istrios und Profilía im bergigen Hinterland führt über eine teilweise schlechte Straße. Die Landschaft ist kahl, das Feuer hat alle Bäume beseitigt. Die Dörfer sind, wie viele im Süden, so einfach, dass man fast glaubt, nicht mehr auf Rhódos zu sein.

Unweit der Straße zwischen Apolakkiá und Istrios liegen die spärlichen Überreste der frühchristlichen Basilika **Ag. Iríni.** Sie wurde im 6. Jh. als fünfschiffige Basilika errichtet und war damals vermutlich eine der wichtigsten Kirchen der Insel. Ihr Taufbecken wurde später zum Brunnen umgearbeitet und steht heute in Rhódos-Stadt vor dem alten Hospital. Hier draußen ist von der einstmals prächtigen Kirche nicht allzu viel übrig geblieben.

Arnítha und Váthi

Die Straße, die von Apolakkiá ins Landesinnere abzweigt, führt hinüber an die Ostküste nach Gennádi. Von dieser Straße lässt sich ein Abstecher zum Dorf Arnítha machen. Nicht weit davon liegen die Ruinen einer **frühchristlichen Basilika,** von der allerdings nicht mehr viel übrig ist. Die Landschaft in dieser Gegend ist überwiegend kahl, nachdem in den letzten Jahren die Wälder im Süden von Rhódos abgebrannt sind.

Auf der Straße nach Gennádi weiterfahrend, kommt man durch Váthi, ein kleines Bauerndorf. Es hat einen netten Platz, um den sich hübsche Häuser gruppieren und der von einer großen Platane überragt wird. Hier kann man eine Rast einlegen, bevor man sich an die Ostküste aufmacht.

Essen und Trinken

- **Taverne Platanos,** am Platz unter der großen Platane. Die nette Taverne wird von einem deutsch-griechischen Ehepaar geführt und bietet sich für eine Pause an; die Preise sind ok.

066rh Foto: vb

DIE NÖRDLICHE
WESTKÜSTE

TIPPS FÜR DIE REGION

Verkehrsmittel

● **Busse:** Die Busverbindungen entlang der nördlichen Westküste sind erfreulich gut. Bis nach Paradísi, wo sich der Flughafen befindet, fahren Busse von morgens um 5 Uhr bis nachts um 23 Uhr, alle 30 bis 60 Minuten. Sie benötigen von Rhódos-Stadt bis zum Flughafen 30–40 Minuten, je nach Verkehr. Während der HS sind die Busse in diesem Küstenabschnitt leider oft überfüllt. Mehr Platz gibt es in den Bussen nach Soroní und Fánes, die allerdings nur alle ein bis zwei Stunden fahren. Altkámiros und Kalavárda erreicht man ebenfalls mehrmals täglich.

Die Orte im Hinterland sind per Bus unterschiedlich gut zu erreichen. Gute Verbindungen gibt es nach Maritsá und Pastída sowie zum Schmetterlingstal Petaloúdes, das während der Saison mehrmals täglich angefahren wird. Auch Sálakos wird mehrmals täglich von Rhódos-Stadt aus angefahren.

● **Mietfahrzeuge:** Per Mietfahrzeug kann man die nördliche Westküste einfach ergründen. Die Straßen sind relativ gut. Die Küstenstraße zwischen Rhódos-Stadt, dem Flughafen und Paradísi ist sehr stark befahren, weiter südwestlich wird der Verkehr merklich ruhiger. In der Küstenebene stehen einige sehr schmale Brücken. Der Bau neuer Brücken ist hier und da bereits im Gange.

In Triánda, Kremastí, am Flughafen, in Paradísi und Theológos gibt es zahlreiche Fahrzeugvermieter. Die Fahrzeuge am Flughafen sind teurer als anderswo. Ungefähr 800 m vom Flughafen entfernt befindet sich in Paradísi ein Mofavermieter, mit dem wir gute Erfahrungen gemacht haben: Rent a Moto Semis Leoforon, Dimokratias 48, Tel. 22410-82137.

Tankstellen gibt es in diesem Teil der Insel sehr viele, meist liegen sie entlang der Küstenstraße. Im Hinterland findet man Tankstellen in Embonas, Kalavárda, Soroní, Apóllona und Archípoli. In diesen Dörfern werden Mietfahrzeuge so gut wie gar nicht angeboten.

● **Taxis:** Auf dem Weg zwischen dem Flughafen und Rhódos-Stadt kursiert eine ganze Armada Taxis. Sie haben feste Streckenpreise. Eine Preistabelle erhält man beim EOT. Die Fahrt vom Flughafen nach Rhódos-Stadt kostet 14 €. Taxi Triánda: Tel. 22410-92515, Taxi Kremastí: Tel. 22410-94528, Taxi Paradísi: Tel. 22410-81461.

● **Ausflugstouren:** Von Reisebüros in Rhódos-Stadt und auch von zahlreichen Hotels werden organisierte Ausflüge, teils mit Reiseleitern, angeboten. Dabei werden Filérimos, das Schmetterlingstal Petaloúdes und die Siedlung Altkámiros sowie Tavernen am Kap Minás angesteuert. Alle anderen Orte dieser Region bleiben unberücksichtigt.

Vorhergehende Seite: Die hellenistische Stadt Kámiros

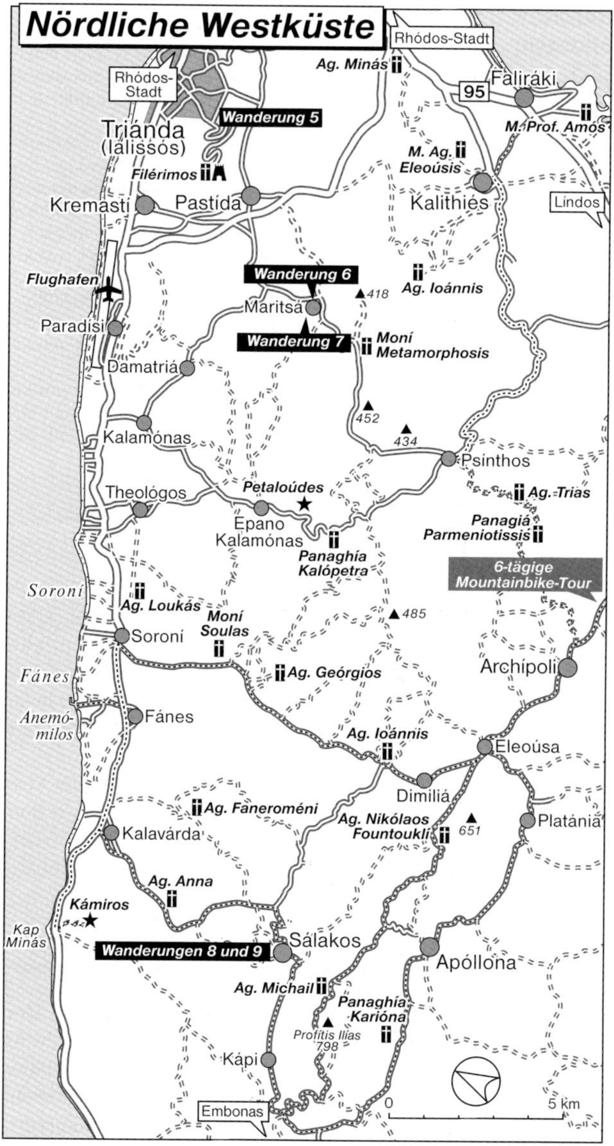
Nördliche Westküste
Rhódos-Stadt
Rhódos-Stadt
Ag. Minás
95
Faliráki
Wanderung 5
M. Prof. Amós
Triánda
(Ialissós)
M. Ag. Eleoúsis
Filérimos
Kremastí
Pastída
Kalithiés
Líndos
Flughafen
Wanderung 6
Ag. Ioánnis
418
Maritsá
Paradisi
Wanderung 7
Moní Metamorphosis
Damatriá
452
434
Kalamónas
Psínthos
Theológos
Petaloúdes
Ag. Trias
Epano Kalamónas
Panagiá Parmeniotissis
Panaghía Kalópetra
6-tägige Mountainbike-Tour
Soroní
Ag. Loukás
Moní Soulas
485
Soroní
Archípoli
Fánes
Ag. Geórgios
Anemómilos
Fánes
Ag. Ioánnis
Eleoúsa
Dimiliá
Ag. Faneroméni
Ag. Nikólaos Fountoukli
651
Platánia
Kalavárda
Ag. Anna
Kámiros
Kap Minás
Sálakos
Wanderungen 8 und 9
Apóllona
Ag. Michail
Panaghía Karióna
Profítis Ilías 798
Kápi
Embonas
0
5 km

Nützliche Adressen

- **Ärzte, Apotheken:** In den Dörfern Theológos, Kremastí, Tel. 22410-91222, Ialissós, Tel. 22410-92285, und Sálakos, Tel. 22460-22252, gibt es Ärzte, in Ialissós auch einen Zahnarzt (ausgeschildert als „Dentist"). Im Notfall wende man sich an das Krankenhaus, Tel. 22410-80000. Auch Apotheken findet man in den Küstendörfern.
- **Geld:** Banken mit Automaten gibt es in Ialissós und Kremastí. Einen Bankautomaten findet man in Theológos an der Küstenstraße und einen in Soroní, ebenfalls an der Küstenstraße. Auch am Flughafen gibt es Bankschalter und Automaten. Geldwechsel ist nur in den Küstenorten möglich.
- **Polizei:** Ialissós, Tel. 22410-93333, Sálakos, Tel. 22460-22202, Touristenpolizei in Rhódos-Stadt, Tel. 22410-27423
- **Flughafen** bei Paradísi: Tel. 22410-911771 oder 88700
- **Wäscherei:** Wash n Glow in Ixiá an der Hauptstraße unweit vom Hotel Roma, Tel. 22410-96459 Handy 69462 75145, geöffnet Mo–Sa 9.30–18.30 Uhr
- **Internetcafé:** Es gibt zahlreiche, z.B. in Triánda unweit vom Taxistand, in der Einbahnstraße, die von Filérimos abwärts durchs Dorf führt, Jupiter Café-Bar, Vironos 10, Tel. 22410-93967, tagsüber und abends geöffnet.

Triánda (Ialissós)

Die Siedlung Triánda, auch Ialissós genannt, ist eine Hotelstadt, die sich an der Küste entlangzieht. Die Großhotels liegen in der Einflugschneise des stark frequentierten Flughafens. Ruhe ist also in Ialissós nicht angesagt, der Schwerpunkt liegt hier mehr auf Trubel und Unterhaltung.

Zu Beginn des Jahrhunderts wurden an der Küste entlang sehr schöne Villen gebaut. Diese sind heute leider zwischen zahlreichen Neubauten eingeklemmt und teilweise verfallen die alten Gebäude sogar.

Strände

Ixiá

Ixiá ist vor allem bei Surfern gut bekannt. Der Wind ist oft stark und häufig kommen auch Profis voll auf ihre Kosten. Hier werden auch internationale Wettkämpfe für Surfer ausgetragen. Obwohl das Wasser klar ist und oft türkisblau schimmert, wurde es bei Tests in den letzten Jahren teilweise bemängelt. Triánda bietet neben Wassersport auch Minigolf (in einer Hotelanlage an der Hauptstraße, öffentlich zugänglich) und Minicars für Kinder (an der Strandstraße, die in die Gegenrichtung von Filérimos abzweigt). Der Strand von Ixiá wird durch eine Mauer begrenzt, hinter der die Großhotels liegen. An der Straße stehen Palmen und Tamarisken. Holzstege führen über den Strand. Sehr lang und 10–20 m breit, Sand und Kies, klares Wasser, viel Wind, kein Seegras und keine Felsen, steiler abfallend, kein Schatten. In der NS gut besucht, in der HS sehr voll.

- **Service:** Dusche, WC, Umkleidehaus, Telefon, Kioske, Volleyballnetz, Papierkörbe, Strand wird gesäubert; Liegen, Schirme, Tretboote, Wassermotorrad, Surfbretter, Kiting
- **Anfahrt:** Zu erreichen per Bus; kaum Parkmöglichkeiten

Triánda

Zahlreiche Hotelstrände mit Blick auf die Großhotels von Ixiá schließen sich südwestlich an. Mehrere Kilometer lang und 10 m breit, viel Wind, hohe Wellen, steiler abfallend, meist Kies, kein Schatten; meist voll.

- **Service:** Dusche, WC, Bars, Strand wird gesäubert, Schirme und Liegen, Wassersportmöglichkeiten oft nur für Hotelgäste
- **Anfahrt:** Bus nur bis Ixiá; hinter den Hotels führt eine Straße entlang, dort teils nur Parkmöglichkeiten für Gäste.

Milos, Kaliva

Auch hier fällt der Blick auf die Hotels von Ixiá. Schön sind eine alte Windmühle und die vielen Holzboote. Hinter dem langen Strand liegen mehrere Hotels und Pensionen. 10 m breit, vorne sonnig, den Strand begrenzend schattenspendende Tamarisken; Kies, viel Wind und hohe Wellen, steiler abfallend, teils Seegras; in der NS relativ ruhig, in der HS gut besucht.

- **Service:** Dusche, Umkleide, WC in Taverne, Telefon, Volleyballnetz, Supermarkt, Strand wird gesäubert, an einem Abschnitt des Strandes Schirme und Liegen, Surfbretter, Surfschule, Kiting

●**Anfahrt:** Die nächste Bushaltestelle befindet sich in Ixiá (weit). Von der Hauptstraße zweigt in Ixiá eine Asphaltstraße ab, die hinter den Strandhotels entlang hierher führt; Parkplatz vorhanden.

Triánda bis Kremastí

In diesem Küstenabschnitt liegen teilweise noch Hotels hinter dem Strand. Hier stehen einige alte Bunker und ein paar Bäume. Mehrere km lang und 10–20 m breit, Kies, steiler abfallend, keine Felsen und kein Seegras, klares Wasser; relativ ruhig bis gut besucht.

●**Service:** Dusche, WC, meist keine Strandsäuberung, an einigen Abschnitten Liegen und Schirme, ansonsten keine Einrichtungen
●**Anfahrt:** Bus an der Hauptstraße weit weg vom Strand; zu erreichen über eine kleine Straße, die hinter dem Strand entlangführt; Parkmöglichkeiten vorhanden

Filérimos

Von der stark befahrenen Küstenstraße zweigt in Triánda eine kleine Straße ins Landesinnere ab, die nach Filérimos führt. Das Kloster und die Festungsanlage auf dem **Berg Filérimos** sind einen Besuch wert. Filérimos ist ein sehr beliebtes Ausflugsziel. Wenn man den Menschenmassen entrinnen möchte, sollte man die Anlage morgens relativ früh besuchen. Man kann den Ausflug auch mit einer hübschen Wanderung verbinden (s.u.).

Der Hügel, von dem man eine schöne Aussicht auf das Umland hat, war bereits zu mykenischer Zeit bewohnt, wie Funde belegen. Die Dorer, die sich etwas später auf Rhódos niederließen, gründeten die Stadt Ialissós. Unten in der Ebene wurden im 19. Jh. **Gräber der Dorerstadt** gefunden. Die Schätze aus den Gräbern befinden sich heute zum großen Teil in englischen Museen. Die antike Stadt hatte ihre Blütezeit im 5. Jh. v. Chr. Oben auf dem Hügel befand sich die **Akropolis.** Als 408 v. Chr. die Stadt Rhódos gegründet wurde, zogen viele Bewohner des alten Ialissós dorthin um. Die

067rh Foto: vb

Stadt verlor an Einfluss und wurde später aufgegeben. Am Fuße des Hügels von Filérimos steht heute noch ein **dorischer Brunnen,** der aus dem 4. Jh. v. Chr. stammt. Er ist aber nur nach Rücksprache mit dem Archäologischen Dienst für Fachleute zugänglich.

Man kann hier oben noch die spärlichen Reste eines **Athene-Tempels** aus dem 3. Jh. v. Chr. bewundern – vermutlich wurde Athene hier schon seit dem 9. Jh. v. Chr. verehrt. Von älteren Gebäuden blieb allerdings nichts übrig. Im 5. Jh. n. Chr. wurde der Tempel zerstört, denn man benötigte seine Teile als Baumaterial für eine **dreischiffige Basilika,** die in den folgenden Jahren gleich neben dem Tempel errichtet wurde. Auch von dieser Basilika sind heute nur noch ein paar Steinmäuerchen und Mosaikreste übrig. Ebenfalls erhalten ist das marmorne Taufbecken in Kreuzform.

Filérimos heißt so viel wie „Freund der Einsamkeit". Im 10. Jh. zog ein Einsiedler hierher, nach

Das Kloster Filérimos

Der Drache von Filérimos

Anfang des 14. Jh. war es für Pilger nicht ganz ungefährlich, Filérimos zu besuchen, denn das Kloster hatte einen Hausdrachen, der Pilger fraß. Während andernorts Drachen eher der Fantasie entspringen, muss dieser aus Fleisch und Blut gewesen sein. Es handelte sich um ein Krokodil, das vermutlich im Bauch eines Handelsschiffs aus Ägypten die Reise nach Rhódos angetreten hatte. Irgendwie war das Reptil auf der Insel in die Wildnis gelangt. Es hatte sich unterhalb von Filérimos in einem Moor ein neues Zuhause gesucht und fraß alles, was ihm in die Quere kam – auch Pilger.

Der junge Kreuzritter *de Gozon* machte sich eines Tages auf die Suche nach dem Ungeheuer – gegen den Willen des Großmeisters *de Villaret,* denn der hatte schon einige jagdfreudige Ritter als Krokodilfutter opfern müssen. Obwohl *de Gozon* erfolgreich war und das Krokodil erlegte, erntete er zunächst kein Lob vom Großmeister, denn der erwartete strengen Gehorsam, und *de Gozon* hatte schließlich gegen seinen Willen gehandelt. Der junge Ritter wollte den Orden schon beleidigt verlassen, als der Großmeister sich darauf besann, dass aus diesem Bürschchen vielleicht noch etwas Rechtes werden könnte. Und *de Gozon* brachte es auch wirklich noch zu etwas, er wurde in späteren Jahren (1346–53) selbst Großmeister.

Über diese Geschichte hat *Friedrich Schiller* 1798 ein Gedicht geschrieben, in dem es heißt: „Was rennt das Volk, was wälzt sich dort die langen Gassen brausend fort? Stürzt Rhodus unter Feuers Flammen?", und über das Ende des Ungeheuers lässt *Schiller* seinen Helden berichten: „Hin sinkt es und begräbt im Falle mich mit des Leibes Riesenhalle". Der Großmeister meldet sich bei *Schiller* folgendermaßen zu Wort: „Mut zeiget auch der Mameluck, Gehorsam ist des Christen Schmuck ... Dich hat der eitle Ruhm bewegt – drum wende dich aus meinen Blicken!" Aber am Ende des Gedichts lässt *Schiller* ihn verkünden: „Umarme mich, mein Sohn! Dir ist der härt're Kampf gelungen. Nimm dieses Kreuz, es ist der Lohn der Demut, die sich selbst bezwungen."

dem der Ort seinen heutigen Namen erhielt. Der Einsiedler blieb aber nicht lange allein, denn wenig später wurde hier ein **Kloster** gegründet. Die spärlichen Reste dieser Anlage aus dem 10. Jh. kann man auch noch finden. Ebenfalls in byzantinischer Zeit entstand an der Ostspitze des Berges eine kleine **Festung.** Von hier oben war es möglich, das Umland zu kontrollieren.

Als die **Johanniter** 1306 nach Rhódos kamen, waren die Rhodier ganz und gar nicht von ihrem Eintreffen begeistert. Die Ritter suchten sich daraufhin ein strategisch günstiges Plätzchen und entdeckten dabei den Berg Filérimos. Hier richteten sie sich notdürftig ein und starteten von Filérimos aus ihren Eroberungsfeldzug. Interessanter als das Kloster war für die Johanniter zunächst die Festung. Als die Kreuzritter dann 1309 die Insel unter Kontrolle gebracht hatten, verfielen sie in rege Bautätigkeit. Sie bauten nicht nur die Festung in Rhódos-Stadt aus, auch die in Filérimos wurde vervollständigt und es entstand ein neues Kloster. Die Rekonstruktion dieser Anlage ist das Ziel der meisten Besucher von Filérimos. Die Kirche besteht aus mehreren frühgotischen Kapellen mit Kreuzrippengewölben.

Unweit des Klosters steht eine **Kapelle,** die dem Heiligen Georg, dem **Drachentöter,** gewidmet ist. Diese einfache Kapelle wurde schon zu byzantinischer Zeit errichtet, aber die Fresken stammen aus dem 15. Jh. Dargestellt ist hier der Heilige Georg, aber auch die Großmeister des Johanniterordens dieser Zeit sind betend abgebildet. Der Zustand der Fresken ist leider nicht mehr der beste.

1522 kamen die **Osmanen** auf die gleiche Idee wie die Kreuzritter, die auch hier ihr erstes Lager auf der Insel aufgeschlagen hatten. Nach deren erfolgreicher Eroberung war dies das Ende des Klosters. Die Osmanen fanden eine andere Nutzung für die Räumlichkeiten. Wo früher Mönche gehaust hatten, zogen nun Pferde ein. Das als Stall genutzte Kloster zerfiel im Laufe der Jahre.

068rh Foto: vb

Als die **Italiener** Rhódos übernahmen, machten sie sich in den 1920er Jahren daran, das Kloster der Johanniter wieder aufzubauen. Italienische Mönche vom Franziskanerorden ließen sich hier nieder. Die Italiener legten auch den **Kreuzweg** an, der an einer kleinen Kapelle endet. Neben der Kapelle wurde in den letzten Jahren ein großes **Betonkreuz** errichtet. Darin befindet sich eine Treppe, über die man auf den Querbalken gelangen kann – ein beliebter „Abstecher" mit schöner Aussicht.

1943 zerstörte ein Bombardement der **deutschen Truppen** die Anlage, die dann in den 50er Jahren nochmals restauriert werden musste.

Rundgang

Bei einem Besuch der Klosteranlage erhält man mit dem Eintrittsticket auch einen Plan der Anlage. Die Haupttreppe führt vom Kassenhäuschen auf ein Plateau. Rechts neben dem Klosterturm liegen die Reste der frühchristlichen Basilika. Links vor

Die Reste des Tempels

der Johanniterkirche befinden sich die Reste des Athene-Tempels. Hinter der Kirche gelangt man zum Kreuzgang. Rechts vom Johanniterkloster beginnt eine Allee, die zur byzantinischen Festung führt. Dies ist ein ruhiges Fleckchen, denn die meisten Besucher schauen sich nur das Johanniterkloster an.

Auf dem Rückweg lohnt ein Abstecher zur **Kapelle Ag. Geórgios**: an den Resten des Athene-Tempels rechts vorbei, den Hang hinunter. Die Kapelle ist tief in den Hang hineingebaut. Danach geht es am Kassenhaus geradeaus vorbei und man erreicht den Kreuzweg, der zu dem großen Betonkreuz führt. Bei der Rückkehr zum Parkplatz sieht man linker Hand die spärlichen Überreste des Klosters aus byzantinischer Zeit.

- **Öffnungszeiten:** Das Kloster ist Di–So 8–14.30 Uhr geöffnet; Eintritt 3 €. Es wird von öffentlichen Bussen nicht angefahren. Eine Fahrt mit dem Taxi von Triánda aus kostet 6 €.

Wanderung 5: Auf den Berg von Filérimos

- **Route:** von der Straßengabelung unterhalb des Berges von Filérimos zur Anlage hinauf und auf demselben Weg zurück
- **Strecke:** schattiger Fußweg, meist gut ausgetreten, im unteren Teil an einigen Stellen etwas überwuchert, teils Treppen
- **Dauer:** Hin- und Rückweg 1 Std. 30 Min.
- **Ausrüstung:** keine besondere Ausrüstung nötig, oben Kiosk mit Getränken
- **Organisation:** Anfahrt mit dem Mietfahrzeug, parken unweit des Schildes „Filérimos 4 km". Wer per Bus anreist, muss zunächst gut 20 Minuten der kleinen Straße vom Dorfrand aus noch 2 km folgen, bis das Schild erreicht ist. Die Straße ist am frühen Morgen gut begehbar, aber ab 9 Uhr herrscht viel Verkehr.

Die Wanderung führt auf kleinen Pfaden durch dichten Kiefernwald an einem alten Brunnen und alten Bunkern vorbei hinauf zur sehenswerten Anlage von Filérimos. Eine sehr lohnende Tour! Man geht in knapp einer Stunde hoch zum Kloster und in rund 30 Minuten wieder hinunter.

Der **Startpunkt** liegt am Fuße des Hügels an der **Straßengabelung.** Ein Straßenschild markiert „Filérimos 4 km". Links zweigt an dieser Stelle eine kleine Asphaltstraße ab, an der ein Reitstall ausgeschildert ist. Am rechten Straßenrand befinden sich Bänke und ein Wasserhahn. Geht man hier einige Meter zurück, zweigt (von Triánda kommend) rechts eine Piste ab, an der ein Schild „Einfahrt verboten" steht. Auf dieser Piste geht es dann weiter.

Nach wenigen Metern zweigt links zwischen zwei Bäumen ein sehr unscheinbarer Fußpfad ab, dem man folgt. Er ist mit **roten Punkten** gekennzeichnet und trifft nach knapp zehn Minuten bei einer Parkbucht auf die Straße. Auf dieser geht es fünf Minuten den Berg hinauf. Die Straße macht dann eine scharfe Kurve nach links. Hier zweigt rechts ein Weg ab, ein Schild warnt „οταν εισαι στο δασοσ ΠΡΟΣΕΧΕ" („Wenn du im Wald bist, pass auf!"). Wenige Meter weiter, noch bevor der Weg sich auf einen **Waldspielplatz** öffnet, führen zwei Trampelpfade links den Berg hinauf, die sich dann treffen.

Nun beginnt ein sehr schöner Fußweg durch den Wald. Der Pfad führt teils über Treppenstufen. Nach 15 Minuten endet er an der alten Straße, die heute nicht mehr befahren wird. Man folgt der alten Straße rechts hoch und erreicht kurz hinter einer Kurve einen verfallenen **türkischen Brunnen.** Nach rund 15 Minuten stößt die alte Straße auf die stark befahrene neue. Auf der gegenüberliegenden Straßenseite beginnt ein nicht markierter Trampelpfad. Er führt zunächst – schlecht sichtbar – steil die Böschung hinauf, aber nach wenigen Metern wird er breiter und führt links den Hang hoch zur **Ruine einer alten Villa.** Dort beginnen Treppen, die hinter der Villa im Zickzack nach oben führen. Der Pfad biegt rechts ab. Nach wenigen Minuten erreicht man über Treppen den Parkplatz vor dem **Kloster.** Für den Rückweg wählt man am besten den gleichen Weg.

Pastída und Maritsá

Wenige Kilometer hinter der touristisch voll erschlossenen Westküste bei Triánda liegen die ruhigen Dörfer Pastída und Maritsá. Hier herrscht griechisches Dorfleben wie eh und je. Natürlich kommen ab und zu Ausflügler vorbei, aber man ließ sich dadurch bisher nicht aus der Ruhe bringen. Bis nach Pastída und Maritsá fährt noch ein Bus von der Westküste aus, aber dann ist Schluss. Die landschaftlich schöne Straße zwischen Maritsá und Psínthos (s. Kap. „Nördliche Ostküste") kann man nur per Mietfahrzeug oder zu Fuß zurücklegen (macht aber per pedes nur mäßig Spaß).

Um Pastída herum liegen viele Kasernen, und die Pensionen hier werden oft von Angehörigen der Soldaten aufgesucht.

Bienenmuseum

Unweit von Pastída, an der Hauptstraße zwischen dem Flughafen und Faliráki gelegen, findet man das Bienenmuseum (es ist auch ausgeschildert). Das Museum informiert überwiegend auf Englisch und Griechisch, es hat aber auch einen sehr lohnenden Film in deutscher Sprache zu bieten, der in rund einer Stunde sehr anschaulich darüber informiert, wie Bienen leben, wie Honig entsteht und welche verschiedenen Honigsorten es gibt. Man kann auch ein Bienennest in natura ansehen. Vor dem Gebäude ist ein Kräutergarten zur Veranschaulichung angelegt. Es werden leckere Honigprodukte verkauft.

- **Öffnungszeiten:** Mo–Sa 9–14.30 Uhr, Sonntags geschlossen, Eintritt 2 €, Kinder 1 €, www.mel.gr

Kloster Metamórphosis

Oberhalb von Maritsá liegt das Klösterchen **Moní Metamórphosis tou Ag. Sotiros,** zu dem sich eine schöne Wanderung unternehmen lässt (s.u.). Zum Klosterfest am 6.8. reisen regelmäßig zahlreiche Pilger an, ansonsten ist es hier aber sehr ruhig. Das Kloster ist nicht mehr bewohnt. In der kleinen Kirche finden sich an der Altarwand recht alte Ikonen. An den Kirchenwänden kann man die Reste alter Fresken erkennen, die aber teilweise in schlechtem Zustand sind. Unterhalb der Terrasse, auf der die Kirche steht, liegt eine gefasste Quelle.

Wanderung 6: Wanderung bei Maritsá

- **Route:** Maritsá – Kloster Moní Metamórphosis tou Ag. Sotirou und zurück
- **Strecke:** über ruhige Sträßchen und breite Pisten, meist schattig
- **Dauer:** Hin- und Rückweg 1½ Std.
- **Ausrüstung:** Sonnenschutz, Wasser, Verpflegung; am Kloster gibt es einen Brunnen.
- **Organisation:** Der öffentliche Bus fährt mehrmals täglich nach Maritsá. Dort gibt es mehrere Tavernen.

Diese Tour führt vom Dorf Maritsá über die alte Straße durch Kiefernwald hinauf zum verlassenen Klösterchen Moní Metamórphosis tou Ag. Sotirou und wieder zurück.

Von der **Bushaltestelle** in Marítsa geht es durchs Dorf hindurch in Richtung Psínthos. Mehrere Schilder weisen Autofahrern den Weg. Nach rund 15 Minuten, ca. 400 Meter hinter dem Ortsende, zweigt an einem großen Baum links eine Piste ab. Sie führt zunächst über eine kleine **Brücke** und dann in Serpentinen durch Kiefernwald den Berg hinauf. Nach ca. 15 Minuten erreicht man wieder die Straße und folgt ihr nach links hoch.

Ein buntes Haus in Kremastí

Wenige Meter weiter oben zweigt in einer Rechtskurve eine kleine Straße links ab, die zum **Kloster** führt, das nach weiteren zehn Minuten erreicht ist.

Das Kloster liegt rechts oberhalb der Straße. Diese führt daran vorbei und geht dann in einen Weg über, der auf einem **Plateau** vor einem alten Bunker etwas weiter unten am Hang endet. Von hier aus hat man eine schöne Aussicht. Auf demselben Weg geht es wieder zurück nach Maritsá.

Kremastí und Paradísi

Durch Kremastí und Paradísi quält sich der Verkehr. Die beiden Dörfer, die früher wohl mal hübsche Fleckchen waren, haben sich seit dem Bau des neuen **Flughafens** nicht gerade zu ihrem Vorteil verändert.

In Kremastí liegt unweit des alten, verfallenen Kástros ein Haus, das eine gewisse Ähnlichkeit mit den Gebäuden von *Friedensreich Hundertwasser* in Wien aufweist. Sein Besitzer lädt ab und zu interessierte Urlauber zu einem Besuch ein.

069rh Foto: vb

In Paradísi stehen zwar zahlreiche Hotels und Pensionen zur Verfügung, der Fluglärm ist aber erheblich - auch bei Nacht, denn auf Rhódos starten und landen auch morgens um 3 Uhr Maschinen.

Unterkunft

Von Übernachtungen rund um den Flughafen raten wir ab, weil die Lärmbelästigung bei Nacht einfach viel zu groß ist.

Strand

Kremastí

Von Kremásti aus blickt man auf die türkische Küste und die Insel Sými. Hinter dem Strand stehen Tamarisken, darunter Bänkchen. Der Fluglärm ist erheblich. Langer Strand, 20–40 m breit, Sand mit Steinen, steiler abfallend, klares Wasser, keine Felsen, kein Schatten; in der NS gut besucht, in der HS voll.

- **Service:** Dusche, Umkleide, Telefon, Taverne am westlichen Strandende, Kiosk „Thassos Place“, Kinderspielplatz, Strand wird gesäubert; Schirme und Liegen.
- **Anfahrt:** Bus nur an der Hauptstraße, von dort über eine Stichstraße zu erreichen, der Strand ist beschildert; Parkplatz vorhanden.

Theológos

Das Dorf Theológos liegt ein wenig abseits der Küste und ist noch recht ursprünglich geblieben. Die Bauern fahren im Herbst auf ihren alten Traktoren in die Olivenhaine. Im Sommer arbeiten viele Bewohner in den Hotels an der Küste. Dort entstand in den letzten Jahren ein weiterer Ortsteil. An der Küstenstraße und am Strand ziehen sich zahlreiche Hotelgebäude entlang. Auch ein Minigolfplatz und eine öffentlich zugängliche Poolbar sind dabei entstanden.

Am Strand zwischen Soroní und Theológos steht ein großes **Dieselkraftwerk,** das die gesamte Insel Rhódos mit Strom versorgt.

Strände

Theológos

Südlich des Strandes von Theológos liegt das Inselkraftwerk. Die Wasserqualität in dieser Gegend ist schon mehrmals beanstandet worden. Hinter dem Strand befinden sich teilweise Hotelanlagen. Sehr lang und 10–20 m breit, Sand mit Kies, windig, wenig Schatten, teils Seegras, steiler abfallend, Fluglärm, in der NS ruhig, in der HS gut besucht.

- **Service:** Dusche, WC, Umkleide, Strandbars, Supermarkt an der Hauptstraße, Volleyballnetz, Liegen und Schirme; Papierkörbe vorhanden, Strandsäuberung eher selten, Tretboote, Surfbretter, Ring, Wasserski
- **Anfahrt:** Bus an der Hauptstraße, Strand ausgeschildert ca. 1 km entfernt, Parkplatz am Strand

Schmetterlingstal Petaloúdes

Zwischen Paradísi und Theológos zweigt eine Straße ins Landesinnere nach Petaloúdes ab. Die Verkehrsschilder weisen auf „Butterflies" hin. Das Tal Petaloúdes ist landschaftlich ein sehr schönes Fleckchen, aber die Natur leidet unter dem Massenansturm der Besucher. Wer das Tal in Ruhe genießen möchte, muss früher aufstehen als andere oder erst am Abend kommen. Schmetterlinge bekommt man hier nur in den Monaten Juni bis September zu sehen. Im Oktober gibt es zwar keine mehr, aber dafür ist es dann herrlich ruhig.

Die Straße, die vom Schmetterlingstal nach Psínthos weiterführt, ist landschaftlich reizvoll. Man kann den Besuch mit einer Fahrt durch die nahegelegenen Bergdörfer verbinden (siehe „Pastída und Maritsá").

Schmetterlinge

Große Tafeln informieren über die Schmetterlinge. Der **Gepunktete Harlekin** (Callimorpha Quadripuncta), der hier massenhaft auftritt, ernährt sich vom Harz der Amberbäume. Diese Bäume kommen im Mittelmeerraum immer seltener vor, weil sie häufig den Bauvorhaben der Tourismusbranche im Wege stehen.

Der Harlekin hat zwei Flügelpaare. Das oben liegende ist braun und unscheinbar. Das darunter liegende Flügelpaar ist jedoch auffällig **rot mit schwarzen Punkten.** Dieses kann man aber nur sehen, wenn er fliegt. Der einzelne Schmetterling ist wenig beeindruckend, aber wenn die Tiere aufgeschreckt werden und sich in der Gruppe erheben, sieht das sehr schön aus – wie eine rote Wolke.

070rh Foto: vb

Jahrelang haben Touristenführer mit schrillen Pfiffen und Klatschen versucht, die Tiere zum Fliegen zu bringen, bis Biologen herausfanden, dass die Zahl der Schmetterlinge dadurch rapide abgenommen hat. Der Harlekin ist ein **nachtaktives Tier** und schläft normalerweise tagsüber. Lässt man die Tiere am Tag nicht in Ruhe schlafen, fehlen ihnen Kräfte, und die Paarung wird gestört. Obwohl jetzt von den Ordnungshütern im Tal versucht wird, die Touristen davon abzuhalten, versuchen letztere immer wieder, die Schmetterlinge aufzuscheuchen, damit sie sie fliegen sehen. Artenschutz und Massentourismus sind eben schwer unter einen Hut zu bringen.

Im Herbst fliegen die Schmetterlinge an andere Orte, wo sie Eier legen. Die Raupen entwickeln sich dort und nicht im Tal von Petaloúdes. Daher sind die Tiere hier nur zwischen Juni und September anzutreffen.

Rundgang, ca. 1,5 Std.

Vom Parkplatz aus führt ein Pfad nach unten, an einer schönen Ausflugstaverne vorbei, zum unteren **Kassenhäuschen** (das Ticket muss man mehrmals vorzeigen). Der Weg ist hübsch angelegt und führt neben dem plätschernden Bach durch das Tal hoch zu einem kleinen **Stausee.** Hier liegt eine weitere Ausflugstaverne, neben der die Straße den Weg kreuzt.

Oberhalb der Straße führt der Pfad am zweiten Kassenhäuschen vorbei zu einem **See mit Wasserfall**. Am oberen Talende steht hinter einem weiteren Kassenhäuschen das Kloster **Moní Kalópetra.** Auch hier werden Getränke und Kleinigkeiten verkauft. Das Klösterchen wurde mehrmals zerstört und wieder aufgebaut. 1784 sorgte die politisch einflussreiche Familie *Ypsilantis* für eine gründliche Renovierung. Auf dem gleichen Weg geht man wieder durchs Tal hinunter.

Auch ohne Harlekins schön: das Schmetterlingstal

● **Öffnungszeiten:** Im Sommer 8 Uhr bis Sonnenuntergang. Im restlichen Jahr täglich 9-15 Uhr. Eintritt NS 3 €, HS 5 €

Straußenfarm

● **Vogelstraußenfarm Ostrich,** Epano Kalamos, 1,5 km vor Petaloúdes ausgeschildert. Zu bewundern gibt es neben Straußen auch verschiedene andere Vögel, ein Lama, ein Känguruh, Ponys, Kaninchen u.a. Kleintiere. Auch Spielplatz und Kiosk sind vorhanden. Öffnungszeiten: April bis Oktober täglich 9–19.30 Uhr, im Winter nur am Wochenende. Eintritt: 3 €, Kinder 1,50 €, bis 3 Jahre gratis.

Wanderung 7: Von Maritsá nach Petaloúdes

● **Route:** Maritsá – Ag. Andreas – Epano Kalamonas – Petaloúdes – Maritsá
● **Strecke:** schöne Tour über breite Pisten und schmalere Waldwege, früh morgens noch schattig
● **Dauer:** Hinweg 2 Stunden, Wanderung durch das Schmetterlingstal ca. 1,5 Stunden, Rückweg 1,5 Stunden
● **Ausrüstung:** Sonnenschutz, Wasser, im Schmetterlingstal gibt es Tavernen und Kioske.
● **Organisation:** Diese Tour ist gut mit öffentlichen Bussen zu organisieren. Einen gültigen Fahrplan erhält man am Westküstenbusbahnhof. Morgens ist es einfach, per Bus nach Maritsá zu kommen. Zurück nach Rhódos fährt alle 1–2 Stunden ein Bus. Von Petaloúdes aus kann man nach Maritsá zurück wandern oder mit dem Bus nach Rhódos-Stadt fahren. Der fährt meist um die Mittagszeit. Tavernen und Kioske findet man in Maritsá und in Petaloúdes.

Diese Tour führt vom oberen Dorfrand Maritsás aus durch Wiesen und Wälder an einer kleinen Kapelle, mit schöner Aussicht, vorbei ins Schmetterlingstal.

Zur Kirche Ag. Andreas

Von der Bushaltestelle geht es zunächst durch das Dorf hinauf an den oberen Dorfrand in Richtung Psínthos. An der Pension Mira Monte zweigt von der Hauptstraße eine kleine Straße nach rechts ab, an der ein kleines Schild bereits auf Griechisch auf die Kapelle **Ag. Andreas** hinweist.

Nach ca. fünf Minuten erreicht man eine Weggabelung. Der Weg nach Ag. Andreas ist ausgeschildert. Die Wanderung führt linker Hand weiter, und die Straße geht bald in eine Piste über. Man wandert nun geradeaus weiter, kommt nach ca. zehn Minuten zur Linken an einem Weg vorbei, der zum Moní Kýrou kai Ioánnou führt, und erreicht nach etwa fünf Minuten eine Gabelung. Hier wählt man den linken Hauptweg, der kurz darauf in den Wald hineinführt. Etwa 15 Minuten später weist ein kleines weißes Schild nach rechts auf die Kirche Ag. Andreas hin. Diesem Weg folgt man und erreicht nach wenigen Minuten eine weitere Weggabelung, an der ein weiteres Schild nach halbrechts auf die Kirche hinweist. Der nun eingeschlagene Weg führt später auch zum Schmetterlingstal. Um die Kirche zu erreichen biegt man 15 Minuten später noch einmal rechts ab und gelangt kurz darauf ans Ziel.

Der Strand von Soroní

Zum Schmetterlingstal

Zurück auf dem breiten Weg unterhalb der Kirche folgt man diesem weiter. Er windet sich zwischen Feldern entlang, durchquert ein Trockental, und nach 30 Minuten erreicht man eine breite Piste, der man nach rechts folgt. Sie führt an einer Kaserne vorbei und mündet nach 20 Minuten direkt gegenüber dem Haupteingang einer weiteren Kaserne auf die Straße. Die Piste wird von zwei **bunt bemalten Granathülsen** eingerahmt. Man folgt nun der Straße nach links hoch und erreicht nach 15 Minuten den Eingang zum Schmetterlingstal. Von hier aus kann man per Bus wieder abfahren.

Zurück nach Maritsá

Wer noch genügend Energie hat, kann auch wieder zurückwandern nach Maritsá. Man folgt dazu der Straße wieder abwärts und biegt bei den beiden Granathülsen, von oben kommend, nach rechts in die Piste ab. Nun folgt man der Hauptpiste an der Kaserne vorbei durch den Wald. Nach 40 Minuten erreicht man den Abzweig zur Kirche Ag. Andreas. Hier hält man sich nun halbrechts und folgt weiter der Hauptpiste und erreicht so nach weiteren 35 Minuten den Ortsrand von Maritsá bei der Pension Mira Monte.

SORONÍ

Soroní ist ein Dorf, in dem der Tourismus kaum eine Rolle spielt. Im Ort zweigt eine Straße ins Landesinnere nach Eleoúsa ab. An dieser Straße liegt das Kloster Moní Soulas.

Strand

Soroní

Der ruhige, baumbestandene Kiesstrand liegt rund zwei Kilometer von der Hauptstraße entfernt. Hinter dem Strand führt eine Piste entlang, dahinter liegen hohes Schilf und Felder. Das Inselkraftwerk ist hier noch sichtbar. Der nächste Supermarkt findet sich an der Hauptstraße im Dorf. Hinter dem Strand stehen Schatten spendende Tamarisken. Langer, 10–20 m breiter Kiesstrand, kleine Kaps mit Steinen, teils Seegras, steiler abfallend, viel Wind; je nach Windrichtung kann Teer angetrieben werden, meist ist das Wasser jedoch klar. In der NS sehr ruhig, in der HS relativ ruhig. Mehr Besucher am Wochenende, da hier meist einheimische Familien baden.

- **Service:** Dusche, Umkleide, WC in Taverne, Telefon, Kinderspielplatz, Bänke, Papierkörbe, Strand wird gesäubert
- **Anfahrt:** Bus an der Hauptstraße; zu erreichen über eine 2 km lange Allee, die von dort abzweigt; Strand ist beschildert; Parkmöglichkeiten am Strand vorhanden

Moní Soulas

Von der Straße nach Eleoúsa, die durch ein grünes Tal führt, zweigt links ein Weg zum Kloster Moní Soulas (manchmal auch Moní Silla genannt) ab. Auffällig ist vor allem die gigantische Pferderennbahn an der gepflegten Anlage. Das Kirchfest des unbewohnten Klosters wird am 29./30.7. gefeiert, und dann rennen die Vierbeiner hier im Kreis herum. Ansonsten ist Ag. Soulas ein ruhiger, gemütlicher Ort im Grünen, der ab und zu von griechischen Pilgern aufgesucht wird. Er ist am Wochenende ein beliebtes Ausflugsziel.

Essen und Trinken

- Am Klösterchen gibt es einen **Kiosk.** Am Wochenende wird hier häufig Zicklein gegrillt, und der Duft zieht dann durch die Wälder. Zahlreiche Einheimische wissen dies zu schätzen; einfach, sehr preisgünstig und nett.

Fánes

Fánes ist ein von Touristen kaum besuchtes Dorf. Der etwa eineinhalb Kilometer entfernte Sandstrand ist relativ ruhig. Gleich neben dem Strand liegt ein kleiner Hafen, in dem Fischerboote und Segelboote dümpeln.

Unterkunft

- **Michael Vacanties,** Tel. 22410-42329, Fax 41670, komizmih@otenet.gr, www.windsurfing-rhodos.de. Nettes Hotel in Fánes, rund 500 m vom Strand entfernt. Großer, schöner Garten mit Volleyballnetz, gepflegt, sauber. Surfschule mit guter Ausrüstung, es können eigene Surfbretter mitgebracht werden. Surfurlaub ist zu buchen über Surfshop Laupheim, Tel. 07392-55555, Fax 18979, info@surfshop-laupheim.de, www.surfshop-laupheim.de. DZ mit Bad, Balkon, und Kühlschrank, eine Woche HP 280 € p.P., DZ 400 €. Gute Küche. Auch Direktbuchung ohne Surfurlaub

Strand

Fánes

Neben dem Strand liegt ein kleiner Hafen mit Fischerbooten; man hat Blick auf Sými. Am Parkplatz stehen Tamarisken, darunter Bänkchen. 100 m lang und 30–50 m breit, Sand, kein Schatten, viel Wind, wenig Seegras, Felsen nur am Pier. Auch in der HS relativ ruhig.

- **Service:** Dusche, WC in Taverne, Umkleide, Telefon, Kinderspielplatz, Volleyballnetz, Strand wird gesäubert; Surfbretter
- **Anfahrt:** Bus an der Hauptstraße; von dort kleine Straße (ca. 1,5 km); hinter dem Hafen Parkplatz

Kalavárda und Kap Minás

Kalavárda ist ebenfalls ein Bauerndorf, das von Touristen kaum beachtet wird. Vier Kilometer dahinter erreicht man über die Küstenstraße das Kap Minás und die alte Dorerstadt Kámiros.

Das Kap unterhalb der Dorerstadt ist landschaftlich recht hübsch. Es hat einen netten Strand und Tavernen, an denen oft Ausflugsbusse Halt machen. Von der Hauptstraße führt eine Pinienallee den Berg hoch zum Parkplatz. Von hier hat man einen herrlichen Blick auf die Insel Sými.

Essen und Trinken

- Am Kap liegen mehrere **Tavernen,** die aber häufig Ausflugsbusse empfangen, worunter die Qualität der Speisen leidet. Auch die Preise sind hier nicht sehr günstig. Vor den Tavernen befindet sich ein schöner Strand.

Strände

Kalavárda

Westlich des Strandes stehen einige große Dieseltanks gut sichtbar an der Küste. Hinter dem Strand liegen Gemüsefelder, einige Tamarisken geben etwas Schatten. Lang und 30 m breit, Sand mit Steinen, viel Seegras, steiler abfallend, viel Wind; auch in der HS relativ ruhig.

- **Service:** Dusche, Umkleide, WC in Taverne, Papierkörbe, Strandsäuberung eher selten; einige Liegen, keine Sonnenschirme, kleiner Hafen, kein Wassersport
- **Anfahrt:** Bus bis zur Hauptstraße, von dort führt eine kleine Straße in ca. 1 km zum Strand; Parkplatz vorhanden.

Strand bei Taverne Dionyssos

Blick nach Sými, schöne Sonnenuntergänge; hinten am Strand einige Tamarisken. 100 m lang und 5–10 m breit, Sand mit Steinen, klares Wasser, Seegras, teils Steine im Wasser, steiler abfallend; auch in der HS relativ ruhig.

- **Service:** Dusche, WC in Taverne, Papierkörbe, Strand wird gesäubert
- **Anfahrt:** Per Bus zu erreichen; von der Taverne führt eine Piste über knapp 100 m zum Strand; Parkplatz vorhanden.

Strand bei Pension Crito

Hinter dem Strand zieht sich ein Weg entlang. Auch hier Blick nach Sými, Boote liegen am Kap. 300 m lang und 5 m breit, sehr flach abfallend, Sand, Seegras, flache Felsen im Wasser; kann bei aufgewühltem Meer gefährlich sein, da man die Felsen dann schlecht sieht. Auch in der HS relativ ruhig.

- **Service:** Dusche, WC in Taverne, Strand wird gesäubert
- **Anfahrt:** Per Bus zu erreichen; Strand liegt unweit der Straße; Parkplatz vorhanden

Kap Minás

Auf dem Kap Tamarisken, die Schatten spenden; 100 m lang, 5–30 m breit, Sand, im Wasser ein 1 m breiter Kiesstreifen, dann wieder Sand, klares Wasser, Seegras, flach abfallend, am Kap Felsen im Wasser; bei starkem Wind sollte man diese Zone meiden, da man die Felsen dann nicht sieht. In der NS ruhig, in der HS gut besucht.

072rh Foto: vb

●**Service:** Dusche, Umkleide, WC in Taverne, Telefon, Strand wird gesäubert; Volleyballnetz, Schirme und Liegen
●**Anfahrt:** Per Bus zu erreichen; Strand liegt unweit der Straße; Parkplatz vorhanden

Altkámiros

In der alten **Dorerstadt** Kámiros oberhalb von Kap Minás bekommt man die Grundmauern einer ganzen Stadt aus hellenistischer Zeit zu Gesicht – die Mauern sind allerdings selten höher als 1,50 Meter. Bei einem Besuch der Siedlung erhält man mit dem Eintrittsticket auch einen Plan der Anlage.

Geschichte

Was auch immer die Mythologie über das alte Kámiros zu berichten weiß (siehe Exkurs „Was die Mythologie über Rhódos berichtet"), sicher ist, dass hier bereits 1400 v. Chr. Menschen mit einer von **Mykene** beeinflussten Kultur lebten, denn man hat in der Umgebung ihre Gräber gefunden.

Kámiros – im 3. Jh. v. Chr. eine blühende Stadt

Später ließen sich hier die Dorer nieder. Eine Blütezeit erlebte die Stadt dann im 6. Jh. v. Chr.

Im Archäologischen Museum in Rhódos-Stadt sind zahlreiche Fundstücke aus dieser Zeit zu bewundern. Neben den beeindruckenden **Kouros-Statuen** (6. Jh. v. Chr.) und der schönen **Grabplatte von Timarista und Krito** (5. Jh. v. Chr.) finden sich dort auch zahlreiche **Keramiken** aus Kámiros, die hier in dieser Zeit gefertigt wurden.

408 v. Chr. zog ein Teil der Bewohner von Kámiros ins damals neu gegründete Rhódos, aber obwohl Kámiros nun nicht mehr so einflussreich war wie zuvor, blieb die Stadt weiterhin bewohnt. 226 v. Chr. zerstörte ein **Erdbeben** das antike Kámiros. Daraufhin wurde die Siedlung ganz neu aufgebaut. Die meisten Gebäudereste, die man heute in Kámiros sehen kann, stammen aus der Zeit um 200 v. Chr.

Kámiros war auch noch in **römischer Zeit** bewohnt, aber neue Gebäude entstanden in dieser Zeit kaum. Im 2. Jh. n. Chr. beschädigte vermutlich ein weiteres Erdbeben den Ort. Die Siedlung wurde in der Folgezeit aufgegeben.

Orientierung

Die Ruinen sind von Wald umgeben und ziehen sich den Hang hinauf. Die Siedlung kann in drei Teile unterteilt werden: Unten befinden sich die **Agora** und darum herum Tempel und Heiligtümer. Darüber erstrecken sich die **Wohnbezirke.** Die gut auszumachende Hauptstraße führt geradlinig hindurch den Hang hinauf zur **Akropolis.**

Rundgang

Wenn man die Anlage betritt, liegt gleich rechts die alte **Agora.** Dahinter finden sich die Reste eines **Tempels,** der um 200 v. Chr. entstand und von dem vermutet wird, dass er Apollon geweiht war. Daran anschließend erkennt man den **Brunnenplatz** mit einem dorischen Brunnen, von dem allerdings nicht mehr viel zu sehen ist. Hangabwärts befindet sich der **Platz der Altäre**, auf dem u.a. Helios Opfer dargebracht wurden. Dahinter erreicht man die Hauptstraße der Stadt, die den Hang hinaufführt bis zur **Akropolis.**

Beeindruckend ist das Gassengewirr, die Gesamtheit der Anlage, die man von hier oben schön vor Augen hat. Von den einzelnen Gebäuden ist doch recht wenig übrig. Oben erreicht man zunächst die querliegende **Stoa,** die auch um 200 v. Chr. errichtet worden ist, mit der tief eingeschnittenen **Zisterne,** die bereits im 6. Jh. v. Chr. entstand und in der Regenwasser gesammelt wurde. Dahinter erblickt man die spärlichen Überreste des **Athene-Tempels** (um 200 v. Chr.).

• **Öffnungszeiten:** Di–So 8.30–14.30 Uhr, Mo geschlossen; Eintritt 4 €

Sálakos

Im Hinterland von Kalavárda, an der Nordseite des Profítis Ilías, liegt das gemütliche Dorf Sálakos. Auf dem netten Dorfplatz kehren häufig Tagesausflügler ein. Die Friedhofskirche, **I Kimissis tis Theotokou** aus dem 14. Jh., deren Kirchfest an Mariä Himmelfahrt (15.8.) gefeiert wird, ist einen Blick wert.

Oberhalb des Ortes, unweit vom Hotel Nymphi, sprudelt in einem kleinen Tal die **Nymphi-Quelle.** Eine nette Anlage, umgeben von Oleanderbüschen, einem Ententeich, einer alten Platane und einer kleinen Windmühle. Das Wasser der Quelle wird gefasst und auf Rhódos in Plastikflaschen als Trinkwasser verkauft. Unweit der Quelle liegt eine kleine **Höhle,** Spiléo genannt. Dort führt die Dorfjugend von Sálakos zum Weihnachtsfest ein Krippenspiel auf. Zu erreichen ist die Quelle über einen Betonweg, der in der Kurve oberhalb des Hotels nach links abzweigt und dem man dann noch rund 500 m folgt.

Sálakos liegt inmitten von Feldern und **Weinbergen.** In den Tavernen wird der Villaré, der aus der

073rh Foto: vb

Kelterei EMERY stammt, teils recht günstig angeboten. Von „Weinausflüglern", die den Wein in größeren Mengen genießen, blieb Sálakos bisher zum Glück verschont.

Unterkunft

- **Hotel Nymphi,** Tel./Fax 22460-22206 oder 22346, apostolos@nymph.com.gr, www.nymph.com.gr. *Tsambíka* und *Apostólis Pezouvanis* betreiben dieses hübsche kleine Hotel am oberen Dorfrand von Sálakos. Es werden nur vier Zimmer im OG einer alten italienischen Villa vermietet: nette Doppel- und Dreibettzimmer mit Bad; Gemeinschaftsbalkon, sehr sauber, schöne Terrasse mit großen Palmen. DZ mit Frühstück 35 €, ohne Frühstück 30–45 €

Essen und Trinken

- Recht gut ist die Taverne von **Manólis und Méni.** Sie liegt am unteren Ende des Platzes. Dort gibt es z.B. gutes Hühnchen-Stifado und gutes Gemüse (je nachdem, was gerade im Garten reif ist).

Strand am Kap Minás

Wanderung 8: Von Sálakos nach Altkámiros

- **Route:** Sálakos – Kápi – Altkámiros
- **Strecke:** breite Pisten, teils sonnig, nicht markiert aber einfach zu finden
- **Dauer:** 3 Std.
- **Ausrüstung:** Sonnenschutz, Wasser, Badesachen; am Ende der Tour Ausflugstaverne am Strand
- **Organisation:** Sálakos ist mehrmals täglich per Bus zu erreichen. Altkámiros und das Kap Minás werden auch am späten Nachmittag angefahren.

Diese Tour führt über teils sonnige Pisten und breite Wege durch Kiefernwald, an Gemüsegärten und Obstplantagen vorbei zur sehenswerten Anlage von Altkámiros und zu einem netten Strand mit Tavernen. Man startet am besten früh morgens, damit man um die Mittagszeit am Ziel ist, sonst wird die Wanderung sehr schweißtreibend. Die breiten Wege sind einfach zu gehen, man benötigt aber ausreichend Getränke, denn eine Quelle gibt es unterwegs nicht.

Man beginnt die Tour in Sálakos am **oberen Dorfrand** und folgt zunächst der Straße in Richtung Embonas. Das Ortsausgangsschild steht relativ weit draußen. 50 Meter hinter diesem Schild zweigt links hinauf eine Piste ab, die sich nach 500 Metern verzweigt. Hier geht man links hoch und folgt der Piste, die zunächst ansteigt. Nach der ersten scharfen Kurve hält man sich rechts und folgt nun dem Hauptweg. Dann führt der Weg waagerecht am Hang entlang und fällt schließlich wieder ab.

Nach rund 45 Minuten ist hinter **Kápi** die Straße erreicht. Dieser folgt man nun rund fünf Minuten nach links. Dann zweigt in einer Linkskurve rechts eine breite Piste ab. Über diese gelangt man nach wenigen Minuten zu einer Kreuzung. Die breite Piste windet sich rechts den Hang hinunter. Sie wurde als Brandschutzschneise verbreitert. Dann zweigt rechts ein Waldweg ab, den man ignoriert. Nun wird der Weg schmaler. 15 Minuten nach der Kreuzung weicht der Wald zurück und man sieht rechts die Häuser von Kápi liegen.

Kurz darauf geht es nach links auf eine Piste, die steil abfällt. Dem Hauptweg abwärts ins Tal folgend, passiert man zunächst Wald. An einer Gabelung nach einer scharfen Linkskurve hält man sich rechts und geht am Feld entlang. Der Hauptweg führt nun abwärts im Tal entlang zwischen Feldern hindurch, und nach einer Stunde und 45 Minuten ist die Küste erreicht. Kurz vor der Küstenstraße zweigt rechts ein Weg ab, der in einer Kurve auf die Straße mündet, die nach **Altkámiros** hinaufführt. Nach weiteren zehn Minuten erreicht man die Ausgrabungsstätte.

Unten am **Kap Minás** finden sich Tavernen und ein Strand. Der Bus fährt am Parkplatz von Altkámiros ab.

Profítis Ilías

Der Berg Profítis Ilías ist mit **798 Metern** niedriger als der Atáviros und der Akramítis, aber er ist eines der schönsten Ausflugsziele der Insel. Zu erreichen ist er auf einer sehr schönen Wanderung oder per Mountainbike von Sálakos aus, aber auch mit dem Mietfahrzeug kann man bis kurz unter den Gipfel fahren.

Die Italiener haben den Berg gut erschlossen. Sie forsteten den Profítis Ilías mit Zedernwald auf und legten dabei zahlreiche hübsche **Fußwege** an. Diese Wege sind zum Teil heute noch recht gut erhalten. Man kann über die Pfade ein herrliches **Aussichtsplateau** auf dem Bergrücken erreichen. Der höchste Punkt des Profítis Ilías wird vom griechischen Militär genutzt und ist für Touristen nicht zugänglich.

Unter italienischer Herrschaft wurde hier oben eine **Villa** für den unter *Mussolini* agierenden Inselverwalter *de Vecci* erbaut. Als dann Rhódos an Griechenland fiel, nutzte das griechische Königspaar die schöne Villa als Residenz. Nachdem die Monarchie abgeschafft wurde, fand sich keine neue Nutzung. Die Villa verfällt jetzt und ist auch zum Opfer von Vandalismus geworden: Graffiti schmückt die Wände, die Fensterscheiben liegen zersplittert am Boden. Auch die zur Villa gehörende **Kapelle** verfällt.

Unten an der Straße lädt ein kleines Café zur Rast ein. Das schöne alte **Berghotel Elafos kai Elafina** war zum Zeitpunkt der Recherche noch geschlossen, es soll 2006 neu eröffnet werden. Auch dieses Gebäude wurde von den Italienern erbaut.

Elafos kai Elafina, Hirsch und Hirschkuh, die beiden Wappentiere der Insel, sollen in der Gegend noch in lebendiger Form vorkommen. Die Italiener haben hier in den 1920er Jahren **Hirsche** ausgesetzt, die sich rund um den Profítis Ilías wohlfühlten und vermehrten. Da jedoch die ungezügelte Jagdlust der Griechen selbst durch Jagdverbote (zahlreiche Schilder weisen in den Wäldern darauf hin) nicht richtig zu bremsen ist, starben diese Tiere auf Rhódos aus, und es wurden bereits wieder Hirsche auf der Insel ausgesetzt.

Im Frühjahr zieht es viele Botaniker auf den Berg, denn einige Pflanzenarten, die hier wachsen, sind endemisch – sie gedeihen an keinem anderen Flecken dieser Erde. So kann man hier die **Rhodische Pfingstrose** (Paeonia Rhodia), zahlreiche **Orchideen-** und seltene **Nelkenarten** finden.

Die Asphaltstraße führt auf dem Bergrücken entlang zur sehenswerten Kirche **Ag. Nikólaos Fountouklí.** Sie wurde Anfang des 15. Jh. von einem hohen Beamten gestiftet, dessen Kinder an der Pest gestorben waren. Die Fresken, auf denen die Kinder mehrfach dargestellt sind, sind sehenswert.

Essen und Trinken

●Ein improvisiertes **Café** lädt bei „Elafos kai Elafina" an der Straße zu einer Pause ein. Auch in der Nebensaison ist es regelmäßig geöffnet. Bald schon soll auch das Hotel wieder Gäste empfangen können.

Wanderung 9: Von Sálakos auf den Profítis Ilías

●**Route:** Sálakos – Profítis Ilías – Sálakos
●**Strecke:** über sehr schöne alte Eselspfade und Waldwege, meist verschattet, leicht zu finden. Der Weg ist einfach mit Kindern zu begehen, aber das Gelände ist steil und Geländer fehlen. Der Höhenunterschied beträgt rund 500 m.
●**Dauer:** ca. 3 Stunden
●**Ausrüstung:** gute Schuhe, Wasser, Sonnenschutz; oben gibt es ein Café mit Kleinigkeiten und Getränken.
●**Organisation:** Der Bus fährt mehrmals täglich nach Sálakos. Dort gibt es ein nettes, kleines Hotel.

Eine der schönsten Wanderungen auf Rhódos führt vom Dorf Sálakos auf den Profítis Ilías und wieder zurück. Auf alten Wegen geht es durch Kiefernwälder an Kapellen, malerischen Ruinen und alten Zedern vorbei zu einem sehr schönen Aussichtsplateau auf dem Bergkamm.

Von Sálakos zum Hotel Elafos kai Elafina

Man sollte möglichst früh morgens in Sálakos starten, dann ist der Weg noch schattig. Zunächst folgt man der Straße am **Hotel Nymphi** vorbei. In der Kurve hinter dem Hotel weist das große Schild „Footpath to Profítis Ilías" nach links über ein Betonsträßchen. Nach wenigen Minuten erreicht man ein Schild, das den Fußweg nach rechts hoch markiert. Von diesem Weg zweigt kurz darauf links ein schöner alter Eselspfad ab. Man durchquert ein Gatter (wieder verschließen!), und es geht im Zickzack den Hang hinauf.

Nach etwa zehn Minuten erreicht man kurz hinter einer Viehtränke eine Gabelung. Hier geht es links weiter. Der Weg kreuzt mehrmals die herabgefallenen Kabel einer alten Stromleitung, die aber problemlos zu überschreiten sind. Bald befindet man sich auf einem **Bergrücken** mit schöner Aussicht. Sálakos verschwindet aus dem Blickfeld und der Weg führt durch eine bewaldete Mulde und windet sich nach rechts im Wald nach oben.

Schließlich erreicht man eine kleine Kreuzung und trifft, rechts abbiegend, nach wenigen Minuten auf die kleine **Kirche Ag. Michaíl**. Von der Gabelung unten am Hang bis zur Kirche benötigt man etwa 25 Minuten. Auch hier hat man eine sehr schöne Aussicht.

Zurück an der Kreuzung, folgt man dem Weg rechts hoch und erreicht nach wenigen Minuten die **Kirche Profítis Ilías** und das **Hotel Elafos kai Elafina,** das zum Zeitpunkt unseres letzten Besuchs noch geschlossen war (es soll 2006 neu eröffnet werden). Nun geht es rechts weiter.

Zum Aussichtsplateau

Der Fußweg führt hinter einem Tennisplatz hoch zur Straße, die überquert wird. Hier beginnt ein schmaler, steiler Fußpfad, der über einige Treppen zur Ruine der **Villa von de Vecci** hinaufführt. An deren Eingang beginnt ein breiterer Weg nach rechts. Von diesem zweigt ein Pfad ab zur verfallenden **Kapelle,** die wenige Meter weiter im Wald steht. Von der Kirche zur Kapelle waren wir gut zehn Minuten unterwegs.

Hinter der Kapelle beginnt ein Fußpfad, den die Italiener angelegt haben. Er ist mit **roten Punkten** markiert. Bei der Gabelung etwas weiter oben hält man sich halblinks. Weiter oben gabelt sich der Pfad wieder, auch hier geht es halblinks weiter. Der Pfad steigt an, es müssen mehrere umgestürzte Baumstämme umgangen werden. Dann ist ein Bergrücken erreicht, der Wald wird lichter. Hier gabelt sich der Weg. Gehen Sie hier auf jeden Fall nach links auf dem Bergrücken entlang! Der Pfad rechts hinauf führt ins **militärische Sperrgebiet.**

Der eingeschlagene Pfad führt am Grat entlang zu einem sehr schönen **Aussichtsplateau.** Man sieht sowohl Apóllona wie auch Sálakos am Fuße des Berges liegen. Von der Kapelle aus war man bis hierher rund 15 Minuten unterwegs.

Der Rückweg

Der Pfad windet sich dann über Stufen nach links den Berg wieder hinunter. Bei der ersten Gabelung hält man sich links. Im Wald unterhalb sieht man nun eine Piste liegen. Der Pfad gabelt sich wieder. Rechts abwärts führt er an einer Ruine vorbei über Stufen nach unten. Nun gabelt sich der Pfad oberhalb eines **Cafés** und man geht auf dieses zu. Das improvisierte Café an der Straße bietet sich vor dem weiteren Abstieg für eine Pause an. Hier trifft man wieder auf die Straße, über die man nach wenigen Metern das Hotel Elafos kai Elafina erreicht.

Nun folgt man wieder dem Weg, über den man hochkam. Er beginnt unterhalb der kleinen Kirche **Profítis Ilías,** die rechts neben dem Hotel steht. Nach rund 40 Minuten hat man Sálakos wieder erreicht. Auf dem Dorfplatz gibt es nette Tavernen.

Eleoúsa

Eine gut zu befahrende Asphaltstraße führt von Kolímbia an den Eptá Pigés vorbei über Archípoli nach Eleoúsa, das etwa gleich weit von der Ost- und der Westküste entfernt liegt. Der Ort hat **italienisches Flair.** In einem Pinienwald erhebt sich die frühere Sommerresidenz des italienischen Gouverneurs. Das Hauptgebäude wird heute vom Militär genutzt und einigermaßen instand gehalten, aber die schönen Nebengebäude verfallen. Am Ende des Platzes überragt eine Kirche die Anlage. Am oberen Dorfende von Eleoúsa bauten die Italiener ein großes **Wasserbassin** von rund 20 Metern Durchmesser – ein schönes Becken, das vor kurzem renoviert wurde. Im Becken lebt der **Gizani,** ein seltener unscheinbarer Süßwasserfisch. In Eleoúsa bietet eine Taverne Snacks an.

Umgebung von Eloúsa

Von Eleoúsa führt eine Straße hinauf zum Profítis Ilías, an der die Kirche Ag. Nikólaos Fountouklí liegt. Die Asphaltstraße von Eleoúsa Richtung Norden führt nach **Dimiliá,** einem gemütlichen Dorf mit Taverne, und dann weiter zum Kloster **Moní Soulas** und zur Westküste.

APÓLLONA

Heimatmuseum

In Apóllona am Südhang des Profítis Ilías gibt es ein liebevoll angelegtes Heimatmuseum zu bewundern. In der Antike soll hier ein **Apollon-Tempel** gestanden haben. Gefunden wurden allerdings nur ein paar alte Marmorteile. Auf einem von ihnen ist das Wort „Ios" zu erkennen. In der Umgebung von Apóllona wurden noch einige **Sarkophage** gefunden, die jetzt im Hof des Museums liegen.

Vermutlich schon zu byzantinischer Zeit wurde in Apóllona eine kleine **Festung** errichtet, die ein Arzt 1854 gezeichnet hat. Heute sind von der alten Festung vor dem Museum nur noch einige spärliche Mauerreste übrig.

Das Museum zeigt auch ein traditionelles **Einraumbauernhaus** mit den typischen Holzeinbauten, auf denen geschlafen wurde und in denen man Lebensmittel und andere „wertvolle" Dinge aufbewahrte. In einem solchen Bauernhaus lebte normalerweise eine 8–10-köpfige Familie.

In einem weiteren Raum sind alte **Trachten, Webstühle** und alte **Olivenölpressen** ausgestellt. Die erste Pressung der Oliven erfolgte mit Hilfe eines Pferdes, spätere Pressungen waren Handarbeit. Auch alte Handmühlsteine werden gezeigt.

- **Öffnungszeiten:** Die Öffnungszeiten des Museums sind eher flexibel. Wer etwas Geduld hat und höflich fragt, hat meist Erfolg; Eintritt 1,50 €.

Essen und Trinken

• **Estiatorio Paspallas,** nette Taverne mit guten griechischen Gerichten. Man spricht Deutsch. Preise ok.

Ag. Stavrós

Auch die **Kirche** Ag. Stavrós, gleich unterhalb des Museums, ist einen Blick wert. Der Boden der im 19. Jh. erbauten Kirche ist wie der Hof mit Kieselmosaiken gepflastert. Im Inneren befinden sich eine prachtvoll geschnitzte, vergoldete Altarwand, eine Kanzel, zahlreiche ältere Ikonen und Fresken. Das Kirchenfest findet am 14.9. statt.

Platánia

In Platánia, dem nächsten Dorf östlich von Apóllona, stehen am Dorfrand große Platanen an einem Brunnen. Dies sind aber leider die einzigen großen Bäume der Gegend, denn südlich von Platánia ist alles abgebrannt. Die einstmals schöne Aussicht hat sich stark gewandelt: Der Blick fällt auf kahle Hügel.

Nördlich von Platánia liegt der kleine Ort **Eleoúsa.** Von hier führt eine Straße zur Westküste nach Soroní und zur Ostküste nach Kolímbia.

074rh Foto: vb

DIE MITTLERE WESTKÜSTE

Tipps für die Region

Verkehrsmittel

- **Busse:** Die Busverbindungen an der mittleren Westküste und ihrem Hinterland sind so schlecht, dass es nicht möglich ist, diesen Teil der Insel per Bus zu bereisen. Wer die Gegend kennen lernen will, kommt um ein Mietfahrzeug nicht herum.
- **Mietfahrzeuge:** Fahrzeugverleiher gibt es in dieser Region nicht. Tankstellen gibt es nur in Mandrikó, Skála Kamírou, Embonas und Apolakkiá.
- **Taxi:** Ein Taxi zu organisieren, ist auch ein Kunststück. Viele Taxifahrer wohnen zwar in der Gegend, fahren aber meist nach Rhódos-Stadt, denn dort ist mehr Geld zu verdienen.
- **Organisierte Touren:** Bei organisierten Inselrundfahrten wird meist eine kurze Fotopause bei Kritinía gemacht und eine weitere bei der Cantina Panorama. In Siána wird zum Souvenirkauf und zur Kirchenbesichtigung gehalten, dann geht es weiter zum Kastell von Monólithos und nach Apolakkiá. Für mehr reicht die Zeit meist nicht.

Nützliche Adressen

- **Ärzte:** In Embonas gibt es einen Arzt, Tel. 22460-41231. Im Notfall wende man sich an das Krankenhaus, Tel. 22410-80000.
- **Geldbeschaffung** ist in dieser Gegend ein Problem. Man sollte genügend Bargeld mitbringen. Automaten haben wir in dieser Gegend nicht gefunden.
- **Polizei:** Kritinía, Tel. 22460-31282, Embonas, Tel. 22460-41266
- **Einkaufen:** Die Einkaufsmöglichkeiten sind eher bescheiden. In Siána gibt es Souvenirshops, die vor allem Honig, Kräuter und Teppiche anbieten. In Embonas wird überall Wein verkauft. Der Ort ist regelmäßig Ziel von Ausflugsbussen, die abends zur Weinprobe fahren. Dabei geht es in aller Regel sehr feuchtfröhlich zu.

Vorhergehende Seite:
Bizarre Felsen prägen das Küstenbild rund um das Kap Foúrni

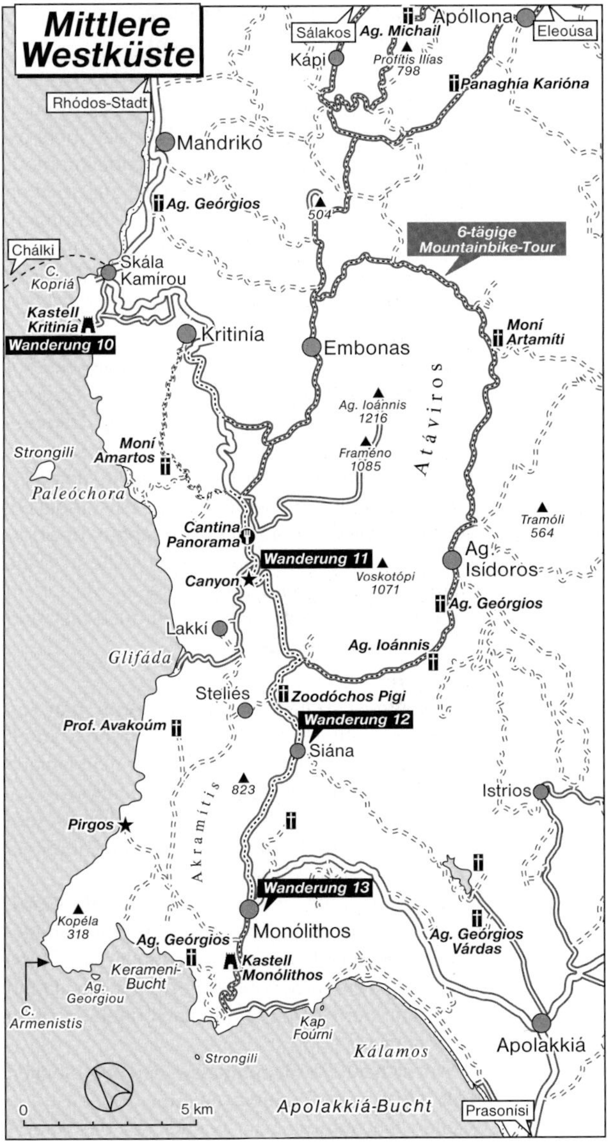
Mittlere Westküste
Sálakos
Ag. Michail
Apóllona
Eleoúsa
Kápi
Profítis Ilías 798
Panaghía Karióna
Rhódos-Stadt
Mandrikó
Ag. Geórgios
504
6-tägige Mountainbike-Tour
Chálki
C. Kopriá
Skála Kamírou
Kastell Kritinía
Wanderung 10
Kritinía
Embonas
Moní Artamíti
Atáviros
Ag. Ioánnis 1216
Framéno 1085
Strongili
Moní Amartos
Paleóchora
Tramóli 564
Cantina Panorama
Wanderung 11
Voskotópi 1071
Ag. Isídoros
Canyon
Ag. Geórgios
Lakkí
Glifáda
Ag. Ioánnis
Steliés
Zoodóchos Pigi
Prof. Avakoúm
Wanderung 12
Siána
823
Istrios
Pirgos
Akramítis
Wanderung 13
Kopéla 318
Monólithos
Ag. Geórgios
Ag. Geórgios Várdas
Kerameni-Bucht
Kastell Monólithos
Ag. Georgiou
C. Armenistis
Kap Foúrni
Apolakkiá
Strongili
Kálamos
0
5 km
Apolakkiá-Bucht
Prasonísi

Mittlere Westküste

Rundfahrt per Mietfahrzeug: Durch den Westen der Insel

Für eine Erkundung der mittleren Westküste und ihres Hinterlandes ist es kein Fehler, sich mehr als einen Tag Zeit zu nehmen. Die folgende Rundtour führt zu den **Hauptattraktionen** mit zusätzlichen Abstechern für Leute, die mehr Zeit mitbringen. Die einzelnen Orte und Sehenswürdigkeiten (mit * markiert), an denen die Tour entlangführt, sind weiter hinten im Kapitel beschrieben.

Hinweise zum Straßenzustand

Zu den Abstechern sei Folgendes angemerkt: Auf **holprigen Wegen** kann man in dieser Gegend Ziele erreichen, die abseits der breiten Trampelpfade des Tourismus liegen. Wer diese Strecken mit einem **Zweirad** meistern will, sollte einige Erfahrung auf diesem Gebiet haben. Es ist möglich, dort mit einem Mofa (50 cc) zu fahren, es erfordert aber recht viel Übung. Man sollte in Skála Kamírou vor Fahrtbeginn volltanken. Mit einem Auto fährt es sich einfacher, aber auch hier sind gute Fahrkenntnisse gefragt.

Die Tour

Die Route ist so beschrieben, als wenn man von der Westküstenstraße aus dem Norden kommt. Reist man von Süden her an, beginnt man einfach mit dem Kastell von Monólithos und fährt wie beschrieben über Ag. Isídoros und Embonas zum Kastell Kritinía und dann an der Cantina Panorama vorbei über Siána zurück.

Ausgangspunkt ist der Küstenort **Skála Kamírou***. Von hier aus geht es zunächst zum nahegelegenen **Kastell Kritinía*** und dann ins Dorf **Kritinía***, das einen schönen Dorfplatz hat. Dann folgt man der kleinen Straße nach oben aus dem Dorf hinaus.

Wer sich auf die Hauptattraktionen beschränken will, fährt hinter Kritinía auf der Asphaltstraße weiter. Sie mündet bald wieder auf die Hauptstraße, auf der es nach rechts weitergeht. Links zweigen bald zwei Straßen nach Embonas ab, die nicht beachtet werden.

Abstecher zum Moní Amartos

Ein möglicher Abstecher führt von Kritinía über eine holprige Piste zum Kloster **Moní Amartos***. Hinter der Taverne O Kalamaris weist ein Schild zu dem Kloster über eine Piste, die hier rechts abzweigt. Gleich darauf mündet von rechts ein Weg ein, dann gabelt sich die Piste. Es geht rechts hinunter, der Hauptpiste folgend. Nach rund zwei Kilometern ist das Kloster wieder ausgeschildert. Dem Hauptweg folgend, erreicht man es nach mehreren Kilometern.

Hinter dem Kloster finden sich Wegzeiger, die „Spiléo" markieren. Man kann per Fahrzeug bis zu einer Ruine unten am Hang fahren. Danach führt ein Fußpfad in rund zehn Minuten hinauf zu einer **Höhlenkirche***.

Wer ruhige **Kieselstrände** mag, kann von hier aus noch zur Küste hinunterfahren. Ansonsten geht es nun wieder den Berg hoch und oben am Kloster rechts weiter. Die Piste windet sich am Hang entlang und mündet nach mehreren Kilometern auf die Hauptstraße. Man fährt rechts weiter und befindet sich wieder auf der hinter Kritinía verlassenen Hauptroute.

Abstecher auf den Atáviros

Dort, wo die hintere Straße nach Embonas von der Straße nach Siána abzweigt, unweit der Stelle, an der man nach dem Abstecher zum Moní Amartos wieder auf die Hauptstraße trifft, zweigt eine Straße an der Straßengabelung ab und führt den Berg hinauf durch den Wald. Sie geht dann in eine holprige, nicht einfach zu befahrende Piste über, die zu herrlichen Aussichtspunkten und zum neuen **Windmühlenpark** führt. Dort beginnt dann eine Asphaltstraße, die sich bis zum **Gipfel des Atáviros*** hochschlängelt.

Wir haben diese Strecke mit einem 50-cc-Mofa gemeistert, was aber nur erfahrenen Zweiradfah-

075rh Foto: vb

rern zu raten ist. Auch per Auto ist es nicht einfach, hier hochzufahren. In den nächsten Jahren soll die ganze Strecke asphaltiert werden. Auf genanntem Weg geht es wieder zurück auf die Hauptroute.

Fortsetzung der Tour

Bald erreicht man die **Cantina Panorama***, ein Ausflugslokal, bestehend aus einem Caravan, einem Dieselgenerator und netten Bänkchen mit Aussicht. Es geht weiter an einem wilden **Canyon*** vorbei nach **Siána***, zum **Kastell Monólithos*** und zum **Kap Foúrni*** hinunter. Hier gibt es zahlreiche ruhige Strände.

Auf dem Rückweg lässt sich ein Abstecher zum **Pirgos** machen, einem alten Festungsturm aus byzantinischer Zeit auf einem Felsenkap. Am Kastell Monólithos vorbei fährt man bis zur Passhöhe und folgt der links abzweigenden Piste. Nach rund 2,5 Kilometern gabelt sich die Piste, man fährt links hinunter. Nach weiteren 1,6 Kilometern gabelt sich die Piste erneut. Der breitere Weg führt hier nach halbrechts.

Abstecher zum Pirgos

Man folgt jedoch dem schmaleren nach halblinks und fährt immer geradeaus, bis der Weg endet. Geradeaus, links von einer kleinen Schlucht, führt ein Fußweg weiter zu dem alten Festungsturm. Auch einen einsamen **Kiesstrand** findet man in dieser Gegend (vom Parkplatz den Pfad nach rechts am Tal entlang gehen). Man fährt dann über die Piste zurück bis zur Gabelung und biegt dort, von unten kommend, in spitzem Winkel auf die breite Piste nach links ein. Auf dieser fährt man bis zur **Kapelle von Steliés.**

Fortsetzung der Tour

Wer die Tour etwas verkürzen und den Pirgos-Turm nicht besuchen will, fahre an jener Gabelung rechts auf der breiten Piste weiter. Nach einigen Kilometern liegt dann rechts des Weges die **Kapelle von Steliés.** Kurz dahinter erreicht man wieder die Hauptstraße nördlich von Siána.

Hier fährt man nun nach links, an der Gabelung nach wenigen Kilometern dem Schild „Ag. Isídoros" nach rechts folgend. Diese Straße führt ins Landesinnere an der Südseite des Berges **Atáviros** entlang. Hinter **Ag. Isídoros*** erreicht man das Kloster **Moní Artamíti***. Schließlich trifft man auf eine Straße, über die man links abbiegend **Embonas*** erreicht. Hier kann man wieder tanken.

Einige Kilometer hinter Embonas gabelt sich die Straße. Rechts abbiegend kommt man bald wieder auf die Küstenstraße, in die man rechts einbiegt. Sie führt am Dorf **Kritinía** vorbei nach **Skála Kamírou** hinunter.

Auf der Festung von Monólithos

Mandrikó und Skála Kamírou

Landschaftlich ist der Küstenabschnitt zwischen dem Kap Minás und Skála Kamírou nicht sehr reizvoll. In der teilweise **schilfbewachsenen Küstenebene** stehen viele Gewächshäuser, die Strände sind mäßig. Achtung: Hier stehen häufig Ziegen auf der Fahrbahn. Mandrikó und Skála Kamírou sind keine besonders attraktiven Orte.

Von Skála Kamírou aus legen täglich Boote zur **Insel Chálki** ab. Der Bootsfahrplan ist auf den Busfahrplan abgestimmt.

Lykisches Grab

Am Hafen von Skála Kamírou, gleich neben dem Parkplatz, befindet sich ein Lykisches Grab. Die lykische Kultur (das Lykische Reich bestand im 7.–5. Jh. v. Chr.) war stark von der griechischen beeinflusst, hatte aber, was den Totenkult anging, ihre eigenen Riten. Auf dem türkischen Festland finden sich noch zahlreiche Gräber aus dieser Kultur. Das Grab hier in Skála Kamírou liegt in einer Felswand und ist nicht zugänglich. Man kann es nur aus der Ferne betrachten.

Kastell Kritinía

Gleich hinter Skála Kamírou zweigt eine Straße zum Kastell Kritinía – manchmal auch **Kastell Kámiros** genannt – ab. Die Festung wurde hier zu byzantinischer Zeit errichtet und von den **Johannitern** ab 1472 kräftig ausgebaut. Sie ist recht gut erhalten und man hat einen schönen Blick auf das Meer und die vorgelagerten Inseln. An der Außenwand der Festung kann man die Wappen der Großmeister des Johanniterordens erkennen, die hier in Aktion traten.

Unterkunft

- **Pension Liros,** Tel./Fax 22460-31264, liroskamiros@in.gr, ca. 500 m vom Hafen von Skála Kamírou entfernt. DZ mit Bad und Balkon, sauber, man spricht gut Deutsch; DZ 34–38 € mit Frühstück, EZ 25–28 €. Nach Zimmer mit Meeresblick fragen!

Strände

Mandrikó

Mandrikó hat lange, kahle Steinstrände, die stark verschmutzt und daher zum Baden nicht geeignet sind.

Essen und Trinken

• **Restaurant Anesis** liegt direkt am Ortseingang links, man sitzt unter wildem Wein, der Blick fällt auf Gewächshäuser. Serviert werden gute hausgemachte Speisen zu erträglichen Preisen; keine Touristenbar, sondern eine Taverne, in der sich die Einheimischen treffen, sehr freundlicher Service

Kopriá

Kopriá bei Skála Kamírou ist eine hübsche Bucht mit weißen Felsenkaps. Man hat Blick bis zur Insel Chálki. Boote liegen am Strand; 50 m lang und 5 m breit, Kies und Steine, Seegras und Felsen im Wasser, klares Wasser, steil abfallend, leer. Schnorcheln ist gut möglich.

• **Service:** Dusche, WC in Taverne, Strand wird gesäubert
• **Anfahrt:** kein Bus; zu erreichen über Asphaltstraße, rund 400 m von der Hauptstraße entfernt; Parkmöglichkeit vorhanden

Elafokambos

Hinter dem Kastell Kritinía liegen vier Buchten. Zwei von ihnen haben verdreckte Steinstrände; eine weitere ist nur vom Meer aus zugänglich. Eine der Buchten ist nach langem und anstrengendem Fußmarsch vom Land her erreichbar und daher leer. Hier hat man einen schönen Blick auf die vorgelagerten Inseln; hinter der Bucht liegen bewaldete Hänge. 100 m lang und 5–10 m breit, Sand und Kies, kein Schatten.

Bootsausflug zur Insel Chálki

Während der Saison werden 1–3 Mal wöchentlich vom Hafen von Skála Kamírou aus **Tagesausflüge** zur kleinen Nachbarinsel Chálki angeboten. Sie kosten 17 € pro Person. Regulär fahren die Fähren täglich nachmittags hin und am anderen Morgen zurück, passend zum Busfahrplan.

Chálki ist eine felsige, trockene Insel mit wenig Bademöglichkeiten. Sie hat aber einen netten, kleinen Hafenort und eine sehenswerte Johanniterfestung (s. Kap. „Insel Chálki").

- **Auskunft Fähren nach Chálki:** Tel. 22460-45220

Rundwanderung 10: Vom Kastell Kritinía nach Kritinía

- **Route:** Kastell Kritinía – Dorf Kritinía, auf einem anderen Weg zurück
- **Strecke:** meist breite Staubpisten, aber auch kleine, z.T. überwucherte Wege, nicht markiert, aber trotzdem gut zu finden; größerer Höhenunterschied
- **Dauer:** 3 Stunden
- **Ausrüstung:** Sonnenschutz, Wasser, lange dünne Hosen (auf einem kurzen Wegstück wachsen stachelige Kräuter).
- **Organisation:** Mietfahrzeug am besten beim Kastell Kritinía parken. Für eine Rast bietet sich die Taverne am Dorfplatz von Kritinía an.

Dies ist eine sehr schöne Tour, die durch Kiefernwald, Weinberge, Felder und Wiesen, vorbei an einer schönen alten Kapelle und Aussichtspunkten zum malerischen Dorf Kritinía führt. Meist geht es über Pisten und Erdwege, aber auch ein Stück über einen schmalen Fußweg. Die Tour wird um die Mittagszeit sehr heiß. Man sollte daher morgens möglichst früh losgehen. Getränkevorräte kann man in Kritinía, das man nach rund zwei Stunden erreicht, wieder auftanken. Dort bietet sich der Dorfplatz für eine Frühstückspause an.

Nach Kritinía

Ausgangspunkt ist das **Kastell Kritinía,** das südlich von Skála Kamírou an der Küste liegt. Zunächst geht es die Straße ein kleines Stück den Berg hinunter. Der erste Weg, der in einer Kurve rechts abzweigt, führt nach wenigen Minuten zu einer Gabelung, an der man sich links hält. Gleich darauf mündet von links ein Weg ein, man geht

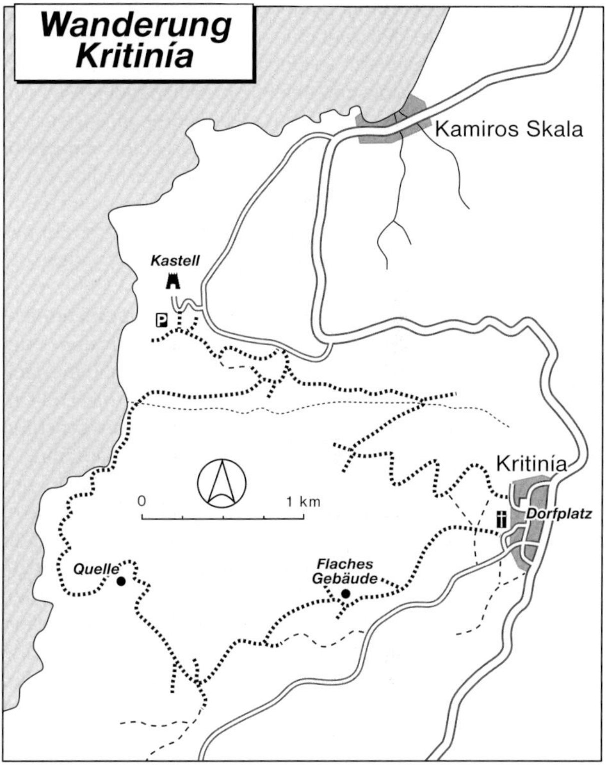

aber geradeaus weiter. Der Weg macht einige Minuten später eine scharfe Kurve und führt um einen Hügel herum durch einen **Kiefernwald.** Dann mündet er auf die Straße, der man nach rechts folgt. Wenige Meter weiter zweigt rechts ein Weg von der Straße ab, dem man folgt. Bei der kurz darauf folgenden Gabelung hält man sich rechts.

Danach zweigt man bei einer **Zitrusplantage** nach rechts ab, so dass die Zitronenbäume nun links des Weges stehen. Am linken Wegrand steht bei der nun folgenden Gabelung ein **Steinmännchen.** Hier geht man nun links weiter. Dieser breite Weg endet an einem Feld, an dessen Rand man unterhalb einer Steinmauer entlanggeht. Am Feldende beginnt ein gut erkennbarer, aufs Meer zuführender Fußpfad, der an der rechten **Hangseite eines Tales** entlangführt. An einigen Stellen wachsen hier **stachelige Kräuter.** Der Pfad endet unten im Tal kurz vor der Küste an einem Feld, um das man herumwandert.

Hinter dem Schilf, das linkerhand steht, muss man um weitere Felder herumgehen und erreicht links schließlich den **Steinstrand,** an dem man nach links entlang geht. Rund 30 Minuten nach dem Start der Tour trifft man hier auf das Ende einer breiten Piste, die den Hang an **Gewächshäusern** vorbei und durch Kiefernwald hinaufführt.

Nach 25 Minuten liegt rechts unterhalb des Weges eine zugewucherte **Quelle,** deren Wasser allerdings ungenießbar ist. Zehn Minuten später zweigt nach rechts ein Weg ab, aber man geht geradeaus weiter. Nach weiteren zehn Minuten kreuzt ein Weg, und auch hier geht es geradeaus. Kurz darauf hält man sich bei einer Gabelung halblinks. Dieser Weg führt nun durch **Felder.** Man geht geradeaus weiter, bis man bei einem Strommasten auf einen Weg trifft, in den man recht einbiegt. Linkerhand steht ein einfaches **Gebäude.** Kurz darauf trifft man auf einen Weg, in den man nach links einbiegt. Bei der bald folgenden Gabelung hält man sich rechts. Der Weg führt durch ein schönes Tal und dann den Hang hinauf.

15 Minuten nach dem Gebäude erreicht man eine Kreuzung. Zwei Wege führen nach links, einer nach rechts und einer geradeaus steil nach oben. Über den Weg, der geradeaus den Berg hinaufführt, erreicht man kurz darauf eine Betonstraße, in die man nach links einbiegt. Linkerhand liegt die malerisch gelegene **Kapelle Ag. Ioannis** aus dem 12. Jh. Sie ist meist verschlossen. Die Betonstraße führt zur Platane am **Dorfplatz** von Kritinía.

Rückweg

Am vorderen Rand des Dorfplatzes führt eine Treppe nach unten. In der linken Ecke des Platzes (oben vor der Treppe stehend), beginnt ein Betonweg, der abwärts führt. Diesem folgt man. Links unterhalb des Betonwegs liegt kurz darauf unterhalb einer Mauer ein **Brunnen.** Gleich dahinter zweigt von dem hier wieder ansteigenden Betonweg nach links ein Erdweg ab, der abwärts führt. Kurz darauf mündet in diesen Weg von rechts oben ein anderer Weg ein.

Man folgt hier aber der Piste, die nach links in Serpentinen am Hang entlang abwärts führt. Dann erreicht man eine kleine Kreuzung, an der man sich nach rechts wendet und folgt dem Weg ins Tal hinunter. Es geht über ein **Bachbett** hinüber und dann nach links im Tal entlang auf dem Hauptweg abwärts an Feldern entlang immer geradeaus weiter.

Ungefähr 15 Minuten, nachdem man den Bach überquert hat, trifft man auf einen Weg, dem man nach rechts hoch folgt und der kurz darauf auf die Straße trifft. Man wendet sich nach links und zweigt wenige Meter weiter nach links auf die Piste ab, die durch **Kiefernwald** um den Hügel herumführt, eine scharfe Rechtskurve macht und dann aufs Kastell zuführt. Hinter einem Strommasten zweigt ein Weg nach rechts ab, aber hier geht es noch geradeaus weiter. Kurz darauf zweigt ein zweiter Weg nach rechts ab, dem man folgt. Er mündet kurz unterhalb der Burg auf die Straße, der man nach links zum **Parkplatz** folgt.

KRITINÍA

Hinter Skála Kamírou schlängelt sich die Straße an mit Kiefernwald bedeckten Hängen entlang hinauf nach Kritinía. Hier stehen die schönsten **Wälder** von Rhódos. Ein Abstecher ins Dorf Kritinía ist durchaus lohnend. Es liegt abseits der großen Wege und hat einen sehr schönen Dorfplatz.

An der Durchgangsstraße unterhalb des Dorfes befindet sich ein **Heimatmuseum.** Zu sehen gibt es Haushaltsgegenstände und bäuerliches Gerät.

- **Öffnungszeiten:** täglich 10–17 Uhr, im Sommer auch länger, Eintritt frei

Unterkunft

- **Pension Spyros Mavroudis,** Tel. 22460-31344, Kritinía. Sechs kleine, einfache DZ, teils mit Balkon, vier kleine Gemeinschaftsbäder, sauber, Gemeinschaftsküche, sehr große Gemeinschaftsterrasse mit vielen Blumen, sehr nette Besitzer, unten Taverne; DZ 20 €

Essen und Trinken

- **Taverne am Dorfplatz von Kritinía,** neben einer großen Platane und einem Brunnen sitzt man sehr schön. Die Aussicht hat aber ihren Preis: die Getränke sind recht teuer, die Kost ist einfach.

Moní Amartos

Hinter Kritinía liegt am Hang das Kloster Moní Amartos. Die Kirche, die zu Ostern Ziel zahlreicher Pilger ist, wurde 1452 auf den Ruinen einer älteren Kirche aus byzantinischer Zeit erbaut. Unterhalb der Kirche sind noch Teile eines **byzantinischen Wachturms** zu erkennen.

Höhlenkirche

Wenn man hinter der Kirche den Wegzeigern „Spiléo" folgt, gelangt man zur **„Höhle der milchspendenden Panagía",** einer Höhlenkirche. Die Ikone, die hier zu Hause ist, wurde im 15. Jh. von Bauern am Strand gefunden und in die nahegelegene Höhle gebracht. Daraufhin soll der Fels Brüste bekommen haben, aus denen seither Milch tropft. Weniger blumig gesagt, handelt es sich hier um eine **Tropfsteinhöhle,** die sich aber sicher nicht erst dann gebildet hat, als die Ikone eintraf. Die Tropfsteine sind recht klein und nicht sehr spektakulär. Von dem ruhigen Ort hat man jedoch eine sehr schöne Aussicht auf den Berg Akramítis.

Strand Amartos

Unterhalb der Höhle liegt der Amartos-Strand. Am Ufer liegen Boote; hinter dem Strand befindet sich eine kleine Wiese mit drei Bäumen, die Schatten geben. Die Hänge oberhalb sind bewaldet. Der Strand ist meist leer, am Wochenende baden hier die Einheimischen von Embonas und Kritinía. 80 m lang und 5–10 m breit, Kies und teils auch Steine im Wasser; am einfachsten gelangt man kurz vor der Felswand ins Wasser, Plastikschuhe sind sinnvoll; klares Wasser, teils Seegras und teils Felsen im Wasser (vor allem am flachen Kap), steil abfallend. Keine Strandsäuberung, keinerlei touristische Einrichtungen.

- **Anfahrt:** Relativ weit unten am Hang ist die Höhlenkirche Spiléo nach rechts hin markiert. Der Hauptweg führt aber weiter nach unten zum Strand. Parkmöglichkeiten sind vorhanden.

Südlich von Kritinía

Die Straße zwischen Kritinía und Siána ist ein Erlebnis, denn sie führt durch eine der schönsten Gegenden der Insel. Die Hänge sind steil und bewaldet. Im Hinterland erhebt sich der kahle **Atáviros,** der höchste Berg von Rhódos. Unten im Meer sieht man zahlreiche Inseln liegen. Die höchste der kahlen Inseln ist Chálki.

Cantina Panorama

Die Cantina Panorama, ein improvisierter Imbissstand, lohnt wegen der herrlichen **Aussicht auf die Küste** einen Halt. Sie befindet sich zwischen Kritinía und Siána an der Hauptstraße und besteht aus einem Campingwagen mit Generator; davor stehen kleine Bänkchen.

Canyon

In einer Kurve führt die Straße über eine **felsige Schlucht,** in der im Winter ein wilder Bach vom Atáviros zur Küste hinunterrauscht. Wenn man etwas sportlicher ist, kann man in der Schlucht zwischen bizarren Felswänden hochklettern. Nach rund zehn Minuten erreicht man eine Felswand und ohne Kletterausrüstung und fundierte Kenntnisse ist die Tour dann zu Ende. Nach Regenfällen sollte man den Canyon nicht hinaufklettern!

077rh Foto: vb

Bucht von Glifáda

Die Bucht von Glifáda wird am Wochenende von vielen Einheimischen zum Fischessen aufgesucht. Es bietet sich ein hübscher Panoramablick auf die vorgelagerten Inseln. Mehrere Stellen, an denen man ins Wasser gelangen kann, Kies und Steine; ohne Plastikschuhe kommt man kaum ins Wasser; steil abfallend, Felsen und Seegras im Wasser, kein Schatten.

- **Service:** Zwei Tavernen, darin WC, keine Säuberung
- **Anfahrt:** Zu erreichen über eine markierte Straße. Parkplatz vorhanden

Wanderung 11: An den Hängen bei Lakkí

- **Route:** Hauptstraße Kritinía – Siána beim Abzweig nach Glifáda – Lákki – Steliés – Hauptstraße bei Kapelle Zoodóchos Pigí
- **Strecke:** breitere Pisten, teils verschattet, teils sonnig, größerer Höhenunterschied
- **Dauer:** 2 bis 2,5 Std.
- **Ausrüstung:** Sonnenschutz, Wasser, Proviant. Es gibt keine Möglichkeit, unterwegs Getränke oder Essen zu kaufen.
- **Organisation:** Der Startpunkt ist nur per Mietfahrzeug zu erreichen. Die Rückkehr zum Ausgangspunkt ist leider schwierig. Start- und Zielpunkt liegen 5,8 km auseinander. Taxis gibt es hier nicht. Die Straße, die Start und Ziel miteinander verbindet, ist zu mancher Tageszeit kaum, aber zu manchen Zeiten auch stark befahren. Am einfachsten zu organisieren mit zwei Mietfahrzeugen (z.B. zwei Mofas), so dass man vor Beginn der Tour ein Fahrzeug ans Ziel stellt.

Diese schöne Tour mit herrlichen Aussichtspunkten führt durch den ruhigsten Teil von Rhódos, an unscheinbaren Kapellen und einem verlassenen Dorf vorbei durch Kiefernwald. Sie verläuft meist auf schattigen Waldwegen und ein kleines Stück über eine ruhige Straße. Es ist aber ein größerer Höhenunterschied zu bewältigen. Unterwegs kann man kein Wasser auftanken und auch keinen Proviant kaufen.

Der Ausgangspunkt liegt an der Straße von Kritinía nach Siána, und zwar an der Stelle, an der die Straße zur Küste nach Glifáda abzweigt. Hier steht auch ein Schild, das „Glifáda" anzeigt. Man folgt aber nicht der Asphaltstraße, sondern begibt sich auf die gleich daneben von der Hauptstraße abzweigende Piste. Sie führt durch **Kiefernwald** zunächst den Hang hinauf, aber dann bald wieder hinunter.

Der Canyon bei Siána lockt so manchen Kletterer

Nach rund 30 Minuten mündet diese Piste auf die Asphaltstraße nach Glifáda. Nun geht es gut zehn Minuten auf der Straße nach links den Hang hinunter. Dann zweigt ein Waldweg links ab (man findet eine rote, punktförmige Markierung auf einem Stein). Er führt zunächst durch ein Tal und dann durch den Wald den Hang wieder hinauf. Es geht nun immer auf dem Hauptweg entlang.

Rund 50 Minuten, nachdem die Straße verlassen wurde, trifft man auf eine sonnige Piste. Links einbiegend, erreicht man nach wenigen Minuten die alte **Kapelle Zoodóchos Pigí.** Hier lag früher die Siedlung **Steliés,** die aber schon lange aufgegeben wurde und von der heute nichts mehr zu sehen ist. Der Kirchplatz eignet sich für eine Pause. Man folgt der breiten Piste weiter und erreicht nach 15 Minuten bei der neuen **Kapelle Zoodóchos Pigí** die Hauptstraße.

Man befindet sich nun 5,8 km vom Startpunkt entfernt. (Er liegt links, in nördlicher Richtung). Die Straße ist schmal und ohne Seitenstreifen und daher nicht sehr gut für Fußgänger geeignet. Taxis oder Busse gibt es leider nicht. Man kann das Transportproblem am besten mittels Trampen lösen, wenn man hier nicht ein „Zweitfahrzeug" geparkt hat.

Embonas

Embonas ist ein großes Dorf am Fuße des **Atáviros** (1215 m), des höchsten Berges der Insel, der den Ort schroff und kahl überragt. Unterhalb von Embonas bedecken Weinreben und Kiefernwälder die steileren Hänge.

Am Dorfplatz an der Bushaltestelle haben sich Souvenirshops etabliert, aber wenige Gassen weiter ist das Dorf noch so, wie es mancher Aussteiger liebt: enge Gassen, alte Frauen am Webstuhl und beim Metzger liegen große Fleischstücke offen auf der Theke.

Weinkelterei

Embonas ist Sitz der Weinkelterei **EMERY.** Die große Kelterei ist technisch hochmodern, und der Wein aus Embonas genießt einen guten Ruf. Zwar ist EMERY mit der in Rhódos-Stadt ansässigen Kelterei CAIR verglichen eine Minifabrik, aber sie vermarktet sich gut. Man kann die Kelterei besichtigen.

Nach Embonas tuckern recht häufig **Touristenbusse zur Weinprobe,** dazu gibt es dann Folkloreshows. Die Ausflügler schlagen leider recht häufig über die Stränge. Die Bewohner versuchen, sich die trinkfreudigen Besucher etwas vom Leibe zu halten. Natürlich verdient man an den Weinproben, aber man hat ganz und gar kein Verständnis für Besucher, die sich einfach nur volllaufen lassen. Der Wein, der bei den Proben ausgeschenkt wird, gehört nicht immer unbedingt zu den besten Tröpfchen, die man am Lager hat, denn ein Großteil der Touristen ist auch mit einfacheren Weinen zufrieden.

Heimatmuseum

Zu besichtigen gibt es ein kleines Heimatmuseum. Das Haus war das Wohnhaus des Dichters **Ioánnis Konstantaki** (1908–85). Er vermachte es der Gemeinde. Zu sehen gibt es ein einfaches **Einraumhaus** mit Originaleinrichtung. Neben den typischen Holzeinbauten mit Lagerflächen und Schlafplätzen ist auch eine Olivenölpresse ausgestellt. Im Haus lebten früher auch die Haustiere, in einer Ecke steht noch der Futterschrank. Dort war das Plätzchen des Esels, nur wenige Meter vom Schlafgemach der Familie entfernt.

Wenn das Museum geschlossen sein sollte: Der Schlüssel wird im Rathaus aufbewahrt.

Unterkunft

- **Hotel Atáviros/Vasilía,** Tel./Fax 22460-41235, am hinteren Dorfrand von Embonas. Einfache, große DZ mit Kiefernmöbeln, Bad, sauber und ansprechend, Küchenecke, schmaler, langer Balkon; unten Taverne, die aber nur während der HS in Betrieb ist. DZ ohne Frühstück 30 €, mit Frühstück 35 €. In der NS kann es kalt werden, eine Heizung ist zwar vorhanden, wird aber oft nicht genutzt.

Essen und Trinken

• Zahlreiche **Tavernen** haben sich auf die Verpflegung von Ausflugsbussen spezialisiert. Das Essen ist einfach, die Qualität durchwachsen, die Preise hoch.

Moní Artamíti

Das Kloster Moní Artamíti an der Straße nach Ag. Isídoros wurde in den letzten Jahren renoviert. Das Klosterfest findet am 26.9. statt. Dann ist viel los in der ansonsten sehr ruhigen Anlage. Im Inneren der Kirche befinden sich Kieselmosaiken am Boden, ein blaubemaltes Kreuzrippengewölbe und eine vergoldete, reichlich mit Schnitzereien verzierte Altarwand aus dem Jahr 1870.

Berg Atáviros

Der höchste Berg von Rhódos ist der 1215 Meter hohe Atáviros. Von **Ag. Isídoros,** einem sehr einfachen Bauerndorf an der Ostseite, ist es möglich ihn zu besteigen. Ein Pfad, der allerdings nicht gerade einfach zu finden ist, führt von hier nach oben. Die Tour setzt sehr gute alpine Kenntnisse und eine gute Ausrüstung voraus. Man sollte nur bei gutem Wetter den Aufstieg wagen, denn auf dem Berg ist man der Witterung schutzlos ausgesetzt. Wasser gibt es nirgends. Im Sommer ist es kaum möglich, hier hinaufzuwandern, es ist einfach zu heiß.

Seit kurzem ist es auch möglich, den Berg per Fahrzeug zu erreichen. An der oberen Straßengabelung Siána/Embonas/Kritinía zweigt eine Straße ab, die bald in eine nicht einfach zu befahrende Piste übergeht; sie führt zu dem neu gebauten **Windmühlenpark.** Hier oben beginnt dann eine neue Asphaltstraße, die bis zum Gipfel führt. Auf dem etwas niedrigeren Nachbarhügel findet man

Siána, Kirche Ag. Panteleímonas

die Reste **alter Gebäude.** Früher stand hier oben ein Altar für den Göttervater *Zeus*. Aus den Steinen dieses antiken Heiligtums wurden dann in byzantinischer Zeit die Gebäude zusammengefügt, die man heute hier oben findet. Das Heiligtum auf dem höchsten Inselberg wurde bisher von Archäologen kaum erforscht. Daher ist auch das Alter der Gebäude und Steine bisher nicht wissenschaftlich dokumentiert; vermutlich entstand der Tempel im 5. Jh. v. Chr. Auf der Hügelkuppe trifft man auf die Reste eines größeren Gebäudes. An dieser Stelle befand sich vermutlich der **Zeusaltar.** Etwas weiter abwärts befinden sich die Grundmauern antiker Gebäude, die vermutlich Propyläen, Eingangshallen, zum Heiligtum waren. Die Aussicht von hier oben ist fantastisch. Bei klarem Wetter sieht man bis nach Kárpathos und manchmal sogar bis nach Kreta.

078rh Foto: vb

079rh Foto: vb

SIÁNA

Siána ist eines jener Dörfer, in dem sich Urlauber meist nur für zehn Minuten oder maximal eine halbe Stunde niederlassen. Es gibt keine Übernachtungsmöglichkeiten, aber wegen der beiden Kirchen legen hier die meisten Durchreisenden eine Pause ein. Davon leben die Teppich- und Honigverkäufer und die Tavernen.

Der alte Pirgos-Turm bewacht seit byzantinischer Zeit die einsamen Westhänge des Akramítis

Dorfkirchen

Die große, sehenswerte Dorfkirche ist **Ag. Panteleímonas** gewidmet. In der Kirche befinden sich schöne Fresken und Holzschnitzereien, die wie das Gebäude im 19. Jh. entstanden sind. Lassen Sie sich durch die Kirchturmuhr nicht irritieren: Sie ist aufgemalt, in Siána ist es immer 9.35 Uhr!

Gleich neben der großen liegt eine eher unscheinbare **alte Kirche** aus dem 12./13. Jh. In den letzten Jahren wurde sie mit neuen Fresken ausgemalt. Die Altarwand und die Ikonen, die hier aufbewahrt werden, sind sehr alt. Man öffnet die alte Kirche nur, wenn jemand danach fragt, denn das Interesse der meisten Besucher gilt der neueren Kirche Ag. Panteleímonas.

Essen und Trinken

- Man kann hier eine schöne Pause einlegen, eine **Dorftaverne** an der Kirche und einige einfache **Cafenien** bieten sich dafür an.

Wanderung 12: Von Siána auf den Akramítis

- **Route:** Friedhof Siána – Akramítis – Limeri ton Kataskoron – Monólithos – Friedhof Siána
- **Strecke:** alte, steinige Fußpfade, teils sonnig, teils unübersichtliches Gelände, steil, aber durchgängig markiert mit roten Punkten, größerer Höhenunterschied, vergleichbar mit Wegen in den Alpen, gut begehbar auch mit Kindern, aber keine Absicherungen oder Geländer in steilem Gelände
- **Dauer:** 3,5 Std.
- **Ausrüstung:** gute Schuhe, Sonnenschutz, Wasser, Verpflegung. Bei schlechtem Wetter die Tour abbrechen!
- **Organisation:** Mietfahrzeug am Friedhof von Siána parken. Der Fußweg trifft zwei Kilometer weiter in Richtung Monólithos wieder auf die Straße. Busse oder Taxis fahren hier nicht. 20 Minuten auf der Straße, die teilweise durch Bäume beschattet wird, in Richtung Siána gehend, gelangt man wieder zum Friedhof.

Die Besteigung des Akramítis gehört zu den schönsten Wanderungen auf Rhódos. Die sehr lohnende Tour führt über kleine Pfade durch felsige, teils auch bewaldete Landschaft mit herrlicher Aussicht! Die Strecke ist gut markiert, teilweise steil und sonnig. Man sollte morgens sehr früh losgehen und genügend Wasser mitnehmen.

Auf dem Gipfel des Akramítis

Die Tour beginnt am **Friedhof von Siána,** der zwischen Siána und Monólithos liegt. Dort markiert ein Stein mit gelbem Pfeil und rotem Punkt am Straßenrand gegenüber den Weg, der bald durch ein Gatter führt (bitte wieder schließen!). Links des Weges liegt ein **Olivenfeld.** Zwischen mehreren Zedern biegt der Weg nach rechts. Der Pfad ist nun mit roten Punkten und Steinmännchen markiert. Sieht man längere Zeit keine roten Punkte mehr, ist man vom Weg abgekommen.

Der Pfad führt nun im Zickzack den Hang nach oben auf einen sonnigen Rücken und windet sich dann nach links. Auch hier markieren die roten Punkte den Weg richtig weiter. Relativ weit oben, wenn die Feuerwehrstation schon sichtbar ist, zieht der Pfad sich auf dem Grat nach rechts. Nun zweigen zwei schmale Pfade links über den Grat hinunter ab. An einer dieser Gabelungen findet man ein rotes „T" auf einen Stein aufgemalt. Diese Stelle sollte man sich für den Rückweg merken. Bevor man hier weitergeht, steigt man zunächst zur **Feuerwehrstation** hinauf.

Nach rund 55 Minuten Aufstieg ist das Feuerwehrgebäude erreicht. Es ist ruinös und die Metallleiter nicht mehr betretbar. Dafür wirft es Schatten, den man für eine Pause gut gebrauchen kann.

Entlang des Bergrückens

Man folgt dann dem Pfad, auf dem Bergrücken entlang, wieder fünf Minuten nach unten. Dort zweigt der Pfad mit der T-Markierung über den Grat hinweg (von dieser Seite kommend) rechts ab. An der Nordseite des Kamms steht ein Baum. Auch die roten Punkte tauchen bald wieder auf. Man kommt dann auf einer **kahlen Hochebene** an, über die der Pfad leicht fallend nach Süden führt. Der Pfad gabelt sich. Linkerhand findet man einen roten Punkt. Dann schwenkt er nach Westen, und man erreicht die **Kirche Ag. Ioánnis.**

Diese einfache Kirche hat auf dem Kirchplatz einen sehr tiefen Brunnen. Nach Wasser sucht man aber meist vergeblich. Die Kirche liegt 20 Meter neben dem Pfad. Nun geht es wieder zurück auf den Pfad, ihm weiter folgend. Fünf Minuten nach Passieren der Kirche fällt der Weg steil zwischen Felsen ab. Dort beginnt der **Wald.**

Nach wenigen Minuten befindet man sich in einem **schmalen Hochtal.** Dort ist es schwieriger, die roten Punkte zu finden. Es zweigen mehrere Pfade ab. Die Wanderung führt in die Senke hinab. Dort hält man sich links und geht zwischen den beiden Graten entlang. Nun trifft man wieder auf rote Punkte und Steinmännchen. Bald wird der **Blick aufs Meer** frei, und man sieht hinunter fast bis nach Prasonísi.

Zur Limeri ton Kataskopon

Hier beginnt der Abstieg, der leicht zu finden ist, da viele rote Punkte ihn markieren. Nach 10 Minuten erreicht man eine Gabelung. Nach rechts führt ein schöner Pfad am Hang entlang leicht aufwärts oberhalb des Dorfes **Monólithos** auf eine Bergkuppe. Der Pfad führt dann weiter auf der Rückseite des Berges durch den Wald. Dann gabelt er sich, man folgt dem breiteren, der nach rechts im Zickzack den Hang hoch zu einem Felsen führt.

Eine Marmortafel erinnert daran, dass in der kleinen **Höhle Limeri ton Kataskopon,** die hier liegt, im Zweiten Weltkrieg Partisanen, die gegen die deutschen Besatzer kämpften, Unterschlupf fanden. Vor der Felswand endet der Pfad auf einigen Felsen. Hier hat man eine schöne Aussicht. Man sieht auch das **Kastell Monólithos** über der Küste liegen.

Rückweg

Nun folgt man dem Weg wieder zurück, bis man wieder auf den Hauptweg trifft. Diesem folgt man nun nach links hinunter und erreicht kurz darauf die Straße kurz vor dem Ortseingang von Monó-

080rh Foto: vb

lithos. Um zum Ausgangspunkt zurückzukehren, folgt man nicht der Straße nach Monólithos, sondern man biegt nach links auf die Straße ein. Nach 20 Minuten erreicht man den Friedhof von Siána.

Monólithos

Das Dorf Monólithos ist von kahlem Land umgeben. Die Hügel unterhalb waren früher bewaldet, ein herrliches Panorama. Leider brannten die meisten Wälder im Südteil der Insel in den letzten Jahren fast völlig ab, und von Wiederaufforstung ist

Die Lage der Festung von Monólithos wussten schon die Johanniter zu schätzen

nach wie vor so gut wie gar nichts zu sehen. Ähnlich wie Siána ist Monólithos ein eher ärmliches Bauerndorf, in dem sich die meisten Urlauber nicht allzu lange aufhalten.

Unterkunft

- **Pension Cristos Corner,** Tel. 22460-61310. Liegt in einer Kurve und hat daher auf allen Seiten Straße, unten Taverne, oft belegt, DZ mit Bad, mit Frühstück 30 €
- **Hotel Thomas Manousos,** Tel. 22460-22741, Fax 28834, manousoshotel@rhoforthnet.gr, geräumige DZ oder Dreibettzimmer, Bad, Balkon, Küchenecke, sehr warm gelegen, 25 €

Kastell Monólithos

Ziel der Ausflugsbusse, die hier täglich durchs Dorf donnern, ist das Kastell Monólithos, das hinter einem Hügel versteckt auf einem schroffen Felsen an der Küste liegt. Die Festung lohnt einen Besuch. Wenn man morgens vor 11 Uhr da ist, kann man sie meist noch in Ruhe genießen; im Laufe des Tages machen hier ganze Hundertschaften von Touristen Station.

Die alte **Johanniterfestung** aus dem 15. Jh. liegt recht malerisch auf einem steilen, bewaldeten Felskegel. Auch diese Festung entstand schon in byzantinischer Zeit, aber die Johanniter haben das Kastell ab 1476 wehrhaft ausgebaut. Auf der Spitze der Festung steht die **Kapelle Ag. Panteleímonas** aus dem 15. Jh. Der Blick von der Burg lohnt den Aufstieg. In der Ruine stehen zahlreiche alte, teils recht bizarre Zedernbäume.

Kap Foúrni

Ein Asphaltsträßchen führt zum Kap Foúrni an die Küste hinunter, wo man ruhige Badebuchten vorfindet. Teilweise sind die kleinen, sonnigen Kiesbuchten vom Land her schlecht zu erreichen.

Auf dem Kap befinden sich mehrere **antike Gräber.** Zu byzantinischer Zeit lebten hier Eremiten. Auf dem Felsenkap liegen drei einstmals von ihnen bewohnte **Höhlen,** eine **Höhlenkirche** und eine alte **Leuchtturmruine.**

Die **Kapelle Ag. Geórgios,** zu der eine holprige Piste von der Straße oberhalb des Kaps abzweigt, lohnt der Aussicht wegen einen Besuch.

Strände

Pirgos
[P]

Die einsame Bucht von Pirgos, westlich von Monólithos, liegt zwischen kahlen Felsen. Man hat Blick auf das Kap mit dem alten Festungsturm. Das Hinterland oberhalb ist bewaldet. 50 m lang und 5 m breit, Kies und Steine, klares Wasser, Seegras und Felsen im Wasser, steil abfallend, geeignet zum Schnorcheln, Plastikschuhe ratsam, keinerlei touristische Einrichtungen.

● **Anfahrt:** Nur zu erreichen über Staubpisten, nicht markiert und nicht ganz einfach zu finden. Vom Dorf Monólithos aus in Richtung Kastell. Am Pass zweigt rechts eine Piste ab. Bei der ersten Gabelung auf der Hauptpiste links weiter. Nach 1,6 km gabelt sich die Straße wieder. Hier führt die Hauptpiste nach rechts weiter, aber zum Strand geht's halblinks. Am Ende der Piste besteht Parkmöglichkeit. Dort führt ein Fußpfad nach rechts weiter. Man muss dabei ein Gatter durchqueren. Der Pfad führt an der rechten Seite einer Schlucht entlang zum Strand hinunter.

Ag. Geórgios
[P]

Unterhalb der Kapelle liegen einige Strände. Eine felsenumrahmte Bucht ist ruhig, aber nicht einsam. 100 m lang und 20 m breit, Sand und Kies, klares Wasser, Seegras, Felsen am Buchtrand im Wasser, flacher abfallend, kein Schatten; keine Strandsäuberung und keine touristischen Einrichtungen.

● **Anfahrt:** Zu erreichen über schlechte Pisten: vom Kastell Monólithos die Asphaltstraße Richtung Kap Foúrni, bis relativ weit unten nach rechts die Piste zur Kapelle Ag. Geórgios abzweigt. Kurz darauf an einer Gabelung links. Diese Piste führt bis zum Strand. Parkmöglichkeit vorhanden.

Ag. Geórgios, hintere Bucht
[P]

Eine kleine, einsame Bucht hat bizarre Felsen; auf dem Kap stehen Reste eines alten Turms. Boote liegen in der Bucht; klares Wasser, aber viel angeschwemmter Müll am Strand, 50 m lang und 5 m breit, Kies und Steine, Plastikschuhe notwendig, fällt steiler ab, kein Seegras, aber Felsen im Wasser.

081rh Foto: vb

●**Anfahrt:** Zu erreichen über die Piste, die zur Kapelle Ag. Geórgios führt. An der ersten Gabelung rechts, an der zweiten links und an der dritten wieder rechts. Die Piste ist sehr schlecht befahrbar.

Kap Foúrni, vorderer Strand

P

Oberhalb des Strandes am Kap wachsen Macchia und Kiefern, hier gibt es einige wenige Schattenplätzchen, die aber sehr begehrt sind. 200 m lang und 5–10 m breit, mehrere flache Kaps, dahinter Felswand, sonniger Kiesstrand, klares Wasser, teils Felsen im Wasser. In der NS ruhig, in der HS relativ ruhig; keinerlei touristische Einrichtungen.

Strand beim Kap Foúrni

● **Anfahrt:** Zu erreichen über die Straße zum Kap Foúrni, ungefähr 200 m bevor die Straße am Hauptstrand Foúrni endet, liegt ein sehr kleiner Parkplatz an der Straße, danach Trampelpfad.

Kap Foúrni

Der Hauptstrand am Kap mit bizarren Felsen ist landschaftlich sehr schön. Hinter dem Strand stehen Bäume, die Schatten geben. Das Felsenkap verschattet einen kleinen Teil der Bucht. Ein Trampelpfad führt hoch aufs Kap. Manchmal wird am Strand wild gezeltet. 250 m lang und 10–20 m breit, Sand mit Kies, klares Wasser, steil abfallend, Seegras und teils auch Felsen im Wasser, schnorcheln am Kap gut möglich; in der NS ruhig, in der HS relativ ruhig.

● **Service:** Taverne, Schirme und Liegen, Strandsäuberung
● **Anfahrt:** zu erreichen über Asphaltstraße, Parkmöglichkeiten vorhanden

Wanderung 13: Von Monólithos zur Kapelle Zoodóchos Pigí

● **Route:** Monólithos – Steliés – Zoodóchos Pigí nahe Siána
● **Strecke:** breitere Pisten, nicht markiert, aber einfach zu finden
● **Dauer:** rund 2 Std.
● **Ausrüstung:** Sonnenschutz, Wasser, Verpflegung
● **Organisation:** Start- und Endpunkt liegen relativ weit auseinander an der Hauptstraße. Busse und Taxis findet man hier leider selten. Am einfachsten zu organisieren mit zwei Mietfahrzeugen (z.B. zwei Mofas), so dass man vor Beginn der Tour ein Fahrzeug ans Ziel stellen kann. Oder man trampt zum Fahrzeug zurück.

Diese Tour führt an der Nordseite des Akramítis entlang. Über breite Pisten und Waldwege mit herrlichen Aussichtspunkten geht es an kleinen Kapellen vorbei durch Kiefernwald, teils sonnig, teils schattig. Unterwegs gibt es keine Quelle.

Von **Monólithos** aus folgt man zunächst der Asphaltstraße, die zum Kastell führt. Nach gut zehn Minuten zweigt am Pass eine Piste rechts ab. Folgt man der Straße noch 100 m weiter, erreicht man am Straßenrand einen Aussichtspunkt mit Blick auf die Festung. Dann kehrt man aber zur Piste zurück, folgt ihr 15 Minuten abwärts und erreicht eine Gabelung. Hier wandert man rechts ansteigend weiter. Die Aussicht ist herrlich. Teile des Weges sind auch durch Kiefernwald verschattet. Man folgt nun immer dem Hauptweg, hält sich nach rund 30 Minuten rechts und ignoriert kleinere Wege. Nach weiteren 25 Minuten erreicht man eine breite Piste, in die man nach rechts einbiegt. Sie windet sich den Hang hoch und man erreicht kurz darauf die **alte Kapelle Zoodóchos Pigí von Steliés,** die sich für eine Rast anbietet. Dann geht es auf der breiten Piste noch 15 Minuten weiter, bis man bei der neuen **Kapelle Zoodóchos Pigí** auf die Straße kommt. Siána und Monólithos liegen in südlicher Richtung (auf der Straße nach rechts).

082rh Foto: vb

INSEL SÝMI

ÜBERBLICK

Die 58 Quadratkilometer große Insel Sými liegt nördlich von Rhódos unmittelbar vor dem türkischen Festland. Sie steigt bis auf 617 Meter Höhe an. Es wohnen rund 2500 Menschen auf der Insel, die überwiegend vom Tourismus leben. Ein großer Teil der Insel ist bewaldet. Nur der Norden und Nordwesten sind ganz und gar kahl, diese Gegend hat man von Sými-Stadt aus vor Augen. Im Norden ist die kahle Insel Nimos vorgelagert.

Sými ist eine malerische Insel. Die Inselhauptstadt mit ihrem kleinen Hafen, dem Festungshügel und **Ano Sými** oberhalb präsentiert sich eindrucksvoll schon beim Verlassen des Schiffes. Die **neoklassizistischen Häuser,** die das Stadtbild prägen und überwiegend im 19. Jh. erbaut wurden, sind einfach schön. Sie sind fast alle in gelbrot-braunen Farbtönen gehalten. Sými-Stadt steht schon länger unter Denkmalschutz, und auch die Neubauten werden in diesem Stil errichtet. In der etwas ruhigeren Nebensaison kommen viele Besucher gezielt zum Zeichnen oder Malen hierher.

Der Ort wird touristisch intensiv vermarktet. Erstaunlich ist jedoch, dass schon wenige Kilometer außerhalb der Stadt völlige Ruhe herrscht. Auch im Ortsteil Ano Sými, auf dem Berg, begegnet man viel weniger Urlaubern als unten am Hafen.

Sými bei einem **Tagesausflug** zu entdecken ist zwar ein lohnendes Erlebnis, aber zwischen 11 und 17 Uhr geht es in der Inselhauptstadt genauso lebendig zu wie in der Altstadt von Rhódos. Wer Sými kennen lernen will, sollte sich mehrere Tage Zeit nehmen. Während der Hauptsaison ist die Insel überlaufen, aber in der Nebensaison findet man hübsche Fleckchen. Wer beispielsweise gerne Häuser zeichnet, hat viel zu tun.

Vorhergehende Seite:
Die pittoreske Hafenpromenade von Sými-Stadt

Sými ist keine ausgesprochene Badeinsel, aber auch **Strände** lassen sich finden. Vom Hafen aus starten täglich Boote zu den Stränden Ag. Marína, Ag. Nikólaos, Ag. Geórgios, Nanou, Marathoúnda, auf die vorgelagerte Insel Sésklia und zum Kloster Panormítis, manchmal auch zu den Stränden Ag. Emilianós und Ag. Vasilíos.

In den letzten Jahren haben die Symioten ein **Kulturfestival** auf die Beine gestellt, bei dem neben griechischer Folklore auch Jazz und klassische

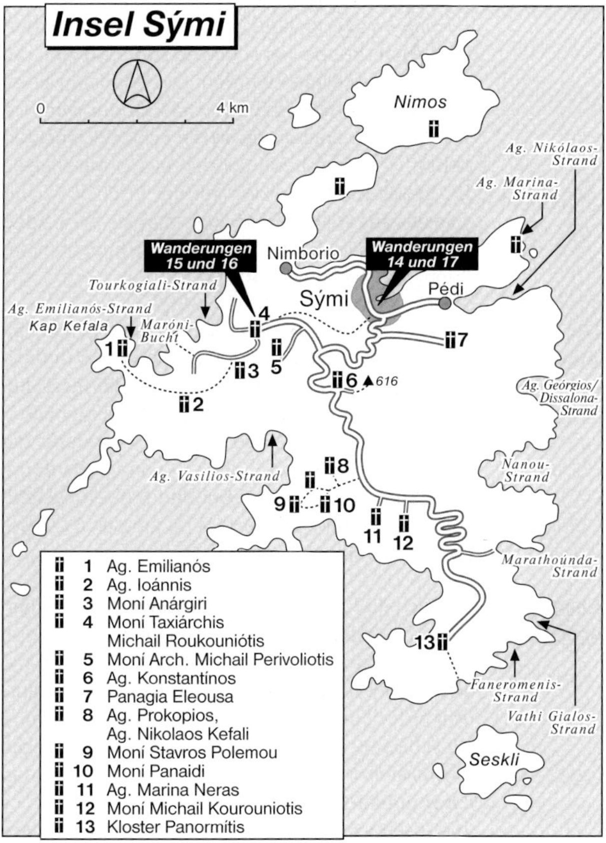

Musik ihr festes Plätzchen haben. Über das Sými-Festival mit zahlreichen Konzerten informiert das EOT-Büro auf Rhódos.

Geschichte

Antike

Die ersten Bewohner von Sými waren **Karer.** Später wanderten **Dorer** von Rhódos aus nach Sými ein. Die antike Stadt Sými lag dort, wo sich auch heute noch die Inselhauptstadt befindet.

Vor Sýmis Küste fand im **Krieg zwischen Athen und Sparta** eine Seeschlacht statt, bei der die Athener geschlagen wurden. Die Spartaner feierten ihren Triumph dadurch, dass sie auf Sými ein Denkmal zur Erinnerung an die Schlacht errichten ließen, von dem heute jedoch nichts mehr übrig ist. In der Antike wurden auf der Insel Wein und Oliven angebaut. Sými war damals bewaldet, denn schon in dieser Zeit waren die Symioten bekannt für ihre **Holzschiffe.**

Die Johanniter

Ähnlich wie auf Rhódos kamen und gingen im Laufe der Zeit die Makedonier, die Römer und die Byzantiner. 1309 bis 1522 gehörte die Insel den Rittern vom **Johanniterorden.** Diese hinterließen eine mächtige Burg. Die Symioten waren für die streitbaren frommen Herren von Bedeutung, denn ihre Schiffe waren bei den Eroberungsfeldzügen gut zu gebrauchen. Sými ging es zu dieser Zeit nicht schlecht.

Osmanisches Reich

Als sich 1522 Rhódos den Osmanen geschlagen geben musste, verhielt sich Sými taktisch. Die Insel kam kampflos zum Osmanischen Reich, und die Bewohner handelten sich dafür Privilegien aus. Auch der Sultan wusste die symiotischen Schiffe zu schätzen, und so wurden die Bewohner für die Postzustellung im Osmanischen Reich zuständig. Dies brachte viel Geld ein. Später versuchten es die Inselbewohner mit dem **Schwammtauchen,** und auch damit verdienten sie viel. 1912 lebten 22.000 Menschen auf Sými, und sie lebten nicht schlecht, wie an den prächtigen alten Häusern im neoklassizistischen Stil noch heute zu sehen ist.

Die Italiener

Als Ende des 19. Jh. die Dampfschifffahrt aufkam, waren die schnellen Holzschiffe aus Sými nicht mehr gefragt. Es ging bergab mit dem Wohlstand, da sich auch die Schwämme nicht mehr gut verkaufen ließen. Als die **Italiener** 1912 Einzug auf den Dodekanes-Inseln hielten, war es aus mit den Privilegien für Sými. Viele Symioten verließen ihre Heimat. 1922 lebten nur noch 8000 Menschen auf der Insel.

20. Jh.

Im **Zweiten Weltkrieg** ließen sich die **Engländer** auf Sými nieder, woraufhin die Insel von den Deutschen bombardiert wurde. Spuren davon sind heute leider noch deutlich in der Oberstadt zu erkennen. Am 8. Mai 1945 unterzeichneten die deutschen Besatzer von Rhódos auf Sými die Kapitulation. Ein Denkmal am Hafen erinnert daran.

Seit 1948 gehört die Insel zu **Griechenland,** aber das brachte ihr den alten Wohlstand nicht zurück. Als in den 1970er Jahren Rhódos einen frühen Touristenboom erlebte, nutzte Sými sein schönes Inseldorf, und seither wird die Insel mehr als gut besucht von Urlaubern aus aller Herren Länder. Man lebt vom Tourismus. Heute hat die Insel rund 2000 Bewohner.

Sými-Stadt

Sými-Stadt ist einer der schönsten Häfen der Ägäis. Fotografen und Zeichner wissen meist gar nicht, wo sie anfangen sollen, denn an Motiven fehlt es nicht. Wer Sými als Tagesausflug besucht, erlebt es meist als Puppenstubendorf mit viel Trubel. Da aber die meisten Besucher die Insel gegen 16 Uhr wieder verlassen und viele den Berg gar nicht emporsteigen, finden sich meist auch ruhigere Ecken für den, der sie sucht. Abends ist der Hafen von Sými bei Seglern sehr beliebt – wenn die Ausflugsschiffe abfahren, legen die Segelboote an.

Sehenswertes

Am Hafen

Der **Uhrturm**, unmittelbar am Hafeneingang gelegen, ist das Wahrzeichen Sýmis. Er wurde 1881 gebaut, zu einer Zeit, zu der es Sými wirtschaftlich noch gut ging. Damals verdienten sich die Symioten vor allem mit der Schwammtaucherei ihr Geld.

In der **Bucht hinter dem Turm** gibt es heute noch kleine Werften. Hier wurden früher die schnellen Holzschiffe gebaut, die der Insel Wohlstand brachten. Wenn man vom Uhrturm in die andere Richtung geht, findet man sich mitten im touristischen Gedränge. Einige Meter weiter wird häufig eine Diashow über Schwämme gezeigt.

Über eine kleine Brücke gelangt man auf die andere Hafenseite. Hier findet sich noch ein altes **Cafenion,** in dem die alten Männer den Touristenströmen noch nicht gewichen sind.

Ano Sými

Ein Spaziergang auf den Hügel von Ano Sými ist sehr lohnend. Die Aussicht von oben ist einfach herrlich und das obere Dorf ist ruhiger als der Hafen. Am schönsten ist es, die Strecke über die **Kali Strata** nach oben zu gehen. Relativ weit oben, an einem Knick, den die Treppen dort machen, liegt das **Café Kali Strata,** das zum Zeitpunkt unseres letzten Besuchs vorübergehend geschlossen war.

Wenige Meter weiter oben liegt die **Taverne Geórgios,** ebenfalls an der Kali Strata. *Geórgios* betreibt auch noch eine zweite Taverne in einer **Windmühle.** Sie liegt wenige Meter weiter, auf dem Weg von der Taverne nach links zur Bushaltestelle hinunter.

Geht man die Kali Strata weiter, erreicht man kurz hinter Geórgios' Taverne den **Dorfplatz.**

Biegt man vor dem Platz rechts ab und geht über die Treppe hinauf, gelangt man zu einer kleinen Straße, die von hier aus mit herrlicher Aussicht um den **Festungshügel** herumführt.

Bei der **Kirche Ag. Nikólaos** hat man Ausblick auf das ruhige, teilweise noch vom Krieg stark beschädigte Ano Sými. Durch eine Gasse, der man

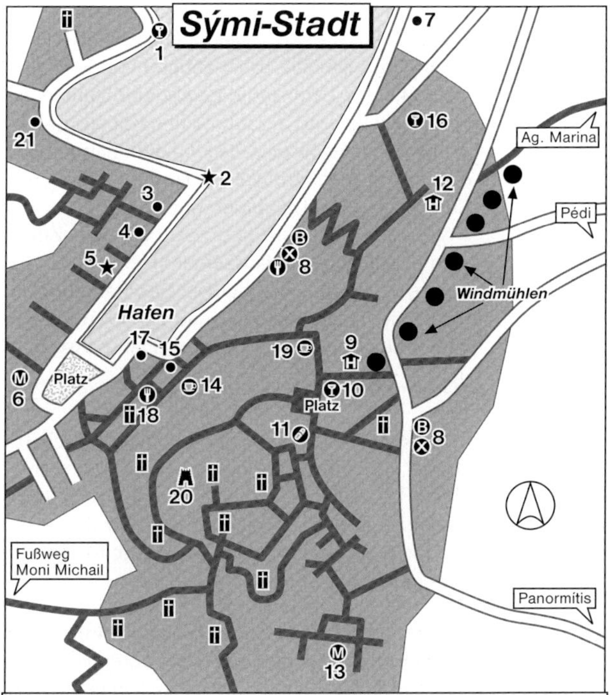

1	Taverne Tholos	11	Alte Apotheke
★ 2	Uhrturm	12	Rooms Katharina Tsakiris
• 3	Polizei, Post, Hafenverwaltung	13	Museum
• 4	Bankautomat, Mofavermieter	14	Internetcafé
★ 5	Denkmal 8.5.1945	• 15	Reisebüro Sými Tours
6	Nautisches Museum	16	Taverne Charitomeni
• 7	Tankstelle	• 17	Auto- und Mofavermietung
8	Bushaltestelle, Taxis, Ouzerie Mythos	18	Taverne Meraklis
9	Hotel Fiona	19	Café Kali Strata
10	Taverne Geórgios	20	Festung Kástro
		• 21	Schiffswerft

nach links folgt, kommt man an einer weiteren Kirche vorbei. Ab hier weisen rote Punkte und Pfeile den Weg zum **Kástro.** Von der Johanniterfestung ist nicht mehr allzu viel übrig. Hier oben stehen drei der unzählig vielen Kirchen von Sými. Die Aussicht ist sehr schön.

An der Vorderseite der größeren Kirche geht der Weg auf der Rückseite des Hügels hinunter.

Archäologisches Museum

Das Archäologische Museum (Tel. 22460-71114) lohnt einen Besuch, es ist anhand von Schildern gut zu finden. Dort sind Kapitelle und Statuen aus hellenistischer und byzantinischer Zeit ausgestellt. Anhand von Fotos und Plänen kann man sich ein Bild davon machen, welche Fresken in welchen Kapellen der Insel zu finden sind.

Mit dem Museumsticket hat man auch Zutritt zum Chaziagapitos-Haus, einem **Herrenhaus** aus dem 17. Jh., das nach starker Beschädigung im Krieg wieder originalgetreu aufgebaut wurde; in ihm stehen heute alte Möbel und Haushaltswaren.

- **Öffnungszeiten:** Di–So 8.30–14.30 Uhr, Eintritt 2 €

Alte Apotheke

Zurück geht es wieder über die „Hauptgeschäftsstraße“ Kali Strata, die hier vor allem mit „Tante-Emma-Läden“ und weniger mit Souvenirshops aufwartet. Hier liegt auch die alte Apotheke, die allerdings nur am Vormittag geöffnet ist. Ihre Inneneinrichtung ist einen Besuch wert.

Kieselmosaiken

Es lohnt sich, einmal einen Blick in die **Innenhöfe der Häuser** zu werfen, wenn die Türen offen stehen. Sie sind meist mit Kieselmosaiken gepflastert. Auch der Hof der Kirche **Ag. Panteleímonas** in Ano Sými ist mit einem sehr schönen Kieselmosaik versehen.

Praktische Tipps

- **Postleitzahl:** 85600
- **Telefonvorwahl:** 22460

Anreise

- Von Rhódos-Stadt aus fahren täglich mehrere kleine **Schiffe und Tragflügelboote** nach Sými. Hafenverwaltung Rhódos-Stadt: Tel. 22410-28888. Hafenverwaltung Sými: 22460-71205.

Zahlreiche Reisebüros in Rhódos-Stadt bieten **Ausflugstouren** nach Sými an, die auch „one way" zu buchen sind. Meist wird zuerst in Panormítis und nachher erst in Sými-Stadt angelegt. Wer sich das Kloster Panormítis in Ruhe ansehen will, kann dort auch übernachten. Ein Tagesausflug von Rhódos nach Sými kostet pro Person rund 15 €, „one way" kostet es je nach Boot 7–15 €. Die Ausflugsboote fahren auf Rhódos im Mandráki-Hafen ab, die Boote, die man „one way" buchen kann, legen am Limenas-Hafen ab.

Verkehrsmittel

- Ein **Kleinbus** fährt stündlich vom Hafen nach Ano Sými und Pédi und zurück. Es gibt sechs **Taxis** auf der Insel, die sehr beliebt sind und selten am Taxistand stehen. Die Fahrer sind per Handy zu erreichen unter: 6944105596, 6945252303, 6945273842, 6945226348, 6946568731 oder 6974623492. Die Fahrt vom Hafen hinauf nach Ano Sými kostet mit dem Bus 0,70 € pro Person, das Taxi kostet für diese Strecke 2,50 €.

Es werden auf Sými auch **Mietfahrzeuge** angeboten. Für einen Kleinwagen mit Vollkaskoversicherung werden je nach Saison 30–50 € pro Tag, für ein 50-ccm-Mofa 15 € pro Tag verlangt. Rent a car & motorbikes, am Hafen Katsaras und in Pédi, Tel. 22460-72203 oder 71341, Fax 71417

Nützliche Adressen

- **Polizei:** Tel. 22460-71111
- **Rathaus:** Tel. 22460-70119 oder 70112
- **Ärzte, Apotheken:** Ein Arzt ist unter Tel. 22460-71316, 71290, Handy 694528313 oder 69345258320 zu erreichen. Der Zahnarzt ist vormittags zu erreichen unter Tel. 22460-71272. Die alte Apotheke in Ano Sými ist, auch ohne dass man krank ist, einen Besuch wert.
- **Hafenmeister:** 22460-71205
- **Geld:** Zwei Banken, das Postamt am Hafen und das Reisebüro wechseln Geld. Bankautomaten findet man bei den Banken am Hafen. Kreditkarten werden nicht überall akzeptiert.
- **Reisebüro:** Sými-Tours am Hafen, Tel. 22460-71307, Fax 72292, simi-tours@rho.forthnet.gr, bietet Ferienwohnungen und Zimmer an, verkauft Schiffs- und Flugtickets, organi-

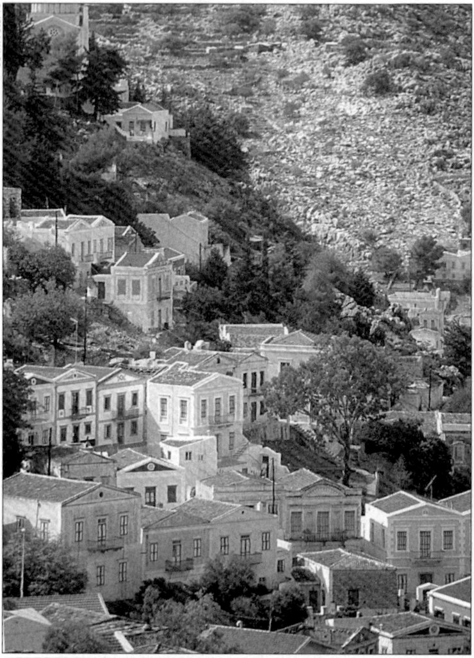

siert Ausflüge, wechselt Geld und vermittelt Segeltörns. Marathounda Holidays, am unteren Ende der Kali Strata, Tel. 22460-71077, Fax 71491, bietet v.a. organisierte Ausflüge und Wanderungen an.

● **Einkaufen:** „Tante-Emma-Läden" mit allem, was man so braucht, findet man in Ano Sými an der Kali Strata und in den Seitengassen unten am Hafen hinter Sými-Tours. Ein Einkaufsparadies ist Sými allerdings nicht. Als Souvenirs werden vor allem **Schwämme** angeboten, obwohl auf Sými heute keine Schwammtaucher mehr leben. Die Schwämme kommen von der Nachbarinsel Kalymnos. Es werden auch synthetische Schwämme verkauft. Außerdem bieten Händler **Gewürze, Honig** und **Ouzo** an.

● **Nachtleben:** Wildes Nightlife ist auf Sými nicht vorhanden. Am Hafen gibt es allerdings zahlreiche Bars, die teilweise nicht zu überhören sind und von denen manche bis in die frühen Morgenstunden geöffnet haben.

Die malerische Inselhauptstadt

●**Internet-Cafés** gibt es mehrere auf Sými, z.B. die Clock Bar Roloi hinter dem Hafen am unteren Ende der Kali Strata, oder in Ano Sými die Glaros Bar, glaros@mail.gr.
●**Informationen** kann man vorab beim EOT in Rhódos-Stadt bekommen. Auf der Insel liegt überall die kostenlose, englische Zeitung „The Symi Visitor" aus. Übers **Internet** kann man sich informieren unter www.symi-island.com, www.symi-island.gr oder über www.symivisitor.com.

Unterkunft

Eine rechtzeitige Reservierung ist dringend angeraten, da Sými während der gesamten Saison sehr gut besucht ist.
●**Rooms Katherina Tsakiris,** Tel. 22460-71813, drei einfache DZ mit zwei Bädern, Gemeinschaftsküche, ruhig gelegen, schöne Aussicht von herrlicher Terrasse, Garten, sehr beliebt, Reservierung erforderlich, 30–40 €.
●**Hotel Fiona,** Tel. 22460-72088, Fax 72755, oben in Ano Sými, schöne, saubere, große Zimmer, teils mit herrlicher Aussicht, mit Bad, Balkon, AC, mit Frühstück auf schöner Terrasse, Reservierung notwendig, 55–60 €, EZ 50–60 €.
●**Villa Thalassa** und **Villa Symeria** werden über das Hotel Albatros angeboten. Im Gegensatz zum Hotel liegen die Häuser sehr schön. Tel. 22460-71707, im Winter 210-765 4964, Handy 6976803291, Fax 72257, fabienne@otenet.gr. Neu renovierte, schöne Ferienwohnungen mit gut eingerichteten Küchen und AC. Es gibt jeweils ein abgeschlossenes Schlafzimmer, weitere Betten stehen in Durchgangsräumen oder in der Küche. Die kleinen Wohnungen für zwei bis drei Personen kosten 50–70 €, die größeren für vier Personen 88–100 €.
●**Ferienvillen** kann man auch über das Reisebüro Sými Tours mieten. Zahlreiche **Wohnungen** werden auch über das Internet unter www.symivisitor.com angeboten.

Essen und Trinken

●**Taverne Geórgios,** Ano Sými, an der Kali Strata beim Platz. *Geórgios* ist ein Original, das man erfinden müsste, wenn es nicht schon da wäre. Sehr beliebt trotz gehobener Preise
●**Taverne Tholos,** hinter der Werft beim Friedhof, liegt am Wasser mit schönem Blick auf Sými, sehr gute griechische Küche, kleine Portionen, Preise hoch, sehr beliebt
●**Ouzerie Mythos,** nahe der Bushaltestelle, leckere Kleinigkeiten, Preise gehoben
●**Taverne Meraklis,** seitlich des Hafens unweit vom unteren Ende der Kali Strata; große Auswahl an guten griechischen Gerichten, Preise o.k.
●**Café Kali Strata**, am Knick der Kali Strata, sehr schöne Aussicht, ruhige Musik, morgens und abends geöffnet, Preise gehoben
●**Taverne Chartiomeni,** am Hang oberhalb der Tankstelle gelegen, sehr schöne Aussicht, gute griechische Küche

STRÄNDE

Auf Sými finden sich viele Kieselstrände, an denen Badeschuhe sehr hilfreich sein können. Sie werden auch auf der Insel verkauft. Wassersport wird auf der Insel nicht angeboten.

Ag. Nikólaos Sandkiesel, Bäume, Taverne, Liegen und Schirme, in der NS gut besucht, in der HS voll, zu erreichen über Fußweg von Pédi aus oder per Badeboot.

Ag. Marína Kirche auf vorgelagertem Felsen, 200 m lang und 5–10 m breit, Sand und Kies, klares Wasser, Taverne, Liegen und Schirme; in der NS gut besucht, in der HS voll. Zu erreichen per Badeboot oder über einen Fußweg, der bei den Windmühlen in Ano Sými beginnt. Von diesem Weg hat man einen sehr schönen Blick hinunter auf den Hafen.

Ag. Geórgios/ Dissalona Schöne Bucht, dahinter steile Felswände (daher nur teils sonnig), kleine Kapelle am Strand, gut besucht, 300 m lang, Sandkiesel, Bäume. Zu erreichen nur per Ausflugsboot, über Land nicht erreichbar.

Nanou Lange Bucht mit Kies und Sand, einige Bäume, geeignet zum Schnorcheln, Taverne, Schirme und Liegen, beliebt. Zu erreichen per Ausflugsboot, über Land schlecht erreichbar.

Marathoúnda Langer, schmaler Kieselstrand mit Sommerhäusern, während der Saison Taverne, gut besucht. Zu erreichen per Ausflugsboot oder über einen Betonweg per Mietfahrzeug.

Faneronemis Ruhig, keine touristischen Einrichtungen. Zu erreichen über einen Weg von Panormítis aus oder per Badeboot.

Panormítis Kleiner Kieselstrand unweit des Klosters, daher bitte nicht topless baden. Taverne, Telefon, Parkplatz beim Kloster.

Insel Séskli Schattiger Kieselstrand, Tamarisken, viele Seeigel im Wasser, zu erreichen per Ausflugsboot.

Ag. Vasilios Sonniger Kieselstrand, ruhig, keinerlei touristische Einrichtungen. Zu erreichen per Boot oder über einen Wanderpfad.

Ag. Emilianós Malerisch und ruhig, manchmal Boote, eine Insel mit Kirche ist der Bucht vorgelagert und über einen Steg erreichbar; viele Steine, Seeigel, keinerlei touristische Einrichtungen. Zu erreichen per Boot oder nach anstrengender Wanderung.

Tourkogiali Enge Kieselbucht zwischen steilen Felsen, steil abfallend, ruhig, keinerlei touristische Einrichtungen.

Toli Steiler Kiesstrand, kein Schatten, einsam, keinerlei touristische Einrichtungen.

Nimborio Schmaler Kieselstrand vor einem kleinen Dorf, Tamarisken, Taverne, gut besucht, viele Seeigel, Badeschuhe sinnvoll, Schirme und Liegen. Zu erreichen per Fahrzeug oder zu Fuß von Sými aus.

Nas Kleiner, schmaler Kieselstrand, Badeschuhe sind notwendig. Sonnig, steil abfallend, Taverne, Schirme und Liegen, voll, einfach zu Fuß von Sými aus zu erreichen.

NIMBORIO

In den Nordwesten von Sými führen wenige Wege. Man kann vom Hafen aus über eine breite Piste die Nachbarbucht von Nimborio erreichen. Am dortigen Strand hat sich ein kleines Dorf mit Taverne und Unterkünften angesiedelt. Abends ist hier absolute Ruhe angesagt, während sich tagsüber einige Urlauber von Sými aus zu diesem Strand auf den Weg machen. Es gibt auch einen zweiten Weg über den Berg, der kürzer ist als der an der Küste entlang.

In Nimborio steht oberhalb des Hafens eine **weiße Kirche**, zu der von einem ausgetrockneten Bachbett aus Stufen hinaufführen. Überdacht und eingezäunt liegen vor der Kirche einige noch mäßig gut erhaltene Mosaiken, die von einer frühchristlichen Basilika aus dem 6. Jh. stammen.

Von Nimborio aus führt ein Ziegenpfad ins Landesinnere, über den man die **Dodekaspilia** erreichen kann. Diese Gewölbe haben früher vermutlich als Zisterne gedient, aber es werden heute viele geheimnisvolle Geschichten darüber erzählt.

Unterkunft

• **Hotel Nirides,** Tel. 22460-71784, Fax71892, Handy 6972801135, nirapart@otenet.gr. Schöne DZ mit Bad, Balkon, Blick auf die Bucht, Küchenecke, ruhig und abgelegen, 55–75 € mit Frühstück

Pédi

In der Nachbarbucht östlich von Sými-Stadt liegt Pédi. Der Ort hat eine stündliche Busverbindung mit Sými-Stadt. Es ist hier zwar einerseits viel ruhiger als in der Inselhauptstadt, aber das brummende Dieselkraftwerk macht diesen Vorteil wieder zunichte. Nette kleine Häuschen flankieren die Hafenfront, und Holzboote dümpeln im Meer. Pédis Gärten werden von kahlen Hängen überragt. Auf der rechten Buchtseite führt ein kleiner Fußweg zum Strand von Ag. Nikólaos.

Oberhalb von Pédi, am Hang, liegt eine **Klosteranlage**, die man über eine Straße, die oberhalb von Ano Sými nach links von der Hauptstraße abzweigt, erreicht und von der man eine schöne Aussicht auf das Tal hat. Von Tagesausflüglern blieb das gemütliche Dorf bisher verschont.

KLOSTER PANORMÍTIS

Panormítis ist nach Pátmos das **wichtigste Kloster des Dodekanes**. Es wird genauso wie Pátmos vermarktet. Wer mit einem der Ausflugsschiffe anreist, wird die schöne Anlage leider voller Lärm erleben. Die Fremden wirken fast wie eine Heuschreckenplage. Wer die Anlage richtig kennen

085rh Foto: vb

lernen will, dem sei geraten, sie per Mietfahrzeug am späten Nachmittag zu besuchen oder hier zu übernachten.

Das Kloster Panormítis wurde während des Byzantinischen Reichs gegründet und ist dem Erzengel Michael geweiht. In antiker Zeit stand hier ein Poseidon-Tempel, auf dessen Ruinen im 5. oder 6. Jh. das erste Kloster gebaut wurde. Die alte Klosteranlage wurde während des Osmanischen Reichs zerstört, danach gab man das Kloster auf. Es wurde erst im 18. Jh. wieder neu gegründet. Die **Kirche** mit ihrem markanten Turm und einer sehr prachtvoll geschnitzten Altarwand entstand um 1783.

1923 wurden hier vorübergehend Rembetika-Flüchtlinge aus der Türkei einquartiert. 1945 ermordeten deutsche Soldaten den Abt und einige griechische Zivilisten. Daran erinnert heute noch eine Gedenktafel.

Neben der Kirche werden in zwei **Museen** Kirchenvotivgaben, alte Priestergewänder, alte Ikonen und Schnitzereien gezeigt (Eintritt 1,50 €).

Per Mietwagen zum Kloster

Wer mehr Zeit mitbringt, der kann das Kloster auch bequem mit dem Mietwagen erreichen und diesen Ausflug mit einer Rundwanderung zu diversen Kirchen der Insel (s. Wanderung Nr. 15) kombinieren.

Über die bergige Inselmitte von Sými erstrecken sich meist Kiefernwälder. Mitten im Wald finden sich zahlreiche weiße, kleine Kapellen, teils malerisch gelegen. Von Sými-Stadt zum Kloster Panormítis sind es knapp 25 km. Man erreicht zunächst das **Kloster Moní Ag. Konstantínos** und fährt dann am Militärposten vorbei. Die Straße macht kurz darauf einen Bogen um einen Olivenhain, und kurz bevor sie in den Wald hineinführt und abfällt, zweigt nach rechts ein Weg ab, markiert vom Schild „Ag. Prokopios“. Es bietet sich an, hier eine kleine Wanderung von rund einer Stunde einzufügen (s. Wanderung Nr. 17).

Danach geht es mit dem Wagen auf der Straße, die durchs Inselinnere führt, weiter. Am rechten Wegrand liegt im Wald zunächst die **Kirche Panagía Strateri** und einige Zeit später erblickt man rechts der Straße die **Kirche Ag. Marína Neras,** in der es Fresken aus dem 15. Jh. zu bewundern gibt. Die Kirche ist allerdings meist verschlossen. Ein Stück weiter liegt rechter Hand das ehemalige **Kloster Sotiris Megalos Neras.** Im Kloster lebt heute ein Bauer, der interessierten Besuchern die Fresken in der Kirche aus dem 18. Jh. gerne zeigt. Geht man von hier noch etwas weiter an die Bergkante vor, hat man einen herrlichen Blick auf die südwestlichen Buchten von Sými. Danach führt der Weg in steilen Serpentinen hinunter nach **Panormítis** zum Kloster.

Am Ende der Tour sollte man es nicht versäumen einen Badestopp einzulegen. Man kann per Mietfahrzeug den Strand Marathoúnda einfach erreichen. Der Rückweg erfolgt über die gleiche Route bis nach Sými-Stadt.

Ausflüge und Wanderungen

Auf Sými werden mehrere Bootstouren, teilweise auch in Kombination mit geführten Wanderungen und Barbecue, angeboten. Informationen erhält man am Hafen. Die Ausflüge kosten zwischen 15 und 30 € pro Person, starten zwischen 8 und 10 Uhr und enden zwischen 16 und 19 Uhr, je nach Ziel und Jahreszeit. Man sollte auf jeden Fall die Badesachen nicht vergessen.

- **Bootstour um Sými:** Bei der Inselumrundung wird eine Wasserhöhle an der Westküste angelaufen, in der man schwimmen kann, es wird das Kloster Panormítis besucht, am Strand auf der vorgelagerten Insel Seskli wird gegrillt und ein weiterer Badestopp wird am Strand Ag. Geórgios eingelegt.

- **Wanderung und Bootstour nach Ag. Emilianós:** Diese organisierte Tour verläuft ähnlich, wie die unten beschriebene „Wanderung 16" zum Kap Kefala. Man startet morgens um 8 Uhr am Hafen. Das erste, steile Stück der Tour geht es per Fahrzeug aufwärts. Dann wandert man mit einem Führer an den Klöstern und Kirchen vorbei auf das Kap zur malerisch gelegenen Kirche Ag. Emilianós. Nach einem Bad geht es per Boot wieder zurück nach Sými.
- **Wanderung und Bootstour nach Ag. Vasilios:** Auch auf dieser organisierten Tour wird das erste Stück per Fahrzeug zurückgelegt. Dann wandert man in Begleitung des Wanderführers zu der ruhigen Bucht und nach einem Bad geht es per Boot wieder zurück an den Hafen von Sými.
- **Kombinationstour Faneromeni:** Zunächst geht es per Boot zum Kloster Panormítis. Danach wandert man ein kleines Stück in Begleitung eines Führers zum Strand Faneromeni. Nach einem Bad geht es weiter per Boot an den Strand Ag. Geórgios, an dem gegrillt wird. Einen weiteren Badestopp legt das Boot am Strand Ag. Marína ein, bevor es nach Sými zurückfährt.
- **Bootsausflug nach Datcha/Türkei:** Datcha liegt unweit der antiken Stadt Knidos an der gegenüberliegenden türkischen Küste. Bei diesem Ausflug wird aber nicht die antike Stadt gezeigt (wer sie sehen möchte muss per Taxi dorthin weiterreisen), es geht vielmehr darum, den Bazar zu besuchen und einzukaufen.

Wanderung 14: Von Ano Sými zum Moní Michaíl

- **Route:** Sými-Stadt – Moní Taxiárchis Michaíl Roukouniótis
- **Strecke:** alter, steiniger Eselspfad und ein kleines Stück Straße, sonnig, gut markiert
- **Dauer:** einfach 1,5–2 Std.
- **Ausrüstung:** Sonnenschutz, Wasser, Verpflegung, gute Schuhe, „anständige Kleidung" für den Kirchenbesuch

Die Tour führt über einen alten Eselspfad mit sehr schöner Aussicht auf Sými-Stadt an Kapellen vorbei an einem sehr sehenswerten Kloster. Wer Ausdauer hat, kann diese Tour auch mit einer der beiden folgenden kombinieren. In Sými beginnt im oberen Ortsteil eine Markierung, ein roter und ein schwarzer Punkt nebeneinander. Sie führt zunächst zum Eingang der alten Festung hoch, führt kurz vor dem Festungseingang dann wieder über Treppen auf der Rückseite des Kastros abwärts und durch das Gassengewirr zur **Dreifaltigkeitskirche** (Ag. Triada), deren Turm farbenfroh bemalt ist. Unten an der Kirche vorbei gehend, erreicht man den oberen Dorfrand. Hier ist der Weg abwechselnd mit rotblauem und mit rotschwarzem Punkt markiert. Er führt durch ein Gatter (bitte wieder schließen). Die Aussicht auf die Stadt ist herrlich. Etwas weiter oben liegt links des Weges eine kleine Kapelle. Dann erreicht man einen neu angelegten Weg. Nach wenigen Minuten zweigt aber nach rechts ein steiniger Pfad ab. An der Gabelung findet man wieder Markierungen. Man folgt dem steinigen, schlechteren Pfad nach rechts. Er führt zwischen Steinmauern und Viehweiden entlang, und bei einem Eukalyptusbaum erreicht man eine kleine Straße, über die man nach rechts kurze Zeit später das wirklich sehenswerte **Moní Michaíl** aus dem 15. Jh. erreicht. Es wird von einem älteren Bauernehepaar bewohnt. Die beiden führen die Besucher durch den gepflegten Innenhof in die **Doppelkirche.** Die zwei Kirchen stehen nicht nebeneinander, sondern übereinander. In antiker Zeit befand sich hier ein Tempel, in dessen Ruinen im 5. Jh. eine Kirche erbaut wurde. Diese verfiel. Zu Zeiten der Johanniter wurde die untere Kirche erbaut, die hier heute zu sehen ist. Ihre Fresken stammen aus dem 14. Jh. Das Obergeschoss, die zweite Kirche, wurde im 18. Jh. über die andere Kirche gebaut.

Wanderung 15: Vom Moní Michaíl zum Kap Margni

- **Anfahrt:** das Kloster kann man per Mietfahrzeug erreichen oder über die Wanderung 14
- **Route:** Moní Taxiárchis Michaíl Roukouniótis – Moní Ag. Anárgiri – Kap Margni
- **Strecke:** über einen Betonweg, der bald in eine Piste übergeht, und einen felsigen Fußpfad, teils sonnig, teils durch Wald, anfangs gut markiert, am Kap nicht mehr
- **Dauer:** 2 Stunden hin und zurück, in Kombination mit Tour 14 4–5 Stunden
- **Ausrüstung:** Sonnenschutz, Wasser, Verpflegung, gute Schuhe, „anständige Kleidung" für die Kirche

Vor dem Klostereingang führen zwei Betonsträßchen abwärts. Das linke führt zu einer Kaserne, das rechte, das man nun wählt, führt in das Tal hinunter am Militär vorbei zum **Kloster Moní Ag. Anárgiri.** Die Straße geht bald in eine Piste über. Man erreicht einen Ziegenstall, der rechts unterhalb des Weges in einer Kurve liegt. 20 Meter danach zweigt von der Piste ein schmaler Fußweg nach rechts ab. Auch er ist mit blauem und rotem Punkt markiert, durchquert ein bewaldetes Tal und zieht sich durch felsiges Gelände aufs **Kap** hoch zu einigen alten Mauerresten. Der Weg ist hier nicht mehr gut markiert, aber ausgetreten und erkennbar. Achten Sie schon bei der Ankunft darauf, dass Sie für den Rückweg den Einstieg dieses Weges wiederfinden, denn der Bergrücken ist seitlich sehr felsig. An den Hausruinen führen Trampelpfade nach rechts auf das Kap. Von hier vorne hat man eine sehr schöne Aussicht auf das Kap Kefala mit der **Kirche Ag. Emilianós.** Der Rückweg erfolgt über die gleiche Strecke.

Wanderung 16: Vom Moní Michaíl zum Kap Kefala

- **Anfahrt:** das Kloster kann man per Mietfahrzeug erreichen oder über die Wanderung 14
- **Route:** Moní Taxiárchis Michaíl Roukouniótis – Moní Ag. Anárgiri – Kapelle Ag. Ioánnis Theológos – Ag. Emilianós, Kap Kefala
- **Strecke:** über einen Betonweg und einen felsigen schmalen Fußpfad, teils sonnig, teils durch Wald, anfangs gut markiert, später seltener
- **Dauer:** 2–3 Stunden einfach, in Kombination mit Wanderung 14 gut 4 Stunden einfach, der Rückweg sollte per Boot organisiert werden; man muss am Tag vorher am Hafen nachfragen, ob und wann ein Boot von Ag. Emilianós aus fährt. Es ist auch möglich, die Tour im Reisebüro zu buchen. Wer hin- und zurück wandern will, ist den ganzen Tag unterwegs.
- **Ausrüstung:** Sonnenschutz, viel Wasser, Verpflegung, gute Schuhe, „anständige Kleidung" für den Kirchenbesuch, Badesachen

Man folgt zunächst dem gleichen Weg wie auf Tour 15 bis zum Kloster **Moní Ag. Anárgiri.** Vor diesem Klösterchen zweigt ein markierter Pfad links am Klostereingang ab, der mit blauem und rotem Punkt markiert ist. Er windet sich steil aufwärts, zunächst durch felsiges Gelände, später durch Wald zur Kapelle **Ag. Ioánnis Theológos.** Die Aussicht von hier auf die Bucht ist herrlich. Nun ist der Pfad nicht mehr so gut markiert. Er zieht sich abwärts in die Bucht hinunter zur Kapelle **Ag. Filimonos** und weiter zum Kirchlein **Ag. Emilianós,** das auf einer der der malerischen Bucht vorgelagerten Insel liegt und über einen Steg mit dem Land verbunden ist.

Wanderung 17: Rundwanderung zu den Kirchen in der Inselmitte

- **Route:** zu den Kirchen Panaidi, Moní Stavros Polemou und Ag. Prokopios
- **Strecke:** kleine Fußpfade
- **Dauer:** etwa 1 Std.
- **Ausrüstung:** Sonnenschutz, Wasser und Verpflegung
- **Hinweis:** An einer Stelle erfordert der Pfad Schwindelfreiheit und Trittsicherheit.

Diese hübsche Wanderung führt zu einigen malerisch gelegenen Kirchen und Klöstern in den Wäldern der Inselmitte und ist **kombiniert mit der Autofahrt von Sými-Stadt zum Kloster Panormítis** (s. „Per Mietwagen zum Kloster").

Die Tour beginnt an dem Weg, der von der unter „Per Mietwagen zum Kloster" beschriebenen Straße nach rechts abzweigt. Er führt durch den Wald nach unten auf eine Lichtung, auf der ein Haus und die Kapelle **Ag. Nikitas** stehen. Vor einer Steinmauer, 20 Meter vor dem Haus, zweigt links ein kleiner Weg in den Wald ab, der mit blauen Kreuzen markiert ist. Etwas weiter oben gabelt sich der Pfad. Man hält sich bei zwei Gabelungen links, folgt den blauen Kreuzen und erreicht so die Kirche **Panaidi,** in der es Fresken aus dem 18. Jh. und Kieselmosaiken zu sehen gibt.

Vom Klosterausgang nach links führt ein kleiner Pfad über Felsen weiter zum **Moní Stavros Polemou,** das im 19. Jh. erbaut worden ist. Hier gibt es außer Holzwürmern in der Altarwand nicht sehr viel zu sehen, aber die Aussicht von dem auf einer Bergspitze oberhalb des Küstensteilhanges gelegenen Klosters ist toll.

Auf dem Rückweg lohnt noch ein Abstecher zu den Kapellen **Ag. Prokopios** und **Ag. Nikolaos Kefali.** Man folgt dem Pfad vom Moní Stravros aus nach links abwärts und erreicht schließlich

100rh Foto: vb

wieder die Steinmauer im Tal und den breiten Weg, dem man wenige Meter nach rechts zurück folgt. Von ihm zweigt nach links ein Schotterweg ab, der zur Kapelle Ag. Nikolaos Kefali führt, in der alte Fresken zu bewundern sind. Wenige Meter nach dieser Kapelle trifft man im Wald auf die unscheinbare Kirche Ag. Prokopios, deren Freskenreste aus dem 12. Jh. stammen. Sie sind allerdings in schlechtem Zustand. Nun geht's zurück zur Kapelle Ag. Nikolaos Kefali, und man folgt der Schotterpiste, mündet in den Hauptweg nach links ein und folgt ihm bis hoch zur Straße.

Panormítis wird viel besucht

151rh Foto: vb

INSEL CHÁLKI

Überblick

Chálki liegt etwa zehn Kilometer vor der Westküste von Rhódos, ist 28 Quadratkilometer groß und bis zu 518 Meter hoch. Es wohnen nur rund 300 Menschen auf der kleinen Insel, und die leben vom Tourismus und von etwas Fischfang. Chálki ist eine ruhige Insel mit einem hübschen Hafenort, aber ohne große Attraktionen.

Chorió und das Kástro lohnen einen Besuch, vor allem in den Abendstunden ist es hier schön, und der Aufstieg ist dann nicht mehr so sonnig. Ansonsten ist auf Chálki Baden angesagt. Auf der Insel finden sich überwiegend Gäste ein, die Ruhe suchen. Wer gerne mit einem Buch auf dem Balkon eines netten Häuschens mit Blick auf ein malerisches Dorf seinen Urlaub verbringt, ist hier gut aufgehoben. Aktivurlauber und Freunde des Nachtlebens werden sich auf Chálki aber schon nach wenigen Tagen langweilen. Während der Saison sollte man reservieren, denn dann ist Chálki ausgebucht. Die Preise für Lebensmittel sind relativ hoch, da alles von Rhódos angeliefert werden muss. Fahrzeuge gibt es wenige auf der Insel.

Chálki ist eine Insel ohne Schatten, Wanderungen sind hier nicht immer das reine Vergnügen.

Nachbarinsel Alimia

In der Hauptsaison werden Bootsausflüge zur östlich vorgelagerten Insel Alimia angeboten. Dort gibt es einen schönen **Sandstrand** und eine **Festung** aus byzantinischer Zeit, die von den Johannitern ausgebaut worden ist. Die heutigen Inselbewohner sind vierbeinig und fressen Kräuter. Das verlassene Dorf verfällt und nur im Sommer lassen sich hier manchmal ein paar Hirten für einige Tage nieder.

Vorhergehende Seite:
Der Hafen von Emborió

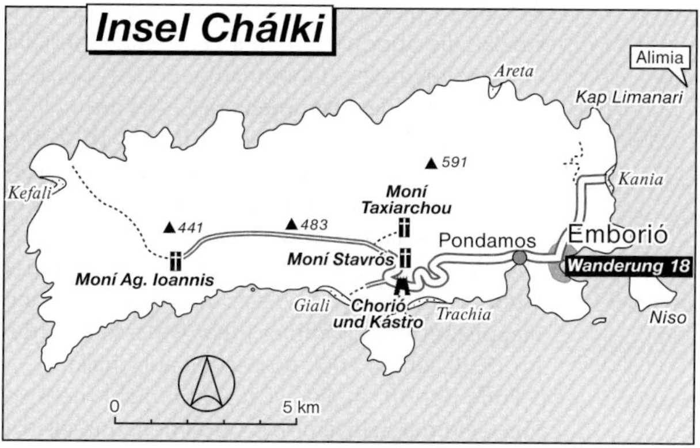

GESCHICHTE

Chálki, die „Insel der Steine", war in alten Zeiten zunächst von den **Pelasgern** besiedelt. Später kamen die **Karer** hinzu, und um 1100 v. Chr. rückten die **Dorer** aus der Stadt Kámiros auf Rhódos an. Sie brachten vermutlich den Apollonkult mit nach Chálki. Man fand hier Reste von drei Apollon-Tempeln. Heute ist allerdings kaum mehr etwas von den Tempeln zu sehen.

Wenig später ließen sich auch die **Phönizier** auf der Insel nieder. Ihre Siedlung lag unweit des Kaps Limanari und wurde Phoeniki genannt. Ab dem 5. Jh. v. Chr. geriet Chálki unter den Einfluss von **Rhódos** und unterstützte wenig später – wie Rhódos – Athen. Es folgten die makedonische, die römische und die **byzantinische Herrschaft.** Im 7. Jh. gab es auf Chálki arabische Herrscher, die aber bald wieder von den Byzantinern vertrieben wurden.

1204 kamen die Kreuzritter aus Italien und begannen auf den Ruinen der antiken Akropolis eine Festung zu bauen. Die **Johanniter** bauten die Festung bei Chorió dann kräftig aus. Sie errichteten auch ein Kastell auf der vorgelagerten Insel Alimia.

Es gab zu dieser Zeit noch vier Siedlungen auf Chálki, die aber wegen häufiger Piratenüberfälle in den folgenden Jahren aufgegeben wurden. 1522 rückten die **Osmanen** auf Chálki an.

Die Insel erlebte erst wieder im **19. Jh.** einen wirtschaftlichen Aufschwung, denn auch hier wurde – wie auf Kalymnos und Sými – nach Schwämmen getaucht, was damals viel Geld einbrachte. Die meisten Häuser des malerischen Hafenorts Emborió stammen aus dieser Zeit, in der die alte Hauptstadt Chorió immer mehr verlassen wurde. Im 19. Jh. lebten 4000 Menschen auf Chálki.

Ende des 19. Jh. ließ sich schon nicht mehr so viel Geld mit Schwämmen verdienen, und als die Insel 1912 zu **Italien** kam, gehörten die guten Jahre bereits der Vergangenheit an. Auch der Anschluss an **Griechenland** konnte den Verfall der Insel und den Exodus der Bewohner nicht aufhalten. In den 50er Jahren zogen zahlreiche Insulaner nach Amerika.

Heute leben noch knapp 300 Menschen auf Chálki. Viele Häuser verfielen im Laufe der Jahre. Die **Rettung für die Gebäude** brachten Gelder der UNESCO und die Touristenmanager. Englische und holländische Pauschalanbieter sorgten dafür, dass viele alte Häuser zu Ferienwohnungen umgebaut wurden. So ist Emborió nun kein traditionelles griechisches Dorf, aber dem Verfall der Gebäude wurde Einhalt geboten.

Emborió

Emborió ist heute das einzige auf Dauer bewohnte Dorf auf der Insel. Vom Schiff her sieht man die weißen Häuser leuchten und sich im Meer spiegeln. Emborió ist nicht zu vergleichen mit der Inselhauptstadt von Sými. Der Ort ist viel kleiner und ruhiger und liegt landschaftlich nicht so spektakulär wie Sými-Stadt. Emborió entstand im

18. und 19. Jh., und fast alle Gebäude sind im neoklassizistischen Stil, der zu dieser Zeit aus Nordeuropa nach Griechenland kam, errichtet.

Die Kirche **Ag. Nikólaos** stammt aus dem 18. Jh., sehenswert ist u.a. das Kieselmosaik im Kirchenhof. Man muss durch den Kirchturm hindurchgehen, um dorthin zu gelangen. Der Durchgangsbogen des Turms wurde aus Steinen eines Apollon-Tempels errichtet.

Einen Besuch lohnt auch das prächtige **Rathaus** an der gegenüberliegenden Dorfseite, das neben dem **Uhrturm** steht. Letzterer ist ein Geschenk von Chalkioten, die im Ausland zu Wohlstand gekommen sind und ihrem Heimatort etwas Gutes tun wollten. Chálki ist eine sehr wasserarme Insel, das Leitungswasser kommt per Schiff aus Rhódos.

Oberhalb des Dorfes kann man auf dem Kap noch drei alte **Windmühlen** sehen. Früher wurde auf der Insel mühevoll Getreide angebaut und hier gemahlen.

Praktische Tipps

Anreise

- Ein- bis zweimal wöchentlich wird Chálki von Rhódos-Stadt aus von einer **Fähre,** die dann weiter nach Kárpathos fährt, angelaufen. Teurer ist die Anreise von Skála Kamírou aus (s. Kap. „Mittlere Westküste"), aber dieses Boot fährt täglich. Der Fahrplan ist auf den Busfahrplan von Rhódos abgestimmt. Der Bus fährt in Rhódos-Stadt gegen 12.30 Uhr, am Flughafen gegen 13 Uhr ab. Die genauen Abfahrtszeiten kann man beim EOT erfragen, sie wechseln je nach Jahreszeit. Man erreicht die Insel dann am Nachmittag gegen 16 Uhr. Die Abreise erfolgt morgens gegen 5 Uhr, da der einzige Bus von Skála Kamírou zum Flughafen und nach Rhódos-Stadt gegen 7.30 Uhr abfährt.
- Während der Hauptsaison werden von Skála Kamírou auf Rhódos auch **Tagesausflüge** (mittwochs und sonntags, 9-18.30 Uhr, Hin- und Rückfahrt 17 €) angeboten, in der Nebensaison sonntags oder gar nicht.

Verkehrsmittel

- **Fortbewegung** auf der Insel: zu Fuß oder per Taxi. Ein Bus fährt auf Chálki nicht – es gibt auch nur eine Straße. Wer das Kástro besuchen will, muss hinaufwandern. Für diesen sehr sonnigen Abstecher sollte man mit gut zwei Stunden rechnen.

Nützliche Adressen

- **Telefonvorwahl:** 22460
- **Polizei:** Tel. 22460-45213
- **Rathaus:** Tel. 22460-45207 oder 45330
- **Arzt:** Tel. 22460-45094. Ein Krankenhaus gibt es nicht. Im Notfall ist Rhódos-Stadt, Tel. 22410-80000, zuständig.
- **Geld:** Einen Geldautomaten gibt es nicht, Geldwechsel ist im Postamt möglich. Man versorgt sich besser zuvor auf Rhódos mit Bargeld.
- **Einkaufsmöglichkeiten:** schlecht
- **Verkehrsmittel:** Ein Wassertaxi, Handy 6944434429, fährt zu den Stränden Areta, Tracchia, rund um die Insel und zum Strand der Nachbarinsel Alimia.
- **Kirchenmuseum:** geöffnet Di und Fr 18–19 Uhr
- **Information:** Am Hafen gibt es ein kleines Informationshäuschen.

Unterkunft

- **Captain's House,** Tel./Fax 22460-45201, captainshouse @ath.forthnet.gr. Einfach, aber mit Atmosphäre; DZ mit Bad, Kühlschrank, Ventilator, Sonnenterrasse, schattiger Hof und Garten, Reservierung notwendig, 30–35 €, Frühstück pro Person 5 €, EZ 25 €
- **Pension Argyrennia,** Tel. 22460-45205, am Ortsrand. DZ mit Bad und überwachsener Terrasse 25–30 €
- **Villa Praxithea,** am Hafen direkt am Meer gelegenes altes, renoviertes Haus mit zwei Wohnungen für sechs bis acht Personen, Handy 6972427272, Fax 22410-70175, info@villapraxithea.com, www.villapraxithea.com, kostet allerdings 80–200 € pro Wohnung.
- **Reisebüro Laskarina Tours** bietet auch Ferienhäuser an, nur in England zu buchen, Tel. 0044-01629-824884, Fax 822205.

Essen und Trinken

- **Taverne Omonia,** ursprünglich, einfach und gut
- **Taverne Chouvardas,** etwas teurer und gut

Wanderung 18: Von Emborió zum Kloster Ag. Ioánnis

- **Route:** Emborió – Chorió – Moní Ag. Ioánnis
- **Strecke:** breite, sonnige Pisten, großer Höhenunterschied; im Kloster werden Getränke verkauft.
- **Dauer:** Tagestour, Hinweg knapp 3 Std.
- **Ausrüstung:** Sonnenschutz, viel Wasser und Verpflegung für die ganze Tour

088rh Foto: vb

Die Tour zum ruhigen Kloster Ag. Ioánnis führt über sonnige Pisten durch eine kahle Felsenwelt mit schöner Aussicht. Man lernt bei dieser Wanderung zwar die Insel kennen, sie ist aber recht schweißtreibend, denn die gesamte Strecke ist sonnig und führt durch steinige Landschaft.

Eine Betonpiste führt von Emborió aus am Strand von **Pondamos** vorbei durch ein grünes Tal hinauf nach **Chorió** und von dort weiter den Hang hinauf zum Klösterchen **Stavrós.** Wenn man am Moní Stavrós weiter der Betonpiste folgt, erreicht man eine Müllkippe. Der Weg führt danach schattenlos bis auf 400 Meter Höhe. Dort trifft man auf eine **Windmühlenruine.**

Nur zu Fuß zu erreichen: das Klösterchen Ag. Ioánnis

Die Piste zieht sich nun relativ eben in den Inselwesten und man hat einen schönen Blick auf die schroffe Nordküste und die Insel Tilos. Das Kloster **Ag. Ioánnis** wird von einem Bauernehepaar bewohnt, das ein improvisiertes Cafenion betreibt. In der Kirche gibt es ein paar Ikonen aus dem 17. Jh. zu sehen. Das Kirchenfest findet hier am 28./29.8. statt.

Chorió

Eine Betonstraße führt zur **alten Hauptstadt** Chorió, die von den Resten eines Johanniterkastells überragt wird. Die Straße wurde von in Amerika lebenden Chalkioten gesponsort, wie man auf einer Tafel lesen kann.

Chorió war noch bis in dieses Jahrhundert hinein bewohnt. Heute werden nur noch die **Kirchen** in Stand gehalten, die Häuser liegen in **Ruinen.** In den letzten Jahren wurden einige wenige Häuser wieder neu aufgebaut, was aber nicht besonders gut aussieht, denn der Reiz dieser Siedlung sind die Ruinen, über die die Eidechsen weghuschen und zwischen denen Blumen sich einen Platz suchen. Es ist meist ganz still hier oben.

Kástro

Ein Fußweg führt zwischen den Ruinen hoch zum Kástro. Man erreicht zunächst die Kapelle **Christo Sotirou,** bei deren Bau Steine aus der antiken Stadt verwendet wurden. Dahinter steht die **Panagía-Kirche.** Durchquert man den Hof mit der großen Zypresse, gelangt man dahinter zur unscheinbaren Kapelle **Palia Panagía,** die 890 errichtet wurde und die älteste Kirche der Insel ist. Sie stellt aber keine große Attraktion dar.

Am Kastell kann man das **Wappen des Johanniters Pierre d'Aubusson** erkennen, der dem Orden Ende des 15. Jh. vorstand. Das innere Tor stammt noch aus antiker Zeit. Dahinter stößt man auf die Ruinen der Kirche **Ag. Nikólaos,** die in byzantinischer Zeit erbaut wurde und deren Fresken aus dem 14. Jh. stammen. Leider vergammeln sie langsam aber sicher. Vom Kástro aus hat man einen sehr schönen Ausblick.

Strände

Areta Einsame Bucht im Norden, nur sehr schlecht zugänglich, keine touristischen Einrichtungen. An der Nordküste liegen zwei weitere, nur vom Meer zugängliche Buchten zwischen steilen Felsen.

Kania Kleiner, ruhiger Kieselstrand mit Fischzuchtfarm an der Ostküste, keine touristischen Einrichtungen, kein guter Badestrand.

Pondamos Zum Baden ist die Nachbarbucht von Emborió mit ihrem kleinen Sandstrand recht beliebt. 100 m lang, 5–10 m breit, flach abfallend, sonnig, Taverne mit WC; in der NS gut besucht, in der HS voll, Liegen und Schirme. Die Bucht ist von Emborió in knapp zehn Minuten zu Fuß zu erreichen.

Trachia Unterhalb der Festung ragt die Halbinsel Trachia ins Meer hinein. Sie ist über einen schmalen Landstreifen mit der bergigen Küste verbunden. Hier liegen sonnige, schöne Kieselstrände. Keine touristischen Einrichtungen; zu Fuß und per Badeboot zu erreichen.

Giali Einsamer Kieselstrand mit Felsen an der Südküste, keine touristischen Einrichtungen. Von Chorió aus führt ein Fußweg nach Giali hinunter und weiter zu schattenlosen, aber schönen Kieselbuchten, die im Sommer von Badebooten angesteuert werden, aber ansonsten leer sind.

Kefali Einsame Bucht an der Westküste, die schlecht erreichbar ist.

086rh Foto: vb

Anhang

Literaturtipps

- *Lawrence Durrell,* **Leuchtende Orangen,** rororo Taschenbuch. *Durrell* beschreibt die Stimmung auf Rhódos nach dem Zweiten Weltkrieg.
- *Hubert Eichheim:* **Griechenland,** C.H. Beck Verlag. Der Autor arbeitete am Goethe-Institut in Athen. Das Buch gibt einen guten Einblick in die griechische Gesellschaft heute. Eine sehr angenehme Urlaubslektüre.
- *Nikos Kazantzakis,* **Alexis Sorbas, Freiheit und Tod, Rechenschaft vor El Greco, Mein Franz von Assisi,** und **Griechische Passion,** rororo bzw. Ullstein Verlag. *Kazantzakis* wurde 1883 auf Kreta geboren, gestorben ist er 1957 in Freiburg. Sehr zu empfehlen ist insbesondere sein Buch „Alexis Sorbas", das mit *Anthony Quinn* in der Hauptrolle verfilmt worden ist.
- *Ioánnis Ritsos,* **Milos geschleift,** Heyne Lyrik 31, **Unter den Augen der Wächter,** Hanser Verlag, **Nachbarschaften der Welt,** Romiosini Verlag, **Gedichte,** Suhrkamp Verlag. Diese Bücher seien Liebhabern von Lyrik empfohlen. *Ritsos* verbrachte lange Jahre in Gefangenenlagern und schrieb darüber.
- *Gerd Thiel,* **Rhodos,** Rother Wanderführer. All jenen empfohlen, die mit den von uns beschriebenen Wanderungen noch nicht ausgelastet sind. Dort sind 41 Wanderungen von z.T. mehr als 6 Stunden Länge beschrieben.

Kleine Sprachhilfe Griechisch

An dieser Stelle können wir natürlich nur einen kurzen Einblick in einige ausgewählte Aspekte der griechischen Sprache vermitteln. Wer sich darüber hinaus für die Landessprache seines Urlaubsziels interessiert, dem sei der folgende Band der Kauderwelsch-Reihe empfohlen:

- *Karin Spitzing:* **Griechisch – Wort für Wort,** Reihe Kauderwelsch, Band 4, ISBN-10: 3-89416-564-2. Der bewährte Sprechführer aus dem Reise Know-How Verlag. Begleitendes Tonmaterial ist erhältlich: der **AusspracheTrainer** auf Audio-CD. Die CD-Rom **Kauderwelsch digital** bietet eine Kombination von Buch und Tonmaterial für den heimischen PC.

Das griechische Alphabet

(In der dritten Spalte steht, wie die Buchstaben ausgesprochen werden, „th" wie im Englischen) :

Α, α	Alfa	a	Ν, ν	Ny	n
Β, β	Beta	w	Ξ, ξ	Xi	x
Γ, γ	Gamma	gh, j	Ο, ο	Omikron	o
Δ, δ	Delta	th, weich	Π, π	Pi	p
Ε, ε	Epsilon	e, ä	Ρ, ρ	Rho	r
Ζ, ζ	Zeta	s, weich	Σ, σ	Sigma	s, hart
Η, η	Ita	i	Τ, τ	Tau	t
Θ, θ	Theta	th, hart	Υ, υ	Ypsilon	i
Ι, ι	Jota	i	Φ,φ	Phi	f
Κ, κ	Kappa	k, kj	Χ, χ	Chi	ch
Λ, λ	Lambda	l	Ψ, ψ	Psi	ps
Μ, μ	My	m	Ω, ω	Omega	o

Manchmal kommen in der griechischen Sprache auch **Buchstabenfolgen** wie diese vor:

ΜΠ, μπ	b	ΟΥ, ου	u
ΝΤ, ντ	d	ΓΚ, γκ	g
ΤΖ, τζ	j, dsch	ΓΓ, γγ	ng
ΤΣ, τσ	ch, z, ts	ΑΙ, αι	ä
ΕΥ, ευ	ef	ΟΙ, οι	i
ΑΥ, αυ	af	ΕΙ, ει	i

Notwendiges

Hallo (du/Sie)	ja su/ja sas
Guten Morgen	kali méra
Guten Tag	kali spéra
Gute Nacht	kali níchta
Ja	nä, ne
Nein	óchi
(Ich) bitte	parakaló
(Ich) danke	efcharistó
Einverstanden	endáxi
nichts	típota
Ich suche	psáchno
Entschuldigung	signómi
Es hat (gibt) nicht ...	then échi ...
geschlossen	klistó
geöffnet	anichtó
besetzt	piasméno
frei	elefthero
Ich will ...	thélo
Ich möchte ...	tha íthela
Ich nehme ...	pärno
groß	megálo
klein	mikró
schön	oräa
gut	kaló
schlecht	kakó
Was ist das?	ti íne aftó?
Wohin gehst du?	pu pas?
Wohin gehen Sie?	pu páte ?
Wie heißt du?	pos se léne?
Wie heißen Sie?	pos sas léne?
Von wo bist du?	apó pu íse?
Von wo sind Sie?	apó pu íste?

Von welchem Ort (Stadt)?	apó pió méros?
Ich verstehe Sie nicht	then sas katalavéno
Ich verstehe wenig Griechisch	katalavéno líga eliniká

Zahlen

0	midén
1	éna
2	dío
3	tría
4	téßera
5	pénde
6	éxi
7	eftá
8	ochtó
9	enjá
10	déka
11	éndeka
12	dódeka
13	deka tría
14	deka téßera
15	deka pénde
16	deka éxi
17	deka eftá
18	deka ochtó
19	deka enjá
20	íkosi
30	triánta
40	saránda
50	peninda
60	exínda
70	efdomínda
80	ochdónda
90	eneninda
100	ekató
200	dia kóßia
300	tria kóßia
900	enja kóßia
1000	chílja
2000	dío chiljádes
wie viel...?	pósso...?

Wochentage

Montag	Deftéra
Dienstag	Tríti
Mittwoch	Tetárti
Donnerstag	Pémbti
Freitag	Paraskeví
Samstag	Sáwato
Sonntag	Kyriakí

Zeitbegriffe

heute	símera
gestern	(e)chtéß
morgen	áwrio
Tag/e	méra/méres
Woche/n	efdomáda/ efdomádes
Monat/e	mínas/mínes
Jahr/e	chrónos/chrónja
Stunde/n	óra/óres
Minute/n	leptó/leptá
früh, morgens	proí
mittags	mesiméri
nachmittags	apóghefma
abends	vrádi
nachts	níchta
jetzt	tóra
später	argótera
Wann ...?	ti óra...?, póte...?
Wie spät ist es?	Ti óra íne?

Einkaufen

Wie viel kostet ...?	pósso kostísi ...?
Rechnung	logariasmós
sehr teuer	polí akriwó
billig	ftinó
billiger	ftinótero
Ich miete, vermiete	nikiáso
Ich kaufe	agoráso
Ich bezahle	pliróno
Bezahlen Sie ...?	plirónete ..?

Transport

Ticket	isitírio
Zug	tréno
Bus	leoforío
Bahnhof	stathmós
Haltestelle	stási
Schiff	plío, karávi

Hafen	limáni
Flugzeug	aeropláno
Flugplatz	aerodrómio
Motorrad	motosikléta, michaní
Fahrrad	podílato
Auto	aftokínito
Ich gehe	pijäno
Ich fahre	odigó

Orientierung

links	aristerá
rechts	dexiá
geradeaus	efthía
gegenüber	apénadi
neben	dípla
unten, unter	káto
oben, über	páno
Wo ist ...?	pu íne ..?
Eingang	ísodos
Ausgang	éxodos
Straße	odós, drómos
Platz	platía
Stadt	póli
Dorf	chorió
Kirche	eklisía
Kloster	moní
Heiliger	Agios (Ag.)
Bank	trápesa
Post	tachi dromío
Kiosk	períptero
Läden	magasiá
Telefon	tiléfono
Meer	thálassa
Küste, Strand	paralía

Unterkunft

Hotel	xenodochío
Pension	pansión
Zimmer	domátio
Schlüssel	klithí
WC	tualéta
Bad	bánjo
Dusche	dusch
Handtuch	petséta
Seife	sapúni
Klopapier	chartí ijías

Essen und Trinken

Wasser	neró
Brot	psomí
Fische	psária
Fleisch	kréas
Auberginen	melizána
Zucchini	kolokithákia
Käse	tirí, kaséri
Schafskäse	féta
Oliven	eliés
Kartoffeln	patátes
Grüne Bohnen	fasolákia
Wassermelone	karpúsi
Honigmelone	pepóni
Trauben	stafília
Feigen	síka
Äpfel	míla
Eier	avgá
Wurst	lukánika
Honig	méli
Salz	aláti
Zucker	sáchari
Milch	chála
Eis	paghotó
Tee	tschái
Bier	bíra
Wein	krasí
Orangenlimonade	portokaláda
Zitronenlimonade	lemonáda
kalt	krío
warm	sestó
Guten Appetit	kalí órexi

Krankheit

Krankenhaus	nosokomío
Arzt	jatrós
Apotheke	farmakío
Zahnarzt	odondíatros
Augenarzt	ofalmíatros
Kinderarzt	pädíatros
Sonnenbrand	engáfma ilíu
Zahnschmerzen	ponódondos
Kopfweh	ponokéfalos
Es schmerzt mich	mu ponái

Reise Know-How

Europa

ıg
ɔvence
ɔvence, Templer
ɔvence,
Vohnmobil-Tourguide
renäen

ıodos
ım
gen, Hiddensee
ıhrgebiet
ımänien, Moldau

ächsische Schweiz
ılzburg
ırdinien
ırdinien,
Wohnmobil-Tourguide
:hottland
:hwarzwald, südl.
:hweiz, Liechtenstein
zilien
:andinavien - Norden
owakei
owenien, Triest
ɔaniens Mittelmeerküste
oiekeroog
:. Tropez und Umgebung
üdnorwegen,
Lofoten
üdwestfrankreich
ylt

eneriffa
essin, Lago Maggiore
hüringer Wald
oscana
schechien

Umbrien
Usedom

Venedig

Wales
Warschau
Wien

Zypern

Edition RKH

Durchgedreht –
Sieben Jahre im Sattel
Eine Finca auf Mallorca
Geschichten aus dem
anderen Mallorca
Mallorca für Leib
und Seele
Rad ab!

Praxis

Aktiv Algarve
Aktiv Andalusien
Aktiv Dalmatien
Aktiv frz. Atlantikküste
Aktiv Gardasee
Aktiv Gran Canaria
Aktiv Istrien
Aktiv Katalonien
Aktiv Marokko
Aktiv Polen
Aktiv Slowenien
All inclusive?
Bordbuch Südeuropa
Canyoning
Clever buchen,
besser fliegen
Clever kuren
Drogen in Reiseländern
Feste Europas
Fliegen ohne Angst
Frau allein unterwegs
Fun u. Sport im Schnee
Geolog. Erscheinungen
Gesundheitsurlaub
in Dtl. Heilthermen
GPS f. Auto, Motorrad
GPS Outdoor
Handy global
Höhlen erkunden
Hund, Verreisen mit
Inline Skating
Inline-Skaten Bodensee
Internet für die Reise
Kanu-Handbuch
Kartenlesen
Kommunikation unterw.
Kreuzfahrt-Handbuch
Küstensegeln
Marathon-Guide
Deutschland
Mountainbiking
Mushing/Hundeschlitten
Nordkap Routen
Orientierung mit
Kompass und GPS
Paragliding-Handbuch
Pferdetrekking
Radreisen
Reisefotografie
Reisefotografie digital
Reisen und Schreiben
Reiserecht
Respektvoll reisen
Schutz vor Gewalt
und Kriminalität
Schwanger reisen
Selbstdiagnose
unterwegs
Sicherheit Meer
Sonne, Wind,
Reisewetter
Spaniens Fiestas

Register

A

B

C

D

E

F

N

O

P

T

U

V

W

Die Autoren

Margret van Blokland, geboren 1964, ist Architektin und Autorin. Henk van Blokland, geboren 1962, ist Betriebswirt und Soziologe. Sie leben derzeit in Berlin. Beide bereisen schon seit 18 Jahren regelmäßig die griechische Inselwelt. Für den Reise Know-How Verlag schrieben sie auch das Urlaubshandbuch „Korfu/Ionische Inseln".

603s Foto: vb

604s Foto: vb